Le latin
ou l'empire d'un signe

© Editions Albin Michel-Paris 1999

拉丁文帝国

[法]弗朗索瓦·瓦克 著 陈绮文 译

生活·讀書·新知 三联书店

Simplified Chinese Copyright © 2016 by SDX Joint Publishing Company.
All Rights Reserved.
本作品中文简体版权由生活·读书·新知三联书店所有。
未经许可,不得翻印。

图书在版编目(CIP)数据

拉丁文帝国/(法)瓦克著;陈绮文译. —北京:生活·读书·
新知三联书店,2016.8
(新知文库)
ISBN 978 – 7 – 108 – 05610 – 8

Ⅰ.①拉… Ⅱ.①瓦…②陈… Ⅲ.①拉丁字母-研究 Ⅳ.①H771

中国版本图书馆 CIP 数据核字(2015)第 310984 号

特邀编辑	张艳华
责任编辑	徐国强
装帧设计	陆智昌 薛 宇
责任校对	唐晓宁
责任印制	徐 方
出版发行	生活·讀書·新知 三联书店
	(北京市东城区美术馆东街 22 号 100010)
网 址	www.sdxjpc.com
经 销	新华书店
印 刷	北京铭传印刷有限公司
版 次	2016 年 8 月北京第 1 版
	2016 年 8 月北京第 1 次印刷
开 本	635 毫米×965 毫米 1/16 印张 23.25
字 数	277 千字
印 数	0,001-7,000 册
定 价	42.00 元

(印装查询:01064002715;邮购查询:01084010542)

新知文库

出版说明

在今天三联书店的前身——生活书店、读书出版社和新知书店的出版史上，介绍新知识和新观念的图书曾占有很大比重。熟悉三联的读者也都会记得，20世纪80年代后期，我们曾以"新知文库"的名义，出版过一批译介西方现代人文社会科学知识的图书。今年是生活·读书·新知三联书店恢复独立建制20周年，我们再次推出"新知文库"，正是为了接续这一传统。

近半个世纪以来，无论在自然科学方面，还是在人文社会科学方面，知识都在以前所未有的速度更新。涉及自然环境、社会文化等领域的新发现、新探索和新成果层出不穷，并以同样前所未有的深度和广度影响人类的社会和生活。了解这种知识成果的内容，思考其与我们生活的关系，固然是明了社会变迁趋势的必需，但更为重要的，乃是通过知识演进的背景和过程，领悟和体会隐藏其中的理性精神和科学规律。

"新知文库"拟选编一些介绍人文社会科学和自然科学新知识及其如何被发现和传播的图书，陆续出版。希望读者能在愉悦的阅读中获取新知，开阔视野，启迪思维，激发好奇心和想象力。

生活·讀書·新知 三联书店
2006年3月

目　录

导　论　为什么拉丁文能存活如此之久　　　　　　　　1

第一部分　欧洲的符号

第一章　拉丁文的摇篮：学校　　　　　　　　　　　8
　　　　拉丁文以主人的姿态独占中学的统治地位。它在这里是口语，是老师授课、评论文章、讲解时使用的语言，也是学生在课堂上、课间休息时的语言。此外，还有"间谍"专门负责检举任何违规的行为

第二章　拉丁文的堡垒：教会　　　　　　　　　　　52
　　　　如果他们听不懂拉丁文字句，那就太好了，因为对神的崇敬加深，神学知识也丝毫未减。什么都不懂的人，比理解错误的人懂得更多

第三章　拉丁文的学术成就　　　　　　　　　　　　102
　　　　天主教会和基督教国家所有学校所使用的语言都是拉丁文，它是不可或缺之必需的工具，无论在哲学、神学，还是在法学、医学领域。正因如此，它是欧洲所有学者的共同语言

第四章　熟悉的世界　　　　　　　　　　　　　　　128
　　　　有人用漫画的手法，把拉丁文极为复杂难学的动词变格描

绘成一个外来物，神色惊慌地"攻击温和的代名词"。学童也用自己的方式，象征性地做了同样的动作，"俘虏了"学校教的拉丁文，改造它，使它变得不那么可怕

第二部分　能力与表现

引　言 156

第五章　书面语 160

英国词典编纂家约翰逊还记得自己在鞭子和责打的威胁下，学拉丁文动词变位时的焦虑不安："眼泪静悄悄地"流了下来。吉本在"付出很多泪水和一点点血的代价"后，才熟练拉丁文句法。拉丁文和体罚在孩子的想象中是同一件事

第六章　口语 201

一个乡下人的团体，其中有不列塔尼人、巴斯克人、苏格兰人。他们因不认识彼此的语言，而无法互相了解。但如果他们是文人，而且都讲自己在宗教生活中所使用的文化语言，那么他们各自就会听懂彼此的言语。由此看来，文人比劳工强多了

第三部分　拉丁文的寓意

引　言 230

第七章　培育全人 234

拉丁文使年轻学子服从翻译和解释古代著作的需要，因此，它以古代最好的作品中所含有的一切思想观点，充实他们的头脑

第八章　阶级划分　　　　　　　　　　272
　　　拉丁文的"社会作用"是，让出身低微或来自外国的孩子
　　　有更灵活丰富的表达能力，以使其与社会文化背景不同的
　　　同学相比时，可以及早脱离不利的地位

第九章　讲说与掩盖的权力　　　　　　303
　　　当他们想把一个没念过书的穷小子弄糊涂时，以及当他们
　　　察觉对方开始识破他们的诡计时，他们啪啦啪啦，在谈话
　　　中硬塞几个拉丁词，好叫对方思路中断，头脑一片混乱

第十章　万国的怀古幽情　　　　　　　338
　　　我们已经失去罗马……事实上，罗马的语言在哪里盛行，
　　　哪里就是罗马帝国

结　论　　　　　　　　　　　　　　　357

导 论
为什么拉丁文能存活如此之久

"今日观众对终日讲西塞罗式语言的马拉泰斯塔、成天向耶稣祈祷的阿涅丝女修院院长能理解什么？他们说的是一种死语言。"法国作家蒙泰朗（Henry de Montherlant）面对这种不了解，而被迫一点一点删去剧作《马拉泰斯塔》初稿中许多拉丁文语录时，写下这段话。这些涂涂改改的"杠杠"，充分显示出当今世界和古典文化之间决裂的程度，其中最明显的象征，就是对拉丁文（"一个大多数人不懂的语言"）愈来愈一无所知。面对这个事实，有人可能感到绝望因而摆出"最后的罗马人"的高姿态，或者陷入怀古幽情，梦想复兴拉丁语诗人维吉尔的世界。也有人可能把拉丁文视为"历史编纂的题材"，以这种名义研究它。说不定现在研究起来还比较容易，因为只求实利的障碍已不存在。当各地方言在天主教会盛行，学校中"拉丁文的问题"也因其他许多更迫切的事而闲置时，坊间应有一本既不陷于辩护，也不陷于抨击的书籍，也就是说，一本坚决基于史实的著作。

本书的起源，和先前已有的著作一样，是对近代西方国家的"拉丁文面向"的觉醒。当历史学家普遍强调各地方言的展现，以及通过它们可以区分国家、建立民族时，我个人对文学界的研究却揭示另一个事实：有一个知识统一的欧洲，直到相当早期的年代，知识都以拉丁文发表。但若与这古老的语言在学校和教会中长期至高无上的统治地位相比，请恕我冒昧地说，这实在没什么大不了。在学校和教会，童年的回忆——涌现，令人想起就在不久前，拉丁文陪伴人们生活的时光。然而，历史文献对这一切着墨不多。讲白一点，精确且散布各处的史学研究的确很多，但对西方这段漫长的拉丁文往事，却没有任何交代。甚至对那最终概括一切疑问的问题，也没有提供任何答案：为什么当各地方言得到认可，终于决定了拉丁文的命运时，这个语言依然屹立不摇，甚至有人说是一种专制？现代拉丁文研究提供了数量可观的参考书目，使这个问题更具正当性。这份书目让人想起文艺复兴后不久到至少17世纪期间大量充满生命力的拉丁文作品，并以最高程度显示这个古代语言的优势，以及世人如何通过它将各种文风、体裁和形式化为己有。尽管如此，这份书目却几乎没有提供回答上述问题的材料，还让人隐约看到一个过了17世纪就逐渐停止以拉丁文创作的世界。再说，诚如思想史再三证实，虽然大家对古代著作依然兴趣浓厚，而一些最"现代化"的哲学家和作家，也仍继续与古代伟大作家的作品有着丰富的交流，西塞罗、李维、吕克里修斯、塞内加和其他"古典作家"的作品，却日益以各地方言译本的形式出版。也许是因为除了一小群专家外，还有人在阅读这些作品，"译文时代"（套句马丁形容17世纪中叶巴黎出版趋势的话）并非一时流行，而是坚决与市场的供应相符。尽管如此，拉丁文这个世人几乎不写，也愈来愈少阅读的语言依然前程似锦。在往后的三个世纪期间，它赋予西方世界浓厚的色彩，以至于"接触拉丁文"总在人心中激发热情，与人对这个语言的认识不成比例。这些反应让人产生一个疑问：现代西方国家的"拉丁文问题"是否纯粹是语言学问题,应单就能力与表现来说明即可?它难道不涉及更复杂的范畴(指环绕在当代人赋予该语言的地位周围的事物)?若是如此,拉丁文的权威及其历久不衰,或许不是得自它说了什么或能说什么,而是来自它蕴藏的含义。

以上是本书的核心论述。因此,本书不是什么百科全书:它不是无事不谈或至少每件事都提一下,好比详述拉丁文的命运在欧洲各国如何发展,列出拉丁文出版物的活版印刷细节,描述几个世纪以来,把拉丁文塞进孩子脑袋里的教学法是如何千变万化的。我想写的是,近代拉丁语文化史,其中描述、分析世人如何使用拉丁文,针对这个语言谈了些什么,以及支持这些用法和看法的决心与策略。为达到这一目标,我搜集了本身就是一项证明的历史档案:拉丁文于近代西方国家的存在证明。这个大量存在源自学校(杰出的"拉丁区")、天主教会("拉丁文的堡垒")和所谓的 *Respublica litteraria*("文学界")。想到无处不在的拉丁文,尽管有相异性,终究建立了一个众人熟悉的世界,我甚至要说那是一种"浸透"。这是本书第一部分的宗旨。针对这点,我们不禁要问(几乎没有人提出这个问题,或许是怕听到答案),学童、学者、教会人士对拉丁文究竟有多少认识?他们的能力达到什么程度?拉丁文说得如何?写得又如何?对这些表现的研究构成了本书第二部分,它可说是第一部分的反证。两相对照带领我们在第三阶段改变观点,接受当代人士的见解:不仅把拉丁文当作一种用来说和写的语言,而且视它为一个有其他用途的工具,一个被赋予其他意义的符号。如此,我们才算完成完整的研究,因为拉丁文在近代社会中的大量存在,取决于世人怎么使用它,而这些用法已赋予西方世界一个拉丁文色彩……直到非常接近我们的时代,社会开始用其他方式说和做同样的事。届时,世界就会失去这个色彩,与拉丁文结束关系(至少与我笔下的这个拉丁文结束关系)。

最后,请容我稍加详述本书如何设定时间和空间的界限。以16至20世纪为年限是必然的:前者的参照点是,古典拉丁文随着文艺复兴被引进学校,以及天特大公会议(简称天特会议)决议选定拉丁文作为礼仪语言①。至于后者,则参考我们这个时代"正式"终止学校和天主教会使用拉丁文而采取的措施。不过,这种划分仍是折中办法。例如,在年表的一端,当意大利人文学者维罗纳的学生已非常熟练拉丁文时,北欧国家和他们同届的同学却仍是"蛮族"。年表的另一端,同样在意大利,有人自20世纪30年代起,兴起一股名实相符的"泛拉丁语风"(panlatinisme),然而比这更早十年,布尔什维克突然取消俄罗斯教学中的拉丁文课程。无论如何,有一个长约五个世纪的大时代,在拉丁文的影响下似乎有着不容质疑的统一性,而且适用于西方世界(我们探究的区域)的绝大部分地区。这个区域涵盖甚广,确切地说,从俄罗斯到美国都包含在内。这种跨国观点是绝对必要的,因为我们探讨的是一个普世性的语言,而与天主教会(也就是字面上的普世教会)有关的事必定超越国界。但这不表示每一个国家的事我都谈(前面说过《百科全书》的方法不适用于本书),而是我选了既能使整体前后一致,又能代表所提出的问题和因应之道的材料及情况(虽然这么做并非比较容易)。要想一览无余地看到一个跨越大时代的广大空间,一定得采取鸟瞰的方式。如此我们的目光才不会被突出的地方形势和特殊事件吸引,而是抓住有意义的整体,并通过它们,领会持续的实践和论述

---

① 本书中的"礼仪",并非指一般认定的"礼节的规范与仪式"或"敬神致福的仪式",而是用于天主教会中的术语。"教会礼仪"包含两大基本要素,即"上主亲临并介入他子民中间,施行救恩"和"教会对上主的赞颂与回应"。这两个基本要素构成天主教常说的"礼仪",即七件圣事、日课(《圣经》颂赞和代祷)和准圣事。——译者注

是如何使拉丁文的问题成为近代西方的文化问题。

四年来，在写作本书的过程中，我得到来自四面八方的帮助，很高兴在此对所有促成本书的人致谢：热心接待我的机构——德国沃尔芬比特尔的赫尔佐克·奥古斯都图书馆、德国法史使命馆、哥廷根的马克斯·普朗克历史研究所、柏林科技学院，以及提醒我注意或帮助我取得一些文献的同事和朋友。所有乐于讨论本书并把观察所得与我分享的人，都使我受惠良多，谨向克里斯坦、弗朗索瓦、盖洛、葛利尼、格拉顿、内弗、佩库、塞内夏、拉农、罗萨、罗须、舒隆邦、塞可、史密斯、絮皮欧、史都佛、泰登及达维斯，致上最深的谢意。特别感谢包特利，他不但指点我，还同意将本书列为他指导的丛书予以出版。最后，我要把本书的润饰和编辑全归功于安德森，他是第一位读者和评论者，愿他完全感受到我在此为他的耐心、慷慨和真诚，衷心感谢他。

1998年7月于柏林

第一部分

欧洲的符号

第一章
拉丁文的摇篮：学校

要追溯拉丁文在西方文化中的踪迹，一定得从学校着手。事实上，直到20世纪60年代，学校和拉丁文总离不开关系，当时两者并未混淆不清。只要想想巴黎的"拉丁区"，指的是长期以来学校林立的左岸就够了。

基于明显的便利因素，我们以法国的例子为出发点，来理解拉丁文漫长的历史。在引起我们注意的五个世纪当中，有三个阶段格外醒目：与旧制度混淆的专属特权、成为19世纪特色的优势、拉丁文的地位从必修转为选修的对照期。针对不同国家（从俄罗斯到美国）教育史的调查研究，证实这个跨大型区域的年代确实有效。

放大视野使存在于共同的历史进程背后，到处都采用的一些做法显露出来。这点观察使我们更奋力强调，在拉丁文的影响下，西方学校界根深柢固的统一是何等牢固且始终如一。

一、法　国

专属特权

　　"六年级学什么？拉丁文。五年级呢？拉丁文。四年级？拉丁文。三年级？拉丁文。二年级？拉丁文……"这段简洁有力的话，记载在夸耶（Coyer）教士于1770年出版的著作《教育计划》中。这段话虽然充满了论战的意味，却未完整表达出旧制度下教育的现实面。一方面，它写于拉丁文的专属特权已经引发争议，而且有些受损；另一方面，它只留意中学的处境，对于儿童面临的基础课程（识字课）却置若罔闻。

　　当时，小学生必须学习识读拉丁文；只有精通这方面的阅读，才能进一步学法文。首先，他要把心思放在拉丁文识字读本上，目的是学会辨识字母并将它们连成音节。接下来，他要练习识读。他读的书种类繁多，但永远少不了用拉丁文写的宗教作品（祈祷文、诗篇、日课经中领读或领唱的经文、弥撒中应答轮唱的颂歌、礼仪日课等）。尽管选择这些读本符合学校在旧制度下应完成的宗教教育使命，但根据教师的看法，这是受到另一种迫切需要的指使（这个需要证明了基础课程采用孩子不懂的语言写成的书是对的）：培养孩子绝佳的拉丁语发音能力，更确切地说，就是让孩子的发音和拼写能力相符。诚如法国教士弗勒里（Claude Fleury）于1686年的谈话："一开始我们让学生识读拉丁文，因为我们按拉丁文的拼写方式发音，比按法文的拼写方式发音容易得多。"但在同一个年代，也有人（例如奥拉图瓦尔会、波尔罗亚尔社团）试图建立一套从法文读本开始的基础阅读课。法国教士拉萨勒（La Salle，1651—1719）曾为这方面辩护，理由是那些念"教会学校"的孩子接受教育的时间不长，因为他们出身低微，必须早日赚钱糊口。这些试探性的做法，有些（有人认为是波尔罗亚尔社团附属学校）突然喊停，辩护词也遭到多方抵制，因此直到18世纪初，学校仍维持传统教学法。之后，"本国语优先"成为一种巴黎现象，继而出现在其他都市，但在乡下学校，采用拉丁文基础课程的做法仍维持到旧制度末期，这点与当时和格雷瓜尔（Grégoire）教士通信的人于1791年所作的总结相符。

孩子上中学后，便进入一个充满拉丁文的世界，诚如学校建筑物的三角楣和各教室入口上方的刻印文字：*Collegium*（中学）和 *sexta*、*quinta*、*quarta*（六年级、五年级、四年级）给他的指示。事实上，拉丁文是以主人的姿态独占中学的统治地位。它在这里是口语，是老师授课、评论文章、讲解时使用的语言，也是学生在课堂上、课间休息时的语言。此外，还有"间谍"专门负责检举任何违规的行为。怪不得拉丁文也是处罚用语。18世纪初，对犯错的学生，老师会说 *porrige manum*，意思是要他伸出手背挨打。拉丁文也是老师用来评分的语言。例如，18世纪20年代，在路易大帝中学，最优秀的拉丁文翻译习作会得到 *palmas*（荣誉）这个赞美词，而最烂、蠢话连篇的译文则理应得到 *non potest legi*（不堪一读）这个评语。最后，拉丁文也是老师用来评论学生的语言。例如，18世纪中叶，在属奥拉图瓦尔会的特洛瓦中学，神父偶尔会拿学生的姓名开玩笑（即使用双关语），对一个名叫维兰（Vilain，指捣蛋鬼）的坏学生，用 *Non solum nomine, sed re*（简直人如其名）来形容；脑袋不灵活的艾棠（Étang，池塘），被说成 *Instar stagni revera dormit*（活像个池塘，他真的睡着了）；而向来不用功的拉夏思（Lachasse，狩猎），则是 *Dum lepores venatur, scientia evanescit*（他追野兔时，把学问也搞丢了）。

上述种种用法反映出拉丁文当时在学校界的地位。它是主科（希腊文课程自17世纪下半叶起迅速减少，而当时学校尚未传授法文），是通往其他知识（如历史、地理、修辞学或哲学）唯一的途径。在持续将近十年才完成的课程期间，中学生耗在拉丁文上的时间多得惊人。踏入中学前，他早已通过小学基础教育或家庭教师做好准备（18世纪比17世纪花更多工夫）。因此，他具备了基础知识、语尾变化、动词变位和文法规则，而且可以开始进行很多循序渐进的口语和书面语练习，包括分析文章（指耶稣会士的"讲章"）、每日背诵文选、学生之间辩论或"讨论会"、演讲、戏剧表演，以及写散文、作诗、把拉丁文译成法文。当然，课本是用拉丁文写的，无论是文法书或是用来帮助学生写作的参考书，例如《帕纳森拉丁诗韵词典》用于写诗，《反蛮夷小词典》用于写散文。

这幅景象未经多少修正，直到18世纪50年代仍随处可见。至于耶稣会士管理的中学，则持续到1764年政府禁止该会神父在法国活动为止。不过，在波尔罗亚尔社团附属学校，仍有人以法语教书，用法文写文法书，减少口语拉丁文的分量，让"拉丁文翻译练习"（即把拉丁文译成法文）优先于"法译拉丁文的练习"（即拉丁文散文创作），最后并降低拉丁诗的重要性。这些"小学校"的实验维持不久。尽管如此，到了下个世纪，波尔罗亚尔教师的构想再度出现在论及法国教育法的不朽著作，即罗兰（Charles Rollin）的《纯文学教学方法论》（1716—1728）中，后来出现在教改计划和几个"现代化"教学的实验中。

早在17世纪，政治家黎塞留（Richelieu）催生的皇家学院计划（1640），与更具体地在奥拉图瓦尔会的教学实务中，就曾对拉丁文的专属特权提出质疑：自1640年起，瑞伊利中学的康德蓝（Condren）神父提供学生用法文写成的拉丁文文法书，将本国语应用在教学上，唯从三年级文法课（相当于今日四年级）开始，课堂上才强制说拉丁语。在17世纪中叶，该校的修辞学课是以拉丁文传授的，但一个世纪过后却改成法文，范例大都以法文写成，古代文选也出自译本。虽然如此，拉丁文（希腊文也一样）在瑞伊利中学仍备受崇敬，而且用在典礼上（例如颁奖），直到旧制度结束。不过，在奥拉图瓦尔会内部，情况则因学校而异。例如，艾非特中学（创于1724年，1776年改为皇家军校）仍维持拉丁文教育；但应"仅限于协助学生领会所有古典作家的作品"，因为"过分推广这种教育是无益的"。索雷兹中学（自1771年起改为另一所皇家军校）也持同样的态度。

17世纪初法国基督教新教中学的教学法，在我们看来，几乎和耶稣会学校没什么两样：拉丁文占去大部分的上课时间；异教徒古典作家的作品是"课程"重点；沿用同样的课本。当然，差别是有的，为促进宗教教育的吸收，学生学习用法文阅读。在结合三个教学阶段并以培育牧者为首要目标的学院中，对古代作品的选择比耶稣会中学的尺度较宽。除拉丁文外，学生还得研习其他两种《圣经》语言，即希腊文和希伯来文。不过，还是相似点占优势，两种体制皆由人文学者的方法主导。在同一世纪期间，随着希腊文和希伯来文学科在基督教学院中衰微，两者的差异也愈来愈模糊了。

除某些学校特有的方针外，我们发现，在18世纪口语拉丁文有普遍衰微的趋势："我们中间，比较好的中学内部，无论是世俗学校，还是修会学校"，普吕什教士（Pluche）于1753年说道："终于有人承认，老是说一种别人不懂的语言实在很不方便，于是把这个惯例取消了。"因此，学校日益采用法语传授修辞学，特别是在18世纪下半叶，数学课的情况也如此。虽然在17世纪，有完整训练的中学以培育能说、写、读拉丁文的学生为宗旨，这个抱负却随着时间简化，直到只要理解书面语言即可。学生的指定作业也反映出这种演变："拉丁文翻译"逐渐取代"法译拉丁文"的首要地位。课本也有同样的趋势，不仅文法书和其他入门书逐渐采用法文版本，拉丁文单字和片语汇编也愈来愈少见。与此同时，特别为中学生练习翻译而编写的《选集》则逐渐增多。

因此，在18世纪下半叶，拉丁文在学校中的专属特权，随着教学法语化而受损，它的地位也逐渐缩小到书面语。但这样的演变并非直线发展，而是受到许多抵制。虽然讲拉丁语的硬性规定，于1754年在属奥拉图瓦尔会的圣奥麦中学引起学生暴动，但1763年在同属奥拉图瓦尔会的阿凡中学，学生还是讲拉丁语，甚至游戏时也讲。有时，学校也会采取权宜措施：1765年，属奥拉图瓦尔会的康布雷中学决议早上讲法语，下午讲拉丁语。1776年，亚眠中学采用类似的解决办法，准许一位想用法语教学的哲学老师以法语教实验物理学，但必须继续以拉丁语教哲学。拉丁文的命运很可能是在一些中学关闭，并在耶稣会士被禁止活动期间遭到封杀。事实上，有许多教育计划如雨后春笋随之涌现，其中很多和最著名的《国民教育论》[拉夏洛泰（La Chalotais）著，1763]一样，想要"赋予母语优先地位"。但这些想法并没有产生任何具体结果，甚至，1766年为招聘教师而举办的教师资格会考，还完全以拉丁文试题为主。最后，连教育机构最严厉的批评都没有把目标放在取消拉丁文上，而只求降低它的地位，诚如作家达朗贝尔（D'Alembert）在《百科全书》的词条"中学"所评注：

> 我绝不反对学习贺拉斯（Horaces）和泰西塔斯（Tacites）用来写作的语言：这种学习绝对有助于认识他们伟大的作品，但我认为应仅限于理解，因为把时间花在拉丁文写作上是浪费

的。这个时间用来学母语更好。

保守、节制、权宜措施，这一切不正说明了承自学校，经年累月在老师的教鞭下孕育出来的"偏见"吗？"我们每一个人，"特朗布莱（Tremblay）于1703年写道：

> 在童年时期，除了中学传授的语言的崇高价值不断在耳边回响外，什么都没有……因此，我们整个少年时代都在不断赞赏这些语言中度过，从未有人告诉我们有利于母语的话。这是不争的事实。或许他们还因什么都没说而满足；他们几乎总是夸赞其他语言来损害母语，而且无限贬低母语，使它不如这些语言。

这种"过度重视"拉丁文，并因而"蔑视"本国语的态度，或许在18世纪逐渐减弱，但绝不是一夕间从校园中消失，尤其是拉丁文化的堡垒——耶稣会中学（这里也是大多数法国改革精英接受教育的地方）。

辩论和改革对大学几乎没什么影响。整个旧制度期间，大学始终保有浓厚的拉丁文色彩，无论授课或考试皆是。皇家学院曾试图用本国语授课但毫无结果；1684年，该校被禁止"用法语口授或讲解"，这个禁令几乎持续整个18世纪，至1791年为止，公告皆以拉丁文印制。只有特殊教育，像是博物学家布丰伯爵（Buffon）在国王的花园上课，或旧制度末期，矿物学暨矿石分析学校、矿务学校或美热尔工程学校安排的课程，才以法语授课。

在法国大革命前夕，拉丁文虽不再享有专属特权，却仍在校园内保有巩固的地位。它依然是主科。学校已采用法语教学，但尚未传授法文文法或文学。因此，中学生大部分时间都花在"学拉丁文"。

优势

　　法国大革命记录了一个反扑运动，重申并发挥教育改革家的提议，以及革命前"三级会议"陈情书中的建议。改革者为教学法语化辩护，有时果断（例如在沙托蒂耶里堡），有时放不开（例如在埃松省，有人想把一天分成两半，早上归法语，下午归"死语言"）。呈交议会的国民教育组织系列方案和"冒险的"教育家拟出的计划，都认为应取消继续用拉丁文教学的做法。尽管大家都同意有必要"抖掉拉丁语风的枷锁"，但对于新的教学法中法文和拉丁文的相互地位，却意见分歧。虽然教学法的问题在当时受到强烈关注，一项包含整体国民教育的法案却得等到国民公会最后几天才能进行表决。于是，"革命第四年雾月三日"（1795年10月25日）的组织法，追认中央高等学校的设立，这是"革命第三年风月七日"（1795年2月25日）的法令所拟定的。在这些有志于纳入各种学科，并视文科次于理科的学校中，拉丁文只是众教材中的一种，而且仅限于第一类组。

　　之后，执政府借"革命第十年花月十一日"（1802年5月1日）的法案，废除中央高等学校，重建中等学校，并创设30所公立中学（作为第三级教育）。在这里，拉丁文收复失土。"革命第十一年霜月十九日"（1802年12月10日）的决议第一条明示："我们在公立中学，将以传授拉丁文和数学为主。"帝国大学的设立（1806年至1808年）加重了革命第十年的"拉丁语风"，规章和课程使拉丁文在公立中学的地位愈来愈高，以至于比尔努夫（Burnouf）在1812年中学优等生会考的颁奖典礼上，用拉丁语大声说出："因此，罗马人的语言复活了。"

　　学校再度成为1789年前的拉丁区。曾于1828—1832年就读瓦讷中学的教育部长西蒙（Jules Simon），形容该校是"旧制度的学校",他几乎引用夸耶教士的话来描述学校老师的授课内容:"他们教我们什么?除了拉丁文,还是拉丁文。五年级时,我们从《罗马史摘抄》读到《拉丁史家》;四年级时,从《变形记》读到《牧歌》,以此类推。二年级时,我们开始发现法文……但拉丁文总会回过头来成为主要且几乎唯一的学科。"整个学校生活全在拉丁文的影响下度过。拉芒帝(Larmandie)伯爵在自传中谈道:"从我上中学开始,拉丁文这个语言就伸出所有魔爪扑向我。"雨果也以类似语气回忆学校课程:"当我摆脱中学、法译拉丁文的习作和拉丁诗……"

法国大革命不过是一段插曲,才开始不久就结束了。和旧制度比较起来,唯一不同的是:学校只用法语教学。从此小学生学习识读的材料,是以本国语写成的文章。语言学家布吕诺(Ferdinand Brunot)曾提出1860年至1870年间,几个使用拉丁文的例子,但似乎除了天主教女子学校外,很少有学校这么做。此外,某些老师仍维持在课堂上使用拉丁语的老习惯,像是拉芒帝幼时忍受的这位老师:

> (他)佯装奉上头指示,只能使用这个语言。连我们的名字都被他拉丁化了,我变成*Leoncius*(原为Léonce),我的竞争对手变成*Petrus*。而整个合唱团都被冠上优雅的外号,*ingenui adolescentes*(颖敏的少年人)。像这样没完没了听这种晦涩难懂的方言,对耳朵和灵魂是多大的折磨啊!

甚至,有段时间拉丁文曾恢复在教学中的正式地位,1821—1830年,学校重新采用拉丁文教哲学课。

教育历史学家一致同意直到19世纪80年代为止,拉丁文始终在中等教育占有主导地位。这个"无可争议的优势"[套句马耶尔

（Françoise Mayeur）的话］从课表上明显可见，确切地说，在1880年，"六年级生"一周共24个小时的课程中，有10个小时在学拉丁文。而全校（不分年级）用在学古代语言的时间，超过上课总时数的三分之一。随着1884年和1890年的改革，这个比例上升至40%。设于1808年的业士学位考试（即中学毕业会考），更肯定了拉丁文在19世纪法国中等教育中的优势。直到1882年专业教育业士学位设立前，拉丁文一直是所有考生的必修科目。之后，学生无须修拉丁文，也能成为业士。尽管如此，"近代"业士还是等到1902年，才取得和"古典"业士平等的合法地位。怪不得号称"法国教育制度的延伸和最高成就"的高等师范学校，于1808年重组后并于整个19世纪期间，会让古典人文学科占尽优势。1850年，古典人文学科占入学考试一半以上的试题（七项中占了四项），其中拉丁文的分量最重，包括把拉丁文译成法文、拉丁诗创作和演讲。这种情况持续到1885年拉丁诗被取消为止。至于拉丁文演讲则保留至1904年，才被法译拉丁文的试题取代。最后，直到1896年，理科考生都得接受和文科考生一样的拉丁文翻译试题。在高等教育方面，直到1903年，大学始终保留用拉丁文写第二篇论文的规定。天主教神学院也要求学生必须用拉丁文进行博士论文答辩，直到1885年才取消这项规定；此外，天主教神学院还专门以拉丁语授课（至少针对那些被视为最重要的科目），直到1838年为止。

这一切说明了，和在旧制度下一样，学生仍必须经年累月耗在各种拉丁文习作中：拉丁文翻译、法译拉丁文、诗和散文的创作。这一切也是各类教科书（文法书、词典和用语汇编、练习本、文选等）过度盛产的原因；拉丁文教科书出版业一整个世纪都极其活跃，平均每十年出版的新书不少于200种。因此，法国漫画家格朗维尔（Grandville）以"一只鸟被人用漏斗强喂拉丁译本"来描绘年幼的中学生，真是一点也不夸张。和拉丁文有关的"课程"，必定少不了惩罚，在著作中罚包法利"做20遍动词*ridiculus sum*"词形变化的作家福楼拜，自己在青少年时期也曾被"罚抄100遍"史诗《伊尼德记》的部分章节。他的朋友杜康则从未忘记1832年的某一天，"像个罪犯般被关在"路易大帝中学的禁闭室，在隔天可能再被关的威胁下，不得不抄写"1500至1800行拉丁诗"。雨果在控诉中学和他的"拉丁文推销商"（老师）时，引证惩罚如雨点般落在年轻的修辞班（旧时法国中学的最高班）学生身上："星期天留校罚抄500行贺拉斯的诗！……外加20遍普朗卡颂歌和毕松书信。"

拉丁文的这股优势，也因约十五个加强19世纪教学法的改革而增强。"创新者"为活语言，特别为自然科学争取更大空间的任何尝试，不但招来强烈反对，还掀起"因袭传统的人"非常具体的反应。后者自重新掌权后，就急着恢复古典人文学科的优势，甚至欲抬高其身价到像在1884年和1890年一样。整个19世纪，科学人文主义始终处于劣势，而"分科"的失败（自1852年至1863年，将三年级到修辞班，分成文科和理科两个平行的组别），也造成严重后果。在这项改革期间，"改行"念理科的学生备受同学轻视。"身为文科学生"，作家弗朗斯（Anatole France）写道："我支持班上同学的偏见，并尽己所能嘲笑理科学生既粗俗又笨头笨脑。"而不含拉丁文课程的中等教育的设置，更增强了拉丁文的"神圣化"。这种为回应日益增长的需求，并针对未来打算从事农工商的孩子而设计的教育，实际上是1863年至1865年间，随着教育部长迪律伊（Victor Duruy）创立专业中等教育而开始实施的。然而，这项设置对早已享有盛誉的古典中学来说，与其说是竞争，倒不如说是锦上添花。这种贬值事实上反而增强古典人文学科至高无上的地位。

拉丁文不但是公立中学的"教育基础",甚至对本国语教学也影响深远。事实上,拉丁文教育的目标不在于培育拉丁文修辞学家或诗人,而是别有企图,让学生通过模仿拉丁文,熟练一种书面的、文学的法文,即语言学家布雷亚尔(Michel Bréal)所谓的"一种类似拉丁文"的法文。因此,产生以下几种做法:以精通拉丁文为目标的习作 [如教育部长维尔曼(Villemain)于1839年重新提倡背诵古典作品],让学生研读"夹杂"着古代经典作品的法国文学名著,还有,要求学生用法文,按他们非常熟悉的"古式"主题写记叙文,让他们不仅从古典拉丁语风重新找到表达方式,也重温一些作品。因此,公立中学传授的法文"不像是一个独立存在的语言,倒像是一个从拉丁文衍生出来的语言",而这个模式的力量始终存在,以至"用间接但意思强烈的方式来描述,也就是用拉丁文的模式写法文"。

从必修到选修

整个19世纪(特别是下半叶),拉丁文还是衰落了。1872年,教育部长西蒙取消拉丁诗,下任部长巴特比(Batbie)曾企图恢复这项课程,但未成功。1880年,拉丁文作文和拉丁文演讲,分别从中学毕业会考和中学优等生会考中消失,继而在1902年退出公立中学的课程。法译拉丁文的练习早已没落,学生的习作逐渐仅限于拉丁文翻译。1902年的改革,正式结束了拉丁文在中等教育中"无可争议的优势"。在相继创立的两个学习阶段中(即初中和高中),设有两个不含拉丁文的组别,B组(从六年级到三年级)和D组(二年级和一年级)。这两组继承专业教育的传统,但现在被完全并入中等教育系统(有人说这是"歧异中的合一"),而且理论上和其他组别地位平等。

然而，实际状况却非如此。即使用来标示不同组别的字母，也证实建立在古典人文学科上的阶级观。因此，中学第一阶段分成A组（含拉丁文）和B组（不含拉丁文），第二阶段分成A组（拉丁文—希腊文）、B组（拉丁文—其他语言）、C组（拉丁文—理科）、D组（理科—其他语言）。对"近代"教育而言，它在这种组织架构表上的地位并非吉兆。事实上，无论从招生或从"酷似"古典教育的外貌来看，它都是次等的。

而这个"先天性的劣势"始终存在。即使第三、第四共和政体期间，法国教育界历经多项改革（第四共和政体至少有14项），也无力迫使近代教育和古典教育处于平等地位，这个失败的结果反而衬托出拉丁组的优势。1923年，贝拉尔（Bérard）的改革（取消中学第一阶段的近代组），使1902年的编制遭到部分推翻，拉丁文再度成为六年级到三年级的必修科目。这项措施持续不久，一年后近代组又重新设立（1924年8月9日的法令）。此外，一项新的改革（1925年5月13日的法令），将中学第二阶段从四组改为三组：A组（拉丁文—希腊文）、A'组（拉丁文—理科）和B组（其他语言—理科）。拉丁组被删掉一组，也就是原有的B组，理由是招生和学习成效都不理想。另外特别加重理科（包括增加理科在这三组中的课程）。不过，当时积极为理科建立的平等地位，还是很快就面临种种困境：课业负担过重、学生过度劳累、中等教育完全免费（1928—1933）导致学生人数大幅度增长。于是，在1941年，卡尔科皮诺（Carcopino）恢复类似于1902年的编制。若以理科为基础来统一中等教育的做法失败了，那么以法文为统一基础的做法就更不可能成功。1925年，有人设置所谓的"大合班"，将不同组的学生集合起来上共同的法文课。这项措施的目标之一是借安排独立的法语教学来提升近代组。"大合班的失败"，普罗斯特（Antoine

Prost)写道,"确认了近代组有史可稽的劣势",同时反映出古典组的优势。而当时唯一名实相符的近代教育(女子教育)的发展更衬托出后者。1924年,当女子教育得以和男子教育平起平坐时,它效法古典教育的模式,也因此有机会接触拉丁文(容后再述),在当时被视为一项女性的战利品。

即便在1945年后,拉丁文仍是教育编制的争论焦点,特别当面对中学人数增加、六年级新生的社会地位不平等,有人提议在中学第一和第二阶段之间,设立一个为期一两年的过渡期,让学生在这段时期"接受观察",之后再依最适合各人能力的方式给予指导。这个分科前的基础课阶段,是教育部长让扎伊(Jean Zay)自1937年起大力推广的概念,第二次世界大战后又有人提出来(特别在著名的朗芝万—瓦隆改革计划中),可惜并没有任何具体结果。原因是"又被拉丁文绊住了"。基础课阶段只有在真正具有共同性时才有意义,而这意味着拉丁文的课程要延后一两年才上。然而,针对这点的争论却最激烈,直到第五共和政体期间(特别强调校务随意制,并在执行上给予空前的自由度),才在1959年1月6日发布法令,设立一个为期三个月的基础课阶段:古典组和近代组的区别,只是把拉丁文课程延后到六年级第二学期初。拉丁文还是屹立不摇。评论家盖埃诺(Tean Guéhenno)回想拉丁文在当时是教育的"中流砥柱",就连公立中学的课程怎么安排,都得取决于这个"台柱"。

尽管如此,仍有不利的征兆出现。1956—1957年间,约有一半的六年级新生选择近代组。此外,古典组的人数随着年级递减,六年级的古典组学生比近代组多一点。到了一年级,前者人数只剩一半,而参加中学毕业会考的学生,只有30%是六年级就选择古典组的小拉丁文学生。如此可观的下降趋势显示古典教育大大衰落了。此外,课程安排虽仍显得野心勃勃,上课时数却早已缩减。一年平均不到125小时，也就是说，整个修业期间总计大约750小时（结业班一个半小时的拉丁文和希腊文课并非硬性规定）。对照之下，1902年教改前的总时数有1400小时，改革后还有1260小时。1959年创设的近代文科教师甄试（对象是高中、大学教师），几乎肯定了这种趋势。"近代文科"指的是以一种活语言和拉丁文取代希腊文，拉丁文仍维持必修，但降到次等地位。对此，传授古代语言的教师纷纷发出警告，"危机""衰落""辩护"等字眼频频出现在教育或联合月刊里。1954年，第戎大学文学院教授圣德尼（Saint-Denis）借一篇文章标题《我们要冷眼旁观拉丁文学科临终吗？》所提出的疑问，更流露出深切的忧虑。

知道后续发展的人，或许会说这是一种预感。1968年"五月风暴"后不久，教育部长富尔（Edgar Faure）在中学六年级设立一个真正的基础课阶段，也就是没有拉丁文，而以著名的"三种语言"（母语、现代数学和一种活语言）为共同基础。为迅速执行这个决议，他用一个简单的法令（1968年10月9日）规定六年级的作息表和课程内容，其中完全不见拉丁文。这是很不光彩的事，可以说，拉丁文失去了在教育界的威望与核心地位。更糟的是，"这可怕的打击"是来自一个保守派政府的部长，而且他自相矛盾地引用"五月风暴""追求平等"的精神来为自己的行为辩护，并宣告古典学科从今以后是"民主化的阻碍"。

这项终结百年传统的措施引发激烈的抗议。职业协会和学术团体（包括拉丁文研究学会、希腊文研究学会、布德协会、高等教育古代语言教授协会、法语暨古代语言教授学会等）都发表见解，在报上刊登各式各样的公开信，签署请愿书，召开记者会，游说权威人士。一个特殊的协会成立了，主旨从名称一目了然，捍卫拉丁文协会。碑文暨纯文学学院和许多知名人士都表态支持这个诉求。一些国会议员在国民议会（1986年10月29日）和上议院（1968年11月29日）设法调解，但都徒劳无功。富尔部长不但追认10月9日公布的措施，还表明有意将拉丁文课延到四年级才上。同时，除"三种语言"外，再加进一项新的基础教育：工艺。另外除了这些必修科目，也开放一些附加的选修课：学生可选修拉丁文，也可选修第二现代语言。部长唯一勉强让步的是，学校可以向五年级生"传授一些人文学科的基础知识"，换句话说，就是让他们"沾一点拉丁文"。次年7月9日，政府公布新的决议，将拉丁文课延后到四年级。1970年4月14、15日，当国民议会在讨论教育问题时，已卸下部长成为众议员的富尔仍大力维护自己的教改政策，甚至补上一句"或许把古代语言的课程延到二年级再上也不算太糟"，因而引起一阵骚动。

　　阴郁的年代来到，学生人数急遽下降。1975年，参加中学毕业会考的拉丁组考生，是1968年同组考生的三分之一。此外，拉丁文课程虽仍沉重，上课时数却明显减少（三、四年级皆少了三分之二），而且常安排在很差的时段。1992年，布德协会秘书针对中等教育提出一份再悲观不过的报告。他指出："古典学科的处境，实际上不再只是像我们过去几年来婉转重申的那样令人担忧。从很多方面来看，简直惨不忍睹。"至于"三、四年级学拉丁文和希腊文的学生人数理论上增加了"的说法，只不过是个圈套：这些学生几乎全在二年级放弃这两种学科，原因是古代语言对中学毕业会考来说根本无足轻重，没有理由继续学下去。这种疏远古典学科的结果也波及高等教育，从此，取得古典文学士学位的学生每年不到450名。从拉丁文教科书的出版，也看得出衰落的现象。1900年至1987年间，平均每十年有114种新书出版，但在1970年至1987年间，却不及130种。而且产量下跌的速度愈来愈快，1980年至1987年间，只出版了34种新书。衰落和不感兴趣相结合。1994年，纳唐出版社发行《教育与训练百科词典》。在这本书中，我们找不到任何拉丁文、古代语言或古典语言的"词条"；自1960年《法国教育实用百科全书》贡献一长串词条给古代语言，里面记载满满的历史资料和教育观点以后，时代就完全改变了。此外，拉丁文今日也不再是国立教育研究院（负责研究法国教育的组织）的目标。现行的研究计划中，没有一项与古代语言的教育和教学法有关。

然而，随着贝鲁（Bayrou）为学校制定的"新契约"，拉丁文重新被纳入学生自五年级起的课程。这项措施（1995年开学期间尝试实施，1996年正式推广）受欢迎的程度远超过预期，初中和高中的领导阶层原本指望有20%的五年级生选修拉丁文，结果人数竟达三分之一。我们必须强调，贝鲁的改革政策只承认拉丁文是单纯的选修课，所以不应对拉丁文这次卷土重来过于乐观。

二、西方国家

专属特权、优势、从必修到选修，这三种状态点出拉丁文从16世纪至今，在法国学校界的命运特征。这些特征在类似的年表，也出现在西方世界。无论在何处，拉丁文的统治权都根深柢固而持久，不但成功抵制敌对势力，而且直到近代才瓦解。虽然这普遍的景象必须稍加调整，才能考虑特殊的转变，这几处修改却不会令人对一个统一的历史产生怀疑。

拉丁文学校

"拉丁文学校"（近代某些国家用来指今日所谓的中等教育）这个词，充分表露出拉丁文在教育界的分量。在16世纪，拉丁文是无所不在的。在伦敦,它主导圣保罗学校。该校于1509年由人文学者科利特创建,是英国"文法学校"的典范。学生在阅读文章前,要接受扎实的文法教育,当时很快成为教学依据的是利里版《文法书》(这本教科书在1540年由亨利八世裁定为全英国的"通用手册"或"皇家文法书")。学童必须同时精通口语拉丁文和书面拉丁文,因此有借由对话、朗诵、文法辩论等形式进行的会话训练,也有翻译、写散文和写诗等各种习作。同样的情形也发生在威尼斯。约六七岁孩子的基础课程从文法开始,教学依据往往不是人文学者的教材,而是中世纪的著作,而且以哥德式字体印刷。首先,学生必须"按规则仿说拉丁语",之后,他们排出简短的语序。接下来,他们开始接受有助于熟练书面拉丁文的练习,例如把书信从意大利文译成拉丁文。阅读方面,则从具道德范例的文集,也就是老加图的《二行诗》读起。到了12岁左右,当少年准备进入人文主义学校时,他已经有能力读西塞罗、维吉尔、泰伦斯和贺拉斯的作品。在列日(比利时),共生会附属学校的教学重点放在口语。因此,孩子从7岁起就有能力用拉丁语表达己意。这是因为他们把拉丁文当作活语言来学习,而且特别以一些为他们编写的"对谈"集为依据。事实上,这些教材是把适合孩子年龄的问题讨论搬进书本里,用简易、正确的拉丁文写成,其中并富含拉丁语录。强调口语拉丁文(包括应用在游戏中),并不表示不重视扎实的书面语基础,这里同样有散文和韵文习作。在不伦瑞克(现为德国不伦瑞克。——全书括号内仿宋字体为译者所加,下同不注),学校正如1569年的法令所规定,是"名副其实的拉丁文学校"。孩子从一开始就沉浸在拉丁文中:他们学习阅读的识字读本是用拉丁文写的,而他们辨读的第一篇文章是《天主经》(又称《主祷文》)。接下来,除了学文法外(约占四分之一课表),学生从三年级起就不准再说"蛮族话",而且必须努力在短期内学会足够的词汇。拉丁文实际上是学校界的媒介,是老师对学生说话的用语,它也是用来区别的符号。1562年有项规定要求学生"无论在任何场合都要讲拉丁语,这样他们的谈话才能使他们有别于未受教育的人,同时证明他们是学生"。实用的书面语习作和对话形式的口语练习,使一整天充满了节奏,拉丁文以各种形式呈现67%到77%的学校活动。

这几个例子虽然反映出一个相同的拉丁文世界,却取自宗教信仰不同的国家。这是因为宗教改革并未像推动教会说当地方言一样,也推动学校说当地方言。事实正好相反,在德语国家,起先联合抨击教会和学校的宗教改革家,后来因路德和梅兰希通(Melanchthon)的缘故(尤其后者),而改采具建设性的态度。外号"德国导师"的梅兰希通领导中小学和大学改革,为新学制训练大部分教师并出版教科书,其中尤以拉丁文版的拉丁文文法书在信义宗(路德派教徒)国家大受欢迎。这个结果为德国学校界带来根深柢固的统一,其特色就是宗教和人文主义文化密切联系。回到不伦瑞克的例子,为使基督徒(特别是未来的牧者)有能力直接阅读《圣经》的文句,因此古代语言备受重视。不过,希腊文和希伯来文的分量比拉丁文少很多。和所有人文主义学校一样,那些被中世纪学校摒弃的古典作家大举回归校园,其中尤以西塞罗、泰伦斯和维吉尔名列前茅。至于德文,则未被列入教学大纲,甚至懂拉丁文的学生也不准使用这个语言。老师顶多注意学生把拉丁文译成德文的译文正确与否,给他们几个字用德文写写文章。"经过宗教改革的"学校赋予宗教教育重要的地位。不过,在讲解路德的教理问答时,不但用拉丁语,也用德语。除宗教是例外(其实不完全是),在不伦瑞克公国和似乎在整个信义宗德国的学校,基本上与天主教国家的学校仍很相似。到了17世纪,情况几乎没有改变。随着小奥古斯都公爵的重大法令（1651），学校课程将宗教教育排在首位，而且从此必须以当地方言传授这门课。这么做是顾及效率问题（"用德语讲解教理问答，可以帮助学生更坚定敬畏神"）和语言纯粹主义者的想法。学校力图反复灌输给学生的古典拉丁文，很可能被宗教作品中比较混杂的语言给污染了。不过，有些老师仍继续用拉丁语讲解教理问答。此外，高年级生借研读哈特（Hutter）的《神学概要》接触神学时，也用拉丁文。拉丁文在实际教学中仍居首位，包括占用大部分上课时间。除了低年级，它仍是老师和学生之间沟通的语言。不过，督学施拉德尔（Schrader）的多次提醒令人联想到，口语拉丁文可能在17世纪下半叶已衰微。在这段时期，本国语的确怯生生地出场了：德国学校采用德语教学，甚至教德语。同样在这些学校里，依然有少数学生能结结巴巴地背诵"多纳图"（多纳图是罗马帝国拉丁文文法学家和修辞学家，他的拉丁语法著作为中世纪各学校唯一的教科书，因此他的名字在西欧成为文法书的同义词）。同样在信义宗的世界，位于施特拉斯堡的飓风中学（1538），以古典语言为所有课程的基础，学生从拉丁文开始接受扎实的文法训练。在法国大革命前夕，德语虽已用在教学上，拉丁文仍是学校和大部分课本的正式语言。

　　类似情形在归正宗（加尔文派教徒）国家也处处可见。在瑞士洛桑，预备学生升入学院，以便将来承担牧职的中学，按1547年的章程以拉丁语授课。在初级班（即第七学级，成员为六七岁孩子），拼字、阅读和写作等基础课皆采用拉丁语，老师只在翻译词汇时才讲法语。反之，宗教与道德的基本知识则以当地方言传授。虽然如此，从四年级开始，教理问答必须以拉丁语讲解。一个世纪过后，1640年的章程仍呈现拉丁文的优势：中学必须训练学生不但能读、写拉丁文，还要能讲拉丁语。为此，大学生联盟的首要之务是"协助学校训练学生使用拉丁文"。唯一的例外是以法语进行的讲道训练。不过，用在预备讲章的教科书仍以拉丁文写成。在尼德兰联合省，古典语言不但没有遭到摒弃，反而被赋予极正式的地位，因为学校就叫作"拉丁文"。1625年，荷兰省下令为这些学校制定规章，这项章程直到1815年仍有效。其中拉丁文（书面语和口语皆是）占尽优势。因此，每年举办附带考试的典礼时，阿姆斯特丹学校的学生必须在市内一座教堂当众背诵演讲稿。这些讲稿无论内容或形式，几乎和天主教界写的演说词没什么两样。

无论是天主教徒还是新教徒，十六七世纪欧洲各地的学生都学拉丁文。当然和他们同时代的东正教教徒也如此。俄罗斯在彼得大帝统治期间，仿效耶稣会中学创立学校（例如基辅有一所学校提供古典课程）；莫斯科学院于18世纪初重建时，就是根据这个模式，而罗斯托夫、诺夫格鲁或乌克兰的切尔尼戈夫，也都循此模式创办学校。因此，在1750年，俄罗斯帝国有26所中学提供以拉丁文课程为主的教育。

拉丁文不只在欧洲是中学生的家常便饭，在新大陆也是。美洲移民地制定的学制仿自英国模式。大西洋彼岸（从欧洲来说，指北美洲，尤指美国）创办的第一所"中等学校"——波士顿拉丁文学校（1635），就是效法英国的"文法学校"制订教学计划，以拉丁文为首的古代语言是学校教育的主轴。

所有年纪轻轻就开始学拉丁文，甚至偶尔得上初阶课（阅读）的孩子，都得在学习期间"吞下"并生产数量惊人的拉丁文作品。在英国的"文法学校"，学生的课业和在欧洲天主教耶稣会中学一样繁重。德维爵士（Simonds D'Ewes）声称他在17世纪初受教于圣爱德蒙（St. Edmond）时，曾创作至少2800句拉丁诗和希腊诗。英国占星家莱利（William Lilly）回想自己在阿什比德拉祖什求学时，"任何主题都能即兴作诗。各类诗体，六音步、五音步、抑扬格、萨福体都难不倒我"。一个世纪后，少年奥菲瑞（Vittorio Alfieri，意大利悲剧作家）在杜林中学和同学比赛背拉丁诗，他深受奇耻大辱地败给那位同学，因为对方"一口气背完维吉尔《耕作的艺术》中将近600句诗，而且一个音节也没弄错。我却连400句都背不完，也没有他背得好"。其他还有很多诸如此类的例证，但或许都不及小瓦得格拉夫初到伊顿中学时的惊讶反应来得有说服力。在这名7岁孩童的眼中，那里真是个"非常奇怪的地方……到处都是男孩子和拉丁文"。

尽管如此，拉丁文在18世纪仍处处引发争议，并面临当地方言的竞争。忠于推理研究原则的博洛涅耶稣会中学，在1675年至1680年间，始终持守"学生必须以拉丁语跟老师交谈"的规定："在学校，当众回答神父时，我们都要讲拉丁语。"阿达米在日记中写道："讲通俗话的人都拿到坏成绩。"但随着时间推移，这项规定愈来愈无人遵守。在英国，把拉丁文当作口语的基础课，同样在整个18世纪期间逐渐减少，以致这门课的教科书渐渐从"文法学校"中消失。

自然而然，当地方言深入教室。在洛桑中学，有人于18世纪初引进以法文编写的拉丁文文法书，而在1721年，学校鼓励老师"用正确的法文字眼和措辞"解释拉丁语作家的著作。在普鲁士和符腾堡，学校课堂上也日益以德语进行讲解。但这不表示学校真的实施了通俗语言教育。事实上，德文的文学价值比法文（更不必说意大利文）还要更晚才得到肯定。在德语国家，就像其他地方一样，学生是通过拉丁文学习（甚至发现）德文。这正是著名的心理小说《赖泽尔》中，主人公少年赖泽尔在18世纪末的真实体验。读二年

级时,他意识到自己

> 用拉丁文比用德文更能正确表达己意。因为讲拉丁语的时候,他懂得恰如其分使用与格和宾格。但他从未想过在德文,例如"我"这个字,mich是宾格,而mir是与格;他也没想过自己应该像使用拉丁文一样,也在使用母语时做语尾变化和动词变位。不过,在不自觉间,他却学到一些日后可以应用在母语中的概念。

然而,拉丁文和当地方言的竞争,仍随着后者企图成为教学题材而愈演愈烈。在意大利,即使在耶稣会中学,意大利文还是得等到18世纪50年代,才以补充教材的名义进入校园。和法国的情形一样,这里的耶稣会士遭到驱逐,使得教改计划有了新的突破,当然也有人提出当地方言优先的要求。例如,戈齐(Gasparo Gozzi)为威尼斯的学校拟订的教学计划,就把意大利文排在首位,并将拉丁文课程局限于对书面语的理解。这些改革大部分只是纸上谈兵,而在这套保留耶稣会学校主要特色的教学法中,唯一的创新是,特别重视把拉丁文译成本国语的练习,并且开始有本国语的习作。即使在古典著作正享受"黄金时代"的美洲移民地,也有人对古代语言占主导地位提出质疑。这波从18世纪50年代展开的反对声浪,在该世纪最后二十五年间达到巅峰。反对者不仅通过教育书籍,也通过报纸文章抒发己见。写这些文章的作者以"实用知识"为口号,要求删掉学校课程中的拉丁文,最起码也要减少它的分量。他们要求优先考虑英语基础课程,以及他们认为一个新兴民族必备的学科教育(技术教育或理科)。

> 我们需要手……更甚于头脑。对古典著作认识得再深，也搬运不了橡树；对《耕作的艺术》再怎么有兴趣，也耕不了田。我们有很多年轻人为《伊利亚特》绞尽脑汁，但日后他们却必须用手清除泥沼，为沼泽排水。其他年轻人全神贯注于构思逻辑的三段论，但日后他们却得操作犁柄。

有些人力图融合古典学科和理科，像是尼克森（William Nixon）牧师在1789年提议，今后都用拉丁文编写理科书籍，这样或许能同时满足因袭传统的人和革新者。除了激烈的辩护词和比上述例子更合情合理的计划外，这个"实用知识"的诉求并未得到任何具体结果。在18世纪末，传统课程仍维持不变，古典学科仍在美洲学校占尽优势。

因此，拉丁文依然稳若磐石，教改失败反而更增强它的地位。在波兰，为了改革日趋衰败的教育制度而设立的国民教育委员会，于1774年的章程中终结拉丁文的专属特权，把堂区学校的古代语言课程全部删除，学童今后学习用波兰语阅读。其次，把古代语言变成伯爵领地学校的次要"科目"，拉丁文不仅排名在波兰语之后，也在自然伦理、法律、政治经济学与自然科学之后。此外，学拉丁文不再是为了对话，而只是为了阅读。这项改革遭到强烈反弹，一些家长让孩子退学，某些老师继续以往的教学方式。1788年，这个委员会竟开倒车，恢复学校使用口语拉丁文的政策。在高年级，修辞学老师甚至只能讲拉丁语。在皮埃蒙特（位于意大利北部），也有类似拉丁文坚持不退，且反倒因当地方言而增强势力的例子。虽然法国大革命导致意大利语在皮埃蒙特取得优势，拿破仑并吞后却把法语强加于当地，先是和意大利语平起平坐，之后又让法语居首位。于是，大都说方言的学童，变成在小学和中学要面对三种语言

（法语、意大利语、拉丁语），结果当然学习效果很差。二流的成绩，因断绝长久以来的习惯而心生怀疑，加上某种政治上的对立，这些全以拉丁文的名义结合，用来缩减古代语言分量的措施照样失败，应该全数撤销。因此，在19世纪初，和法国旧制度最后几年一样，在皮埃蒙特的乡下学校，基础阅读课仍采用拉丁文作品。

拉丁文虽然在中小学克敌制胜，在大学却坐享愈加稳固的地位，至少直到18世纪50年代，大学仍保有浓厚的拉丁文色彩。常为人引述的例外［"1687年，托马修（Thomasius）在德国哈雷大学以德语授课"］，因为一再出现，反而成了拉丁文占有主要且正式地位的象征。这点在北欧国家和在南欧国家，在天主教界和在新教世界同样真实。在18世纪，西班牙国王颁布的法令总是再三强调拉丁文是大学内唯一的语言。直到1813年，卡斯提尔语（纯正西班牙语）才被宣告为教学语言。拉丁文同样有理由在意大利的大学中占优势，它是伽利略在帕多瓦大学授课时使用的语言。一个世纪后，另一位意大利文捍卫者瓦利内里（Antonio Vallisneri）医师，也不得已用了拉丁文。即使到了18世纪60年代，在都灵大学教物理学的贝加利亚（Beccaria）神父仍用拉丁语传授他著名的电学课。在瑞典，乌普萨拉大学始终忠于拉丁文，直到19世纪40年代。而在芬兰，图尔库大学于1749年提交第一篇并非以拉丁文写成的论文，但这并未对一个前程似锦的传统造成任何影响。

拉丁文最先从大学中退出的部分是口语。现行措施和提请恢复秩序都阻止不了口语衰退的趋势。在牛津大学，训导长劳德（Laud）大主教于1636年制定的章程中，规定学生彼此间甚至用餐时，都必须讲拉丁语。这些条例直到1854年仍有效，但实际上，18世纪就再也没有人在"餐厅"里讲拉丁语了。同样的"规章"也强制要求学位应试者应神色自若地讲拉丁语。1800年的考试《章程》再次重申这项义务。也因此,老师期望学生用拉丁语向他们讨教。然而,1725年突然发生在基督城大学学生霍克身上的不幸事件,却透露出当时口语拉丁文确已衰落。这名学生因无法清楚地发出两个拉丁字,而招来修辞学教授的斥责(当然,用拉丁语):"给我滚出去好好学拉丁语。我可没有义务待在这儿听某某人讲不出拉丁语。"

在18世纪期间,有愈来愈多人试图将通俗语言引入教学。以下几点令人关注:当地方言在很多情况下被采用为新学科或"技术"教育;有人常在拉丁文和当地语言之间犹豫不决;即使对现代语言大师来说,拉丁文仍保有一些权利。1754年,在那不勒斯,向来以拉丁语传授形而上学和伦理学的哲学家杰诺维西(Antonio Genovesi),取得传授贸易学的职位,这在意大利半岛是首创的教职,从此他"以纯正的意大利语"授课。18世纪下半叶,瓦伦西亚有人打破1753年的皇令(即坚守拉丁文的独占权),将数学和物理当作实用知识传授给未来打算从事农工商的学生。在洛桑学院,有人在拉丁文和法文之间举棋不定。1725年至1750年间,在该学院传授哲学的克鲁萨(Jean-Pierre Gousaz),轮流使用这两种语言授课。他的同事巴贝拉(Barbeyrac)用拉丁语教罗马法,但用法语教自然法和历史。1788年,一项新条例规定自然法须以法语或拉丁语传授,物理课和历史课只能使用法语,哲学课教授可以用法语教数学,但仍得用拉丁语教形而上学和逻辑学。用当地方言教学并不表示完全放弃拉丁文。在格拉斯哥,哲学家哈奇森(Frances Hutcheson)于一项以英语传授的课程中,仍采用拉丁语上第一堂课(1730)。同样地,第一位正式在帕维亚传授博物学的教授斯巴兰札尼(Lazzaro Spallanzani),也以一篇拉丁文*Prolusio*(引言)开始他向来用意大利语传授的课程。这几个例子使我们得知,拉丁文在18世纪期间(特别是下半叶),必须和当地方言竞争才能作为大学的教学语言，但它几乎独占像第一堂课这种正式场合。这也是注定要延续的一项传统。例如，1863年，历史学家兰克（Ranke）在柏林发表历史与政治演说时，开场白用的还是拉丁文。

19世纪人文主义的复兴

古典学科在18世纪引发的争议，或许让人联想它们会在下一个世纪退出中等教育。完全没有这回事，反倒是一场全面的人文主义"复兴运动"就此展开。古代语言处处受重视，也处处让精英学校显得与众不同。

在普鲁士，古代语言在"古典中学"占尽优势。虽然该校于1810年创立时，居领导地位的是希腊文，拉丁文的分量却逐渐增加，到1837年已成为最重要的学科。根据当年提出的课程大纲，学生每周要花8到10小时学拉丁文，几乎相当于课表的三分之一。希腊文在前四个年级每周只占6小时。至于德文，只能捡剩的时间凑合着用，前四个年级每周2小时，后两个年级每周4小时。面对这种情形（到了1890年，学校46%的时间都用在传授古典文科），难怪德皇吉翁二世会有如下反应：他要求教学研讨会停止培育年轻的希腊人和罗马人。尽管有这强有力的声援，近代教育支持者的努力却几乎没有成功。1892年，拉丁文在中学课表上仍占62小时（先前是77小时），而德文只有26小时（先前21小时）。拉丁文作文仍是Abitur（"中学毕业会考"，升大学必经之路）的必考项目。此外，自1900年起，先后在普鲁士和其他国家，毕业自不含拉丁文课程的学校（即实科中学和文实中学）学生可升入大学，而古典中学可以完全投入对古典语言的爱好，这点特别从拉丁文的上课时数增加显示出来。

在意大利联合共和国，拉丁文虽然似乎已从基础阅读课消失

（别忘了即使在1839年，米兰仍有小朋友学习用意大利文和拉丁文阅读），它和本国语、希腊文却仍是高级中学和公立中学的基础。这种古典文化的模式并非怀旧保守派的特权。首位出身左派的教育部长柯皮诺（Michele Coppino），曾批准1867年的教学大纲，将拉丁诗定为"中学四年级"期末考的试题。

英国对古典学科的崇拜在19世纪达到顶点，古代语言终于在某些"公学"中占用一半，甚至四分之三的上课时间。伊顿中学（无疑是这类学校中最守旧的一所）在19世纪60年代，总计31位老师中，有26位致力于古典语言教学。到了1905年，这类教师仍占全体教师的一半。"较低年级"的课表，首先被拉丁文文法教育或所谓的"研磨动词课"占据，这个特殊词汇，同时指出方法（反复练习）和题材（以最独特之处——动词变位闻名的拉丁文文法）。其次是拉丁诗的基础课程。在伊顿中学，班级名称本身（标出格律并检验、没意义、有意义），代表学生在熟练拉丁诗的过程中持续进步。从学习格律分析和诗律学的规则到写诗，历经无意义但按规则练习的阶段。这项课程包含持续不断地阅读拉丁诗并死记大量诗句。在19世纪末，不仅"公学"中的古典教育几乎没变，而且由于学校增长，1900年专研古典学科的男学生比1800年还多。另外，20世纪更出现预备孩子升入"公学"的预校。在"研磨者"的严格指导下，学生接受更深入的古代语言"训练"。因此，当巴特勒12岁离开"老鹰之家"时，单单拉丁文，他就读过西塞罗的《论友谊》、维吉尔的许多作品、一册贺拉斯的《颂歌集》和一点李维的著作，还写过许多散文，而且每星期创作16首六音部诗。总之，在伊顿中学、温切斯特中学、卡尔特修道院和其他私立精英学校，由于自然学科设立得晚，加上被视为"普通语言"的英文不怎么受欢迎，致使古典教育的优势愈加强盛。和这些名校相比,"文法学校"相形失色。1864年,陶顿委员会的一项调查揭示,有一半以上的"文法学校"不再传授拉丁文和希腊文,即使学校提供拉丁文教育,也有43%的学生对于这项教学徒具象征意义,经常感到很不满意。例如,伦敦一所学校为了满足创办人的愿望,让高年级生每周花一小时大声朗读拉丁文文法书前面几页,却没有提供任何解释,学生当然也完全不懂。陶顿委员会的调查结果令人不安,因而引发矫正的行动,因此,同样在"文法学校",古典教育的处境在世纪末比世纪初有改善。

有关拉丁文的优势,最具说服力的例子,或许是沙皇统治下的俄罗斯。在这个国家,直到19世纪初,中等教育仍处于摸索阶段,拉丁文因为是从国外进口的一种现象,而取得更显著的地位。俄罗斯的"古典主义"在托尔斯泰伯爵执政期间达到巅峰,他曾经为了直接探询德国的教育制度,远赴普鲁士考察。1869年,他提出中等教育计划,一方面规定学校提供实用的训练课程给日后打算从事地方职务的学生,另一方面规定古典高级中学指导有才能的学生升大学与从事公职。随着1871年的修正,古典学科(事实上尤指拉丁文)占总课程的41%,对照之下,数学占14%,俄文占12%,其他外语占10%。虽然这位部长下台后(1882),拉丁文的课时数减少,俄文、文学和地理的分量加重了,但在十月革命前夕,与"实科中学"相比,古典高级中学仍维持主导地位,而拉丁文依然是它的主科。

在地球的另一端(美国),情况更是形成强烈对比:为"实用知识"请愿,转变成同样激烈地为应用学科和职业专科教育辩护。推动后者的是美国的新"领导人",即来自"边疆"的人或企业界的"白手起家者"。尽管如此,古典教育持续存在,甚至在1900年,拉丁文在中等学校仍保有值得羡慕的地位。有近半成的学生学这个语言,它是继代数之后最多人选修的科目。

因此,拉丁文继续支配中学,并通过学校支配学生的生活。和前一个世纪一样,西方人仍处在一个有强烈拉丁文色彩的世界里。因此,瑞典剧作家施特林贝格(Strindberg)年少时,初踏进学校的印象,并不只是出于天生的悲观。"当他看到一长列标着拉丁文名称的教室,尽头是quarta('四年级'),想到自己得在这里熬过几年,之后再拖着步伐穿越高级中学的另一排教室",这栋建筑物在他心中引发的悲伤愈来愈深。

痛苦的表面

然而,这样的一个世界还是走到尽头,20世纪60至70年代正是一个重大的顿挫标记。在某些情况下,拉丁文的衰落随着政治事件提前或延后。例如在前苏联,拉丁文衰落得较早也较突然,自1910年布尔什维克实施初步改革起,象征教学法旧制度的拉丁文就从课程中被删除。相反地,意大利在法西斯政体统治下,拉丁文的衰落较晚发生。在这里,对古罗马文化风俗的赞扬,在学校中兴起一股名副其实的"泛拉丁语风",而且残存直到法西斯政体结束。

美国是拉丁文最早衰落的地方。从1910年至1928年间,学拉丁文的高中生人数从49.05%降到21.99%;1928年至1929年间,就学生人数而言,拉丁文仍超过其他所有语言的总和;接下来二十年间,在让位给西班牙文之前,拉丁文是最多人学习的语言;接着,1961年至1962年间,在往后几年身价暴跌之前,拉丁文以第二语言之姿,先是与法文竞争,继而败给法文。虽然在1962年,仍有70.2万名学生学拉丁文,在1984年,人数却不到17万,1975年还降至15万。不知道1984年人数些微上升,是拜学生重拾兴趣还是学校人口增长之赐。

在欧洲，自20世纪60年代以来，学生人数减少，也是拉丁文在中等教育的处境特征。不仅如此，还伴随上课时数减少。在瑞典，拉丁文的上课时数减少30%。在荷兰，缩减范围更是猛烈。1968年后，高级中学结业班的学生每周只上5小时拉丁文课，但在以前，希腊文和拉丁文占了课表总时数一半以上（确切地说，就是35小时中占了18小时）。在比利时所谓的"改革"教育中，拉丁文的课堂数被删掉一半，某些班级甚至更多，像是一年级，每周9小时的课被减到只剩2小时。

事实上，拉丁文在中等教育依然颇有分量，因此它仍是升入高等教育的必备条件，甚至是某些大学入学的必考题。这项规定一旦终止，拉丁文就完全没落了。在美国，1931年耶鲁大学和其他学校先后决议不再要求"新生"懂拉丁文，这项措施对上述拉丁文学生人数骤减的"高级中学"不无影响。这种衰落必然影响到学院和大学，因此在1995年，学拉丁文的学生人数只有25897人，这使得拉丁文在外语排行榜上名列第七，不但远远落后西班牙文、德文和法文，也在日文、意大利文和中文之后。此外，对照1995年和1990年，前者人数又下降8%。相较于美国（牛津和剑桥大学从60至70年代起，不再以拉丁文为入学条件），古典学科在英国大大衰退且沦为选修课的过程较晚发生。相反地，在德国，拉丁文仍是进入许多大学学院的必备条件，因此在中等学校学拉丁文的学生更多也更积极。在1990年，联邦共和政体的高级中学有35%的学生学拉丁文，而选修"整套拉丁文课程"的学生要花三到九年的时间上这门课。此外，拉丁文长久以来始终是进入理学院的推荐语言，甚至今日医学系学生都得上一"学期"的拉丁文，并通过这项学科考试。

三、实习的共同体

从文艺复兴到20世纪中叶,从古老的欧洲到新大陆,学校在拉丁文影响下,分享着共同的命运。无论到哪里,拉丁文的优势皆深入而持久。无论在何处,它的转化皆依循一个类似的年表。这段统一西方学校景象的历史,同时是一个实习的共同体:采用同一套正典(指学校界公认的重要作家和作品),广泛流传类似的范例、教科书和教学法。

超越教学法的本土特色

不过,最先吸引人注意的仍是差异点。翻开拉丁文文法书,有谁没发现第一组词尾变化的范例,并非统一采用法国著名的例词 *rosa*(玫瑰)呢?(附带一提,与传统例词*musa*/仙女相比,*rosa*是新近引用的范例。)虽然在意大利和西班牙,学生也用*rosa*练习词尾变化,但美国和加拿大却用*puella*(童女),英国和荷兰用*mensa*(膳食),德国则用*agricola*(农夫)。此外,在德国,格丁根医学系学生的课本提供的范例是*vena*(血管),而明斯特常用的例词是*lingua*(舌头)。

较少逸事是对照不同国家的教育制度而得到的差异,这点从比较20世纪60年代德国高级中学和法国公立中学的例子就可证明。在莱茵河彼岸(德国),拉丁文的分量重多了,甚至占用20%的上课时间。而在法国,拉丁文只占课表的14.5%。为有利于阅读、翻译并评论原著,把本国语译成拉丁文的习作在德国几乎完全消失。在前面三项练习中,最受重视的是朗诵、发音和诗的韵律。一位德国少年若坐在法国教室里,必会深感困惑,因为他听到的是不一致的发音混在一起，学生对音节的重音和音量几乎一无所知。更令他惊讶的，或许是看到这些法国同学不断在厚厚的字典上乱翻乱找，而他却常常连一本小词典也没有。或许他还会讶异他们花一小时剖析二十来行拉丁文，而他多亏学过大量词汇且可以自由使用现行译本，而能在同样时间内浏览好几页原文。最后，他或许会为任何拉丁文摘录总是引发句法结构和词汇上的疑问而诧异，因为他在家乡习惯听到的是，老师自然而然提出道德、美学或心理学方面的问题。

1900年的巴黎万国博览会，让人有机会借现场展示的学校作业、教科书和其他实物教学，对照常用的古典人文学科教学法。这项对照因德国缺席而有缺憾，因为当时仍积极推动古典教育的国家（瑞士、奥地利、西班牙、比利时、荷兰）在这方面没有什么展示，而其他国家（北欧国家）的展出又微不足道（他们宁可展出在技术和职业专科教育方面的发展）。根据展出国家（美国、大不列颠、加拿大、匈牙利、意大利、葡萄牙、俄罗斯、瑞典、挪威、法国等）的资料，显示：

> 有两大研究古代著作的方法：其一强调文法和形式，为大不列颠和俄罗斯所提倡；其二强调历史和考古学，盛行于美国、加拿大、匈牙利和意大利。根据前者，读拉丁文和希腊文作家的作品是为了学习这两种语言；而后者，则为了认识希腊史和罗马史。目前法国大学逐渐倾向采用的方法，是强调道德教育、哲学和文学，并注重思想观点和感受更甚于形式和事实，这在其他国家很少见。

至于习作，现场展示的范例显示匈牙利和法国最具独创性。在匈牙利，学生致力于"用拉丁文分析老师讲解过的文选。根据历史学家李维或萨鲁斯特的作品，写罗马史的摘要，即兴创作（介于把本国语译成外文的练习和作文之间，严格说起来拉丁文作文只有法国实施）"。

19世纪中叶，英国学校界最知名人士马修·阿诺德（Matthew Arnold）在担任督学期间，为了帮国内的教育改革搜集有用的资讯和建议，多次到欧洲大陆考察。他写给学校咨询委员会的报告，想必当然和英国的学制比较过。其中某些断言固然令人困惑（例如把法国公立中学很有纪律归因于当地人天生的特质——"军人般的简洁作风"和"精确"），但对于学校做法的翔实描述，却突显了不同教育制度的本土特色。在法国，教学重点并未偏重任何一方，尤其学生的散文和诗写得同样流畅自然。尽管如此，令马修·阿诺德印象深刻的是，学童必须在家里完成很多作业，学校大量采用文选，极其呆板的基础文法课。在普鲁士，他注意到老师和学生之间使用口语拉丁文（虽然他发现这项练习正在衰退中），因此，年轻的普鲁士人熟谙词汇且运用自如，令人称羡，而这也让他们能够博览群书。相反地，他们的作文缺乏英国、法国的同侪能够重现的优美古风，也缺乏"公学"优等生在写拉丁诗时，懂得表现出来的高度"优雅"和简练精确。不过，对马修·阿诺德而言，"德国人最优越之处"在于他们非常精通考古学，而且即使在中等学校，也以历史和语文学的方法探究古典著作。在瑞士，古典中学虽仿效德国模式，却借一项特点来突显自己的不同（就连鲁格比中学的校友都没有注意到）：完全没有诗和散文的习作，学生只须经常练习把本国语译成拉丁文，而且只是单纯的文法练习。

实际上，教学法的本土特色（上述例子提供我们一个粗略的类型学），对西方学校界深奥的同一性影响不大。其中有些确实是次要的，其他则较晚成形，而一些独有的特色被很多相似点弥平了。尤其面对很早以前（这些特色尚未因某些著作广泛发行、技巧被仿效、教学法普及化而削弱之前），就为各国采纳的选择和实习方式，这些本土特色更显得无足轻重。

通用正典

阅读近代西方各地的教育史，令人印象最深的是，课程大纲上总会出现相同的作者，甚至相同的著作，成为历世历代学童共同应付的课业。在16世纪，荷兰和列日公国的课程大纲中，西塞罗（主要是他的《书信集》）压倒群雄，其次依重要性递减，分别是维吉尔、奥维德、泰伦斯、贺拉斯，远远落后的有老加图（《二行诗》）、伊索（译成拉丁文的寓言）、凯撒、萨鲁斯特。同一时期在不伦瑞克，西塞罗、泰伦斯和维吉尔的著作，占学生二分之一的学习计划，其中最主要的读物，同样是西塞罗的《书信集》。一个世纪后，在1651年的法令颁布前，这个"三人组"的优势仍在增长中：学生的读物有31%是西塞罗的作品，20%是泰伦斯，13.4%是维吉尔。单单这三位作者，就占用学生将近三分之二的阅读活动。在法国，17至18世纪初，五六年级学生最常见的作品，是西塞罗的《给挚友的信》，加上奥维德的《挽歌》和老加图的《二行诗》。在新教中学，则采用柯迪耶（Cordier）的《对话语录》和伊拉斯谟的《讨论集》。后来，有人认为西塞罗的作品过于艰涩，而改采拉丁寓言作家费德鲁斯的《寓言集》和尼波斯的《罗马史》作为基础读本。在耶稣会中学，则增加尤特罗匹斯和圣维克多的著作。而三四年级学生，必读西塞罗的道德或哲学论著，最常见的是《论责任》《论友谊》或《论老年》。此外，还要浏览奥维德的《挽歌》或《变形记》（皆为部分节录）、泰伦斯的一套剧本、维吉尔的《牧歌》或

《耕作的艺术》。在18世纪，有人将古代史学家，如查斯丁、凯撒、萨鲁斯特或昆特－库尔斯（Quinte-Curce）等人的著作引进三四年级。在二年级和修辞班，学生大部分时间都用来研读西塞罗的演说作品。另外还要研究一位历史学家，李维是不二人选；其次往往是泰西塔斯。诗的方面，学生总是读维吉尔（只读《伊尼德记》）和贺拉斯（最常读《颂歌集》）的作品。当然也有其他作者的著作，只是很少见。在18世纪50年代，法国里摩中学仍采用同样的作品（根据城里一位书商提供的资料）：在一间很适合称为"西塞罗作品室"的仓库中，存放了西塞罗的《致挚友的信》或《书信精选集》、道德论著和演说词，另外还有奥维德的《挽歌》和《渡船书信》，维吉尔的《牧歌》和《伊尼德记》，贺拉斯的《颂歌集》和《诗的艺术》。在大西洋彼岸，18世纪"文法学校"的学生在修业期间，必须阅读老加图的《二行诗》，奥维德的《变形记》和《挽歌》，西塞罗的演说词、书信和《论责任》，维吉尔的《伊尼德记》，拉丁语历史学家弗罗鲁斯（或是尤特罗匹斯、查斯丁）、诗人泰伦斯与贺拉斯等的著作，这林林总总（除了其他少数留给"学院"用的作品）组成麦迪逊（后来当上美国总统）在1785年所描述的"学校古典教育的常见书单"。

这些作者和著作，有很多在20世纪50年代末期，仍常见于法国中等教育的课程中：五年级有费德鲁斯（《寓言集》节选）和尼波斯的作品；四年级有凯撒的《高卢战纪》、西塞罗的一些道德论著、奥维德的《变形记》；三年级有萨鲁斯特的《卡提利纳的阴谋》和《朱古达战争》、维吉尔的《伊尼德记》（前三卷）；二年级有西塞罗（特别是《论老年》和《卡提利纳》）、李维的作品，维吉尔的《牧歌》和《伊尼德记》（第六至第八卷），泰西塔斯的《农夫的生活》；一年级有西塞罗的道德论著，维吉尔的《耕作的艺术》和《伊尼德记》（最终卷），贺拉斯、塞内加的作品，泰西塔斯的《编年史》和《历史》；结业班有吕克里修斯的作品、泰西塔斯的《演说家对话录》、西塞罗的修辞学论著和哲学著作。讲白一点，学生读的只是这些作品的节录。这些经过加工的浓缩版，很可能让一般学生觉得"拉丁文学是一堆杂七杂八的东西，是一群'拙劣'作家写的，而其中傲视群雄的两巨头就是西塞罗和维吉尔"。或许有人会加上凯撒，虽然他的优势只有一年，却几近专制，以致四年级被称为"凯撒班"。没有多大的变化，这也是同时期盛行于西方各地的课程大纲。

因此，这套教学用正典不仅变化不大，而且学校始终恪守无违。照朱利亚（Julia）的说法，在17至18世纪期间，至少就法国而言，它变得愈来愈绝对。古代的遗产说明了这套文集浓缩的理由，当然这么做也是顾虑到教学上的需要（坚持采用最具拉丁语特色的著作，同时避开过于艰涩的文章）和道德上的考量（避免让孩子接触过于轻浮的文章）。一小群作家和作品（甚至几段精彩的摘录），被处处提升为所谓的"经典作品"。它们是历世历代学生的常规，并且经过长年持续不断的接触，而超越时空把西方各校结成同盟。

一样的教科书

学生不仅研读相同的古典著作，在初学拉丁文期间，偶尔也用同样的课本。这点在16世纪尤其真实，因为当时有很多教科书在国际间发行，奥凡（René Hoven）曾将最畅销的拉丁文教科书版本列表。无可争议地，最大的赢家是德波泰尔（Jean Despautére）笔下的各种书籍。这些书自1506年初版后，便以原版或改编的形式，在安特卫普、巴塞尔、科隆、卢万、里昂、巴黎、威尼斯、维也纳、维滕贝格等地再版至少一百次。伊拉斯谟也因他的《讨论集》和

《雄辩术》而广受欢迎，尤其后者（1512年在巴黎初版），曾在25个城市再版约180次，其中包括亚卡拉（Alcalá）、巴塞尔、布鲁日、克拉科夫、德文特、海德堡、伦敦、塞勒斯塔、威尼斯、维也纳等。柯迪耶（Mathurin Cordier）的《演讲论丛》（1564年在日内瓦初版），曾在阿姆斯特丹、安特卫普、伯恩、剑桥、但泽、吕伐登、莱比锡、伦敦、里昂、蒙贝利亚尔、巴黎、罗斯托克等地出现新版本。据说，总计有117个完整版，55个删节版。薛德（Peter Schade）的《孩子的教育》（可能于1517年在莱比锡初版）也同样享誉国际，曾在约20个城市再版60次以上，其中包括巴黎、里昂、安特卫普、奥格斯堡、克拉科夫、德文特、伦敦、卢万、斯莫尔卡尔德、苏黎世等。这些在16世纪几乎必出现在读书计划中或学生手上的著作，可说是不胜枚举。

上述例子再次显示，单从出版地点来看，宗教的界限几乎没什么影响。必要时，稍微修改就可使天主教国家完全接受新教的书籍，反之亦然。但也有教科书虽然广受欢迎，却只在教派团体间流传：例如，梅兰希通的文法书在1526年至18世纪期间，曾出版248次，但只限于信义宗地区。同样地，很多由耶稣会出版的教学著作，就算不止一个国家使用，也仅限于耶稣会设立的中学。

这种国际化现象随着时间减少，但在17世纪仍很明显，因为此时发行很多上述的再版书籍。此外，著名的《帕纳森拉丁诗韵词典》（所有在学校"制造"诗的人不可或缺的工具），也是在这段时期首度出版（确切时间是1659年）。起先，有人说这本教科书是由某位不知名的耶稣会士所作，但后来又传说是夏帝翁（Chaotillon）神父。从18世纪初开始，又有人说作者是德国耶稣会士波阿勒（Paul Aler）。从目录学来看，这么复杂的历史已足以说明它成就非凡。这点也从十七八世纪的出版地得到证实：巴黎、科隆、法兰克福、布拉格、比尤达、班贝格、阿姆斯特丹、米兰、威尼斯、安特卫普、鲁昂、里昂、布瓦杜克、波瓦提、伦敦等。事实上，这部作品在一个半世纪内历经多次改编和修订，尤其是译成各种本地语言。例如在戴维尔（Deville）修士编给伊比利亚人的版本中（1742年在里昂发行），解释的部分被译成西班牙文，第二卷后面则附上某种类似用语汇编的附录，以西班牙文和拉丁文并排的方式，列出词典中所有词汇。大受欢迎也连带使这本词典盛行很久。直到19世纪还有人再版，特别是在爱丁堡、巴黎、亚维尼翁、里昂、比尤达。

本地语言在教学中的分量愈来愈大，说明了教科书"国有化"的理由（无论通过自行创作或改编外国书籍，如上述《帕纳森拉丁诗韵词典》1742年的版本）。不过，在18世纪中叶，仍有人原封不动地使用在不同时间为不同地点撰写的教科书。例如，在波兰学校大受欢迎的拉丁文文法书（阿尔瓦雷茨版），以原版形式沿用到1773年，才总算有新版本注意到拉丁文和波兰文之间存在着无法消除的差异，像是动词的时态和语法范畴。附带一提，阿尔瓦雷茨版文法书除了广泛发行外，还盛行很久：1868年，当日本学生又有机会学拉丁文时，这本将近三个世纪前，由葡萄牙耶稣会士撰写的著作再度受到重视。

虽然教科书版本愈来愈国有化，采用进口原版书的做法却未因此消失。1980年，沃尔芬针对这点提出几个例子："荷兰有部分学校采用剑桥的拉丁文课程""德国有些教育机构从荷兰引进一本很棒的教科书《接受与偿还》""希腊因过度轻率，从西欧（尤其法国）进口一些教科书"。这种借用他国教材的做法，最有趣的例子是近来引进专门传授古代语言的资讯化工具，像是《柏修斯》光碟片。这套由美国设计的软件，不但包含古典作品，也附有地图和古代遗址、雕刻、器皿、钱币等的图像，借由简易的搜寻系统，提供令使用者深思的入门、相关资讯和答案。不过，这套一流的工具仍保有原始特征，从洛比版开始就富含原文，并在旁边附上英译。经验显示，使用《柏修斯》的法国学童，面对译文和拉丁文时，比较乐于使用前者。

道德教育成分

前述有关道德教育的要求，不但促使学校文选排除所有被视为儿童不宜的作品，就连预定作为教材的著作，也因为含有看似会叫人害臊的内容而遭到删改。这么多"经过洗练"以适用于中学生的教科书版本中，最具代表性的例子，是1689年在法国安杰出版的贺拉斯《颂歌集》，第一册中的第十一、十三和二十一首被省略，而在原文变更方面，第六首最后一节（原为贺拉斯强调他写诗是为了歌颂爱情和欢愉），则改成颂扬乡村生活单纯的快乐。这种做法持续很久，即使在19世纪出版的教科书也流行这么做。1874年，当学校引进罗马喜剧作家普劳图斯的剧作《金壶》作为修辞班的新教材时，有位凡尔赛的教师提供一个号称"教学用"的版本，他删掉十几行提到少女遭人强暴并偷偷生下孩子的诗句，以及几句莫名其妙的粗话，使整篇文章完全合乎道德规范，但它却造成了好几处变得令人费解。20世纪上半叶的教科书版本中，也有类似的调整。选集、教师用拉丁文编写的教材、模仿古典风格的作品，以及其他在拉丁文教学中备受重视的仿作［如法国文法学家洛蒙（Lhomod）的《从罗慕路斯到奥古斯都的名人生活》］等，就提倡善良风俗的角度来说，永远都是无可指责的。

格言集（通常是学童阅读的第一本书）对老师力图达到的双重目标很有帮助，同时传授拉丁文基础课程和道德教育。也因此，老加图的《二行诗》、伊拉斯谟的《箴言集》、法兰德斯人文学者克鲁森（Vander Guysen）的《植物园》（较少人知道这部作品）会到处受欢迎。对话集也是如此，这些描述口语情境的教科书，皆以帮助学生熟练口语拉丁文，同时增强他们的心理健康为目标。因此，像游戏这种对孩子而言再自然不过的活动，在这类教材中，都变成反复灌输拉丁文和行为准则的最佳途径。以下这段来自德国教师休泰纽斯（Hermann Schotenius）和学生的简短对话，就是最好的写照：

"呵！你怎么在玩骰子。"
"关你什么事？"
"这不是学生该玩的游戏。"
"那么该谁玩？"
"无赖、花花公子、江湖骗子。"
"可是我看过很多学生玩。"
"他们并没有因为玩这个而变得更好。"
"你认为他们有变得更坏吗？"
"赫拉克里斯可以作证！他们不但变得更坏，而且坏透了。"

除了删改原著、改写旧作或精选作品外，教学法本身就具有道德教育的基础：广泛采用扬善谴恶的古代作品，或是颂赞模范行为、指责不道德行为的历史故事。老师的评论必定着重在该效法的品德和该避免的勾当。给学生的作文题目也具有双重目的，一方面训练他们写拉丁文散文，一方面反复灌输一些道德标准和处事原则：历世历代各地的中学生，无论写诗或写散文，都要针对顺从父母、对他人的责任、忠于祖国、勤奋向学的好处等主题加以阐述。

普遍且长期配合教育的道德内容，引人质疑基督教界赋予异教徒著作重要地位的做法失当，尤其描述古代诸神冒险故事的作品，往往让孩子暴露在一些不合宜的情境中。英国自1582年起，就试图用奥克兰写的现代拉丁诗，取代"文法学校"常用的异教徒作家（如奥维德）的作品：官方也针对这点发布命令，但似乎没有学校执行。1650年，剑桥龚盖学院院长戴尔（William Dell）提出类似建议。他主张希腊文和拉丁文的基础课程应采用基督徒作家的著作，以避免尽是"无稽之谈、虚浮、猥亵、淫荡、偶像崇拜、邪恶"的异教徒作品潜藏的危险。同样的批评也出现在清教徒居多的美国，这里视阅读古典著作会损害道德和宗教信仰。不只充满荒诞无稽之事和放荡行径的希腊罗马神话会严重危害年轻的心灵，以战争、背叛和暴力行为为主要内容的历史故事也会。这正是美国政论家潘恩的观点，也是1790年至1800年间本杰明·拉什（Benjamin Rush）的看法。在德国，虔信派学校逐渐以基督教作品取代维吉尔和其他古典作家的著作，因为采用前者的拉丁语教学不会使儿童暴露在有害思想的威胁下。法国是在19世纪中叶，戈姆（Gaume）神父的著作《近代社会的隐痛》（1857）出版后，异教徒作品带来的教育问题才引发激烈讨论。这位高级教士从"教育应以基督教教义取代异教思想"的原则出发，建议把古代语言教学中的异教徒作品，换成基督徒作家的作品，而且应从教父的著作开始。在这场争战中，他得到作家弗约的支持，后者认为古罗马作家的著作是近代理性主义的根源，而西塞罗是伏尔泰思想的始祖。

这些评论并未产生具体影响，学校继续以被视为"经典"的异教徒作品为教学依据。一方面，删改版、重新编写的作品和文选都是些无害的文章；有人甚至偶尔把 *deus*（神）一字的字首改为大写字母，以符合基督教原则。另一方面，老师也可以在评论作品时，指出古人的恶习，并强调他们和基督徒世界的差别。例如，对18世纪30年代的耶稣会教师而言，西塞罗、贺拉斯和维吉尔应被谴责为"完全不愿以自己得到的知识荣耀神，进而得着永远福乐"的异教徒。至于作品中充斥的寓言，则以下面这段话加以谴责："你们看看这其中的虚浮，想想这些人何等愚蠢，他们败坏神圣的历史，捏造和自己一样邪恶的诸神：无耻的爱神丘比特、残酷的战神马尔斯、偷窃之神墨丘利，为的就是借由亵渎宗教的祭仪，使自己最可耻的放荡行径合理化。"因此，经过精挑细选与评论的异教徒作品，在课堂上成了基督教智慧和道德观的来源。这项功能持续很久。直到近代，学校课程才改以西塞罗和塞内加的演说精华为主，内容不外乎人类的善与恶、面对亲友死亡的勇气、友谊的责任或以宽容回应伤害。此外，被视为拉丁文教学主干的文法（见下文），也有用来在道德课程中说明语法规则的范例，使公民义务教育课发挥双重效益。

文法过度膨胀

古代作品因着上述用法，加上经常出现在课程和学习计划中，终于获得纯教学法的色彩，而这个色彩也因以拉丁文为主的教学形式而更显著：文法占大部分，古典作品反倒成了文法习作的辅助工具。至少，这是某些孩子对他们必须研读的选集所抱持的看法。苏菲娅［赫尔（Lionel Hale）在著作《羔羊的毛》中描写的伦敦女学生］压根儿没想过要"把印在书上的字和任何实际发生过的事联系起来。男人行军、扎营、冬季宿营地；对苏菲娅而言，拉丁文和男人、兵营、冬季宿营地、骑兵部队都不相干。拉丁文存在，是为了提供虚拟式、过去分词，以及（哎哟，天啊！）动词变格"。

拉丁文教学往往伴随大量文法，而学习语法规则通常是接触古代语言的第一步，正如前文有关旧制度下学校的描述。根据麦多纳的回忆（他在19世纪60年代曾就读爱尔兰启肯尼的圣吉兰中学），情况几乎没什么改变："学校每天给我们那么多页的拉丁文要我们熟记，还有那么多行拉丁文或希腊文作品要我们翻译、解析，为的是让我们能区分名词和形容词，列举所有动词的词形变化，并指出每一个'格'①或时态应依循的句法规则。"这股文法趋势在19世纪最后十年，因德国语文学的威信而更强化。虽然这股趋势很容易表现在古典传统少，甚至没有的国家（如俄罗斯），但在强调不同研究方向的国家（如法国注重美学，意大利注重修辞学），却较难深入（虽然不无影响）。除了在解析原文的领域取得一流成就外，这股趋势也赋予文法极大的地位（尤其在中等教育），最后并转变成名副其实的"文法过度膨胀"。怪不得文法成了拉丁文学科没落的代罪羔羊："首先应对拉丁文危机负责的人"库森（Jean Consin）于1954年写道："就是文法书的作者。"怪不得在因应措施中（指提倡"现代拉丁文"，阅读古典著作，对古文明甚至古人的日常生活投以较多关注），文法被处处降到即使不是较小，至少也是次等的地位。无论在鼎盛期或在危机期，拉丁文教学法始终保有统一的面貌。

---

① "格"为语法范畴之一，主要与名词和代名词有关，表达句中各词间的句法关系。在屈折语中，名词有一些不同的形式，而以词缀表明其不同的格。

第二章
拉丁文的堡垒：教会

虽然布鲁诺只将"拉丁文的堡垒"一词应用在18世纪（我们在本章借用他的词），该词的效力却更广泛，直到梵蒂冈第二届大公会议（简称梵二大公会议）为止，拉丁文始终是天主教会的礼仪语言，是执行弥撒圣祭和施行圣事的语言。这是历史情势的遗产，是经过天特会议认可而传承下来的古老惯例。在隔开这两个会议的四个世纪期间，拉丁文无论在信徒或在诽谤它的人眼里，都是天主教会的特殊要素。此外，任何为本地语言争一席之地的尝试，非但没有成功，反倒提供机会，建立并强化一套将拉丁文奉为神圣语言的论据和护教论。这就是本章的主题，在探讨拉丁文冗长的统治史后，我们将检视梵二大公会议特别在这点上所代表的"转捩点"。为免于过度偏重天主教会对事情的看法，快速浏览新教徒的世界将提醒我们，宗教改革不能只和本地语言的问题混为一谈。

一、从惯例到准则：天特会议的法典编纂

设立拉丁文为礼仪语言

在古代和中世纪，拉丁文并非唯一支配教会生活的语言，世人用好几种语言撰写礼书、主持圣礼。我们无须追溯到耶路撒冷的第一个基督徒团体（可能以亚兰文举行礼仪），也知道基督教传遍罗马帝国，是借由当时众所周知的语言希腊文。拉丁文是在很后期，当希腊文废置不用时（也就是三四世纪左右），才取代后者在罗马礼拜仪式中的地位。在基督教发展初期，也有别的语言用在礼仪中，像是科普特语、埃塞俄比亚语、亚美尼亚语，但这些语言只具有地方性的、有限的威望。尽管如此，对于罗马天主教会采用拉丁文作为礼仪语言，我们仍不能将之诠释为对某一种语言的让步（初代神父把拉丁文和他们弃绝的异教文化等同视之）。首先，这么做是要借由使用帝国的共通语言，回应信仰交流的实际需要。此外，诚如科莱蒂（Vittorio Coletti）所强调的，还考虑到"用一个稳定、确实的形式，来确立宗教用语的必要性，以便从语言的观点，它能与内容和用途的神圣价值相称"。

礼仪中必备的拉丁文，属于中等、通俗的语体，和古典语言相差甚远，然而一开始时，它仍是一种文学语言，和实际口语不同。但差异总是日益加深，经文的语言变成了一种文化语言，被覆上几分古语的色泽，最后终于随着时间抽象化，并失去通俗可理解的特色。在礼仪语言特有的演变过程中（指文化语言和普通语言的差异愈来愈大，加上前者强烈倾向于固定不变），拉丁文变成神职人员精英的特权。关于这点，有好几个宗教和文化上的因素，教会内部设立教阶制度，导致和教友之间产生新的关系；神职人员和信徒的

区别日益明显。随之而来的是两种文化（学者和一般民众）彻底分歧，这点从少数文人教师，和大多数文盲或愚昧无知者之间的对比反映出来。前者通常在教会学校受过正式教育而且懂拉丁文，后者只拥有口头流传的教义且不懂其内涵，这使得他们大约从7世纪以后，被降为"俗人"。因此，拉丁文成了神职人员的语言，即使这些人并不全是有造诣的拉丁语学家。例如，圣博尼法斯（Boniface）可能会为一个"因祖国、女子、圣神之名"（*in nomine patria et filia et sanctus spiritus*，正确应为 *in nomine Patris et Filii et Spiritus Sancti*，"因父、子、圣神之名"）施洗的仪式甚感忧心。

拉丁文的优势使当地方言的问题很早就浮现出来，向语言完全不同于拉丁文的居民传福音，引人审视这个问题并寻求解决之道。9世纪，使斯拉夫人改信基督教的西里尔（Cyrille）与美多迪乌斯兄弟以传教为由，用斯拉夫语进行礼拜仪式。面对这项创举，罗马原持犹豫不决的态度，但最终在885年谴责这种做法。当时教宗艾蒂安五世以开除教籍为由，禁止美多迪乌斯用斯拉夫语施行弥撒，只准许他用该语言翻译并解说使徒书信和福音书以建造信徒。两个世纪后，斯拉夫人请求允许将礼仪译成他们的语言，但遭到教宗格列高利七世拒绝，理由是："全能的上主希望《圣经》在某些地区保持奥秘，自有他的道理。如果人人都能轻易读懂《圣经》，很可能造成《圣经》较不受人敬重且更容易被忽略，或是被文化水平较低的人做了错误的解释。"事实上，教会对于在礼仪中使用通俗语言极为谨慎。后来宗派运动在这方面的请愿（像是韦尔多派或罗拉德派），使教会更加迟疑，以致通俗语言和异端显然有如"同一个二项式中的两项"。尽管对本地语言始终持审慎的态度，教会的立场却随着修道生活的形式而有差别：对所有和礼仪或《圣经》相关的事非常谨慎，甚至封闭；但对与平信徒（相对于神职人员的绝大多数未受神职的一般信徒）有关的祈祷则较开放。不过教会内部众主教的态度明显不同，而且对本地语言的不信任比托钵修会更甚：设于城市中直接接触信徒的托钵修会，为了信众的宗教教育而在讲道中恢复使用通俗语言。1500年左右的情况如下：讲道大都采用当地方言，《圣经》和礼仪用的文章译本到处流传；但拉丁文仍是圣祭和圣事唯一的语言。因此，没有任何标准条文以处置这种状况。

　　随着发现新大陆而产生的布道团，自然而然也以同样方式解决语言上的问题，只是他们的问题因为必须在卡斯提尔语和原住民语言中择一而变得更复杂。不懂当地语言，身边又没有翻译员的初代传教士，一开始是采用拉丁文。他们先找小孩子讲话（特别是最有权势的印第安人子女），用拉丁文教他们在胸前画十字圣号，背诵《天主经》《万福马利亚》《使徒信经》和《圣母拯救颂》；之后，他们关心成人，教他们用拉丁文念祈祷文。为了让初学过程容易些，他们借助歌唱方式和各种记忆法。由于效果太差（印第安人不懂他们在说什么，也不愿放弃原有的宗教仪式，加上传教士没有能力纠正他们），只好放弃完全采用拉丁文传教的方式。不认识原住民的语言，传教工作显然不可能有成效；然而在使用至少八十种语言和方言的阿兹特克帝国，传教士特别选用纳瓦特尔语，因为该语言被指定为当地法律和贸易的官方语言。学会语言后，传教士还得把印第安人不知道的新观念传递给他们：为此，他们把欧洲字词引进原住民的语言中。这样至少在原则上，可以避免所有异端或与非基督教思想混淆的危险。结果，一些用原住民语言写的文章，布满了拉丁文和西班牙文的字眼，有些符合当地形式，有些则无。虽然传教士用原住民语言教导、讲道，却仍坚持用拉丁文施行弥撒和圣事：在这里，他们善用印第安人对排场和装饰品的爱好，在仪式中加入大量音乐，并带领原住民背诵拉丁文圣歌和祈祷文。

为通俗语言辩护并抨击拉丁文

拉丁文这古老语言的优势，在16世纪上半叶再度引发争议，当时由宗教改革家发动的抨击，很快就导致新教教会"废黜"拉丁文。虽然在初代宗教改革家的著作中，很少有关于语言问题的详述，毋庸置疑，这是因为礼仪本应以信徒能懂的语言进行。此断言的神学论据是，基督教仪式可说是以话语为主的仪式。一个建立在话语上的仪式，若不采用团体理解的语言（也就是用当地语言表达），会众就无法实际参与其中。采用本地语言伴随着对拉丁文的批判：它妨碍信徒有意识地参与圣礼。

新教改革家对语言的选择，以及对拉丁文掌控一切的尖锐抨击，让人不得不正视一个事实，就是直到16世纪40年代，即便教会内部也以革新修道生活的名义，提出对本地语言有利的呼吁。1513年，两名威尼斯卡玛笃修会的修士［吉斯提尼亚尼（Giustiniani）和奎里尼（Quirini）］，曾就这方面向教宗利奥十世提出请愿书。他们提议改革神职人员的拉丁文教育，因为有很多成员无法充分理解弥撒仪式；他们也为《圣经》的近代语译本和以本地语言举行礼仪辩护，目的是让信徒更清楚自己的信仰，并更实际地参与宗教仪式。

1516年，伊拉斯谟也以同样的观点为论据，呼吁将《圣经》译成当地方言。他对于纯粹表面、机械式的虔诚也感到愤慨："未受教育的男人和有如鹦鹉学舌般的女人，用拉丁文喃喃诵念赞美诗和主祷文，却不懂自己在说些什么。"这是用毫不隐讳的词句控诉拉丁礼仪。在法国，"福音派人士"借提供经文译本，力使信徒熟悉《圣经》。1523年，法国神学家戴达波（Lefévre d'Etaples）出版《新约全书》法文译本，而主教布里索内（Briçonnet）也在教区莫城让信徒用当地方言读经。然而，路德理念的发展加上他被开除教籍，导致教会当局愈来愈不信任译本。1526年，索邦神学院（巴黎大学的前身）宣布禁用译本，同时重申平信徒在宗教事务上无权无分，以及教会担任担保人的绝对必要性。"经授权的"讲道是教友接受宗教教育唯一的方式，平信徒只有一个权利：听的权利。索邦神学院还说，信徒不懂祷词的字义没什么关系，因为祷词的意义不在于文本，而在于教会使用它们的方式，教会是仪式的意义及其成效唯一的保证。

意大利直到16世纪40年代，才开始压制译本。1530年，佛罗伦萨人文学者布鲁西欧利（Antonio Brucioli）出版《新约全书》意大利文译本，并于1532年再版《旧约全书》的译本。后来他在1542年发表的《评注》中，为自己所做的事辩解。他认为，基督教和异教的差别在于前者毫无隐藏，基督希望人人都明白他的话语。因此，《圣经》应以任何人都能懂的语言呈现。这么说来，令人愤慨的并非看到"女人或鞋匠诵读经文，而且读的同时也明白其中含义"，而是目睹"女人和大多数男人像鹦鹉学舌一样，用拉丁文或希腊文低声诵念赞美诗和祈祷文，却完全不懂自己在说什么"。两年后，卡达林（Ambrogio Catharin）（最严峻的正统信仰捍卫者）出面反对这类断言。他谴责把《圣经》译成通俗语言，并提出教会团体现有的秩序："如果有圣师，而且有他们要教导的事，那么也应该有聆听和学习的人。"同样的观念，西班牙神学家卡斯楚（Castro）早就提过。他在著作《斥异端》（*Adversus omnes hereses*，1534年初版）中抨击译本，并根据一项很古老但受到时事强化的传统，把异端和通俗语言混为一谈：阅读和阐释经文本身有其难度，所以应保留给能胜任的人来执行。再者，即便是博学者都会出错，甚至偏离原意，更何况是一般信徒？准许在教会中采用当地方言译本，将破坏已建立的秩序，届时说不定连女人都成了圣师呢。

二十多年前，法兰德斯人文学者克里斯朵夫（Josse Clichtove），以改造神职人员为出发点，取得一致的见解。他认为，司铎基于献祭之职，而成为"被分别出来"的人。不同于一般人，他独自享有信仰的一切丰盛。因司祭职分同时带有牧灵的职责，所以司铎必须具备智慧和起码的学识。令克里斯朵夫愤慨的是，把"一些不会读也不会讲拉丁文的无知者和文盲"，提升为神职人员的等级。此外，和其他人文学者一样，克里斯朵夫不但呼吁改善司铎的培训，强调应对《圣经》和一些教父有更深入的认识，也为司铎应对礼仪有正确的理解辩护。事实上，他指出有些司铎并非总是明白自己宣读的话或执行的动作意义何在。为补救这种情况，他在1516年出版 Elucidatorium ecclesiasticum。这本书的第三部分论及弥撒，在进入正题前，有一则只保留给神职人员阅读的警告。为了避免平信徒偷读这几页，克里斯朵夫想尽办法让文中有关弥撒仪式和经文的解释，在外行人眼中显得晦涩难懂。除了反对以通俗语言举行弥撒（1526年，他在这方面强烈反对路德），他也希望"普通人"不要直接接触《圣经》：自1515年起，宗教改革运动尚未展开前，他就反对把《圣经》译成本地语言。理由是，这些译本会产生不准确、模棱两可和谬误的情形，而且因为读者缺乏应有的训练，无法明确指出错误并给予必要的校正，使得译本更具危险性。

除了神学家和教会人士，平信徒也表达他们的意见。从前文看来，他们的心声很少受到正视。1546年至1548年间，佛罗伦萨人泽利（Gelli）以通俗语言（他在"佛罗伦萨学院"致力研究的语言）之名，反抗拉丁文的霸权。这位出身工匠的人文学者，在系列著作《桶匠的奇想》（Capricci del bottaio）中，强调通俗语言的尊贵，以及它有权论述各种知识,因而使大多数人都能接触学问;同时,他也抨击拉丁文的垄断。首先,他认为少数有学问的人为了捍卫特权而欺骗教友,让他们以为不精通学术语言,就什么都不能学。当地方言很适合用来翻译日课经和礼仪,因为这类译本能提升信徒对圣事的崇敬,进而使他们更虔诚。在这一点上,泽利(他的教义的正统性不容质疑)提出宗教改革家老早用过的论调。有人认为,他抨击信徒用拉丁文诵念赞美诗就像"小嘴乌鸦呱呱叫,或鹦鹉叽叽喳喳"的说法,是抄袭伊拉斯谟和布鲁西欧利。处于新教改革的主流,泽利强调基督徒在教会中不分贵贱:拉丁文(神职人员的特权)不过是司铎的诡计,为的是树立自己的威望,并以少数人掌控广大信众。《桶匠的奇想》遭到审查,为避免最后沦为禁书,泽利只得做一些修正。他被迫修改的内容,包括要求翻译《圣经》和礼仪、抨击拉丁文支持者垄断等段落。

面对神职人员和信徒的要求,神学家不得不提出种种有利于拉丁文的论点,并对划分普通人和博学者、平信徒和神职人员的教会学加以说明。宗教改革运动对当时发表的见解不无影响,任何对本地语言有兴趣的表达,都自然而然招来不信任,甚至被怀疑是异端。天特会议的决议不可能不受这些情势影响。

天特会议的正典

1546年在意大利特伦特召开的天特会议,于各种场合中争论语言的问题,说得更确切点,尤其是涉及把《圣经》译成本地语言和弥撒圣礼的问题。参与大公会议的人从会期一开始(特别是1546年3月),即探讨《圣经》译本的部分。有两组人士彼此对立:一方认为应以天主教译本抗击新教译本,另一方则拒绝任何让步。与会者的出身所在地和在教会中担任的职务,或许可用来分析这种划分。来自异端蔓延之地（即德语地区）的高级教士，赞成用天主教译本回应信徒的需要，并对抗新教译本。相反地，住在远离异端地区的人（大都是西班牙高级教士或教廷成员），则反对任何可能近似向新教观点让步，或放弃教会特权的做法。第一组包括不少从事牧职的人，第二组则较多由神学家和修士组成。对《圣经》"通俗化"的争论，大体上取决于译本和异端之间的关系。一些人认为随便将译本教给教育程度低的人，肯定有谬误的危险；另一些人则强调任何人都有权认识《圣经》，并提醒大家，谬误常由无知而生，尤其异端多半来自有学问的人，而非普通老百姓。在这一连串的争论中，拉丁文显然是捍卫教会权柄和教会监督信徒的工具，却没有人（即使是最坚决反对《圣经》"通俗化"的人）提出论据，证明这个语言具有神圣的特性。《圣经》译本的问题引发正确版本的问题，进而对《拉丁文通俗版圣经》展开语文学和神学上的审查，诚如科莱帝（V. Coletti）所强调，虽然有人发现圣拉罗姆（Saint Jérôme）的这个版本有瑕疵，却只能以《拉丁文通俗版圣经》本来就是翻译作品作为解释。这么一来，恐怕很难禁止新译本产生。反之，如果《拉丁文通俗版圣经》被证实毫无瑕疵，世人就有可能将它视为神圣的作品，其永恒不变的特性与任何译本都不相容，否则就会使这个版本失去作者的圣洁和传统权威所赋予它的可靠性。接下来的讨论达成一个审慎的解决办法（即1546年4月8日的教令），在编出更精确版本的期许下，保留原有的《拉丁文通俗版圣经》。闭口不谈译本的问题，并禁止任何未经授权的《圣经》译本出版。

当与会人士提出弥撒语言的问题时，1546年4月8日的教令难免影响大家的讨论。语言问题无法单独处理，总会牵扯到弥撒。一系列的辩论首先于1551年12月至1552年1月展开。一开始，他们就和新教在这方面的教义划清界限。不过，会议中断使已讨论过的弥撒文件无法顺利公布。十年后，当天特会议再度召开时，这个问题必须从零开始，因为情况已经不同：与会人数大增（从70人增为180人），而且宗教情势改变（宗教改革的发展导致与会者采取较明确的立场）。针对弥撒语言的争论，于7月19日开战，9月17日作出结论。讨论集中在圣体圣事的祭献层面。弥撒不是为了纪念基督的牺牲而已，无论人有没有意愿参与，弥撒本身都是一种祭献；唯有司铎需要理解，唯有他是理解的保证、信仰的持有人，这信仰能借助因传统而神圣化的语言（也就是拉丁文）完全表达出来。当时参与讨论的神学家，一致拒绝采用新教徒要求的通俗语言，会众没有必要理解弥撒经文，他们可以在弥撒中融入信仰。尽管承认没有理由反对使用通俗语言，与会者还是强调教会基于合宜的缘故，应继续使用拉丁文。就礼仪的神圣性而言，应该采用与它相称的语言，而拉丁文（最卓越的文学语言）正符合这崇高的要求；换成本地语言，可能会使仪式变得贫乏。此外，由于几个世纪以来拉丁文都被用来表达超自然的真理，它在这些人眼中似乎具有神圣的性质。另一方面，也有人提出翻译的困难，以及译文可能含有谬误的危险。宗教改革运动和它在语言上的革新，就是最好的例证。而且，采纳本地语言等于向异端分子让步，甚至是一种归附。这些讨论的回响在8月6日呈交大会的提案中处处可见，文中肯定拉丁文最适合用于弥撒（若以通俗语言举行，恐怕减低对圣体的崇敬），并强调译文可能产生的最大危害。与这部分的教理报告对应的教规是："如果有人说弥撒只应以通俗语言举行，让他受咒诅。"不过，文中也承认应使参与礼仪的人理解读经和福音书的部分，并要求在仪式中提供信徒适当的解释。

这项提案于8月11日至27日讨论期间，引起参与辩论的19位雄辩家分成两派批评。其中一方（出身于罗马文化的高级教士）希望众人更大力支持拉丁文；另一方则无法赞同对拉丁文有利的教理报告所提的论点，不是因为他们反对拉丁文——西方礼拜仪式的语言，而是因为这些论点涉及一些彼此差异悬殊的情境（他们提到东方教会及其特性），而且其中**含有**对通俗语言的责难。新的草案于9月5日完成。报告中宣称弥撒圣事含有珍贵的教义宝库；在这点上，大公会议反对新教徒的观点（后者认为弥撒圣事**只是**一种教导）。虽然弥撒富含教义，大公会议并不因此认为应以通俗语言施行，更何况教会从来没有这种趋势。与会者一致赞同现有的做法（诚如它已经维持了好几个世纪），并明确指出弥撒中应以通俗语言提供信徒讲解。这项新草案于9月7日呈交大会，几乎没有引起什么讨论，就在第二十二次会议中（9月17日）表决通过。草案的第八章《论弥撒圣祭的教义和教规》声明如下：

> 虽然弥撒对教友具有极大的训导价值，但参与大公会议的人认为，不宜普遍以通俗语言举行弥撒。这就是为什么，在保留这项各教会特有且经过罗马天主教会（众教会之母及领袖）认可的传统仪式同时，为免基督的羊群挨饥受渴却得不到喂养，本神圣大公会议命令牧者及所有牧灵人员，要常在弥撒圣礼中，由自己或由他人，讲解与弥撒有关的经文，并在其他礼仪中，尤其在主日和庆节上，阐释该圣祭的奥迹。

在下一章，第九条教规明示："如果有人说弥撒只应以通俗语言举行……让他受咒诅吧。"同样的原则也适用于圣事：以拉丁文举行的圣礼，皆应提供本地语言的讲解。

不同于先前的讨论与草案，9月17日核准的条文中，并未提及那些为保留拉丁文而承认它具有某些特质的论点，如神圣的语言、万国通用、以稳定和崇高的特性确保信仰的宝库。天特会议的任务原是定义弥撒的教义价值，即真实的祭献；语言问题只因为被加进弥撒教理中，而纳入考虑。弥撒内含的教育价值，似乎不足以作为改变传统仪式的正当理由，但与会者一致同意仪式中应提供讲解，以免该教育价值遭到忽略。虽然弥撒并没有绝对和任何一种语言有关，异端和通俗语言之间也毫无关联，抵制宗教改革运动还是对保留拉丁文有决定性的影响。后来有人提出对拉丁文有利的证据（但未出现在最后的草案中），并揭露通俗语言本身带有异端的危险性时，这种环境因素就不怎么重要了。

天特会议的决议明确表露出，教会各阶级对于确保信徒宗教教育的关心，以及为了避免任何偏差或谬误，而在程序上予以监督。此外，这次会议也极度关切司铎个人和培育，以便他能完全履行上主和教民之间担保人的职务，并确实扮演好领导信徒的角色。为此，大公会议决定开办神学院；尽管形式上因地而异，强调拉丁文仍是所有神学院的共有特点。这种方式提升神职人员的地位，并相对地承认平信徒居次要地位，这在天主教界确立了稳固不变的群体阶级观，一方是持有知识的人，另一方是被动接受教导的人，各守各的本分。

二、正统教义与护教论

直到梵二大公会议为止，天特会议的决议始终通用于天主教会。任何"革新"都遭到反对，就算获准，也须有充分正当的理由。随着时间推移，许多有利于拉丁文的论点逐渐成形，事实上，简直就是神职人员和信徒共享的一套护教论。

拉丁文统治期

关于《圣经》"通俗化",大公会议决定持保留的态度,这正好符合数百年来对本地语言怀疑的论调。在法国,实施天特会议的教令是具有启发性的。它强化了索邦神学院的学者和其他权威人士的见解(这些人自16世纪上半叶就反对使用译本),难怪他们的优势会扩大。1548年,图卢兹宗教裁判所的法官罗蒂耶(Esprit Rotier)以直截了当的标题发表论文 *De non vertanda Scriptura Sacra in vulgarem linguam...*(图卢兹,1548)。在神学方面的阐述中,他引用众所周知的语言学和文学论据,将本地语言的贫乏与变化无常,对照拉丁文的庄严与恒常;《圣经》的起源本来就高度神圣(经文是上主所默示),理当有一个与它相称的语言,而这个语言只能是拉丁文。就连平信徒也为天特会议的立场辩护,例如蒙田。别忘了1556年当最高法院下令没收《诗篇》时,他也是其中的一员。"这么做不是毫无道理的,我认为,"他在《随笔集》中写道,"教会应禁止人把混杂、轻率而不得体的语言,用在圣灵通过大卫王写下的神圣诗歌上。我们该做的,只是邀请上主参与我们带着崇敬和充满敬畏之心进行的活动。"接着,他完全依照大公会议的方式,标示神职人员和平信徒之间的界限。

> 《圣经》不是给每个人研读的。唯有献身于它、蒙上主呼召的人才要研读;恶人、无知的人读了只会变得更糟。《圣经》不是用来讲述的故事,而是要我们尊敬、敬畏和崇拜的历史。那些自以为把《圣经》译成通俗语言,就可使人民大众轻易读懂《圣经》的人,真是愚蠢可笑啊!……我也相信让人人都能自由借各种方言任意使用如此严谨而重要的话语,是危险多于益处。

然而，整本《圣经》或单单《新约全书》的译本，还是在法国天主教徒中流传，这些译本是抄自所谓的《卢万版圣经》。《卢万版》无论在内容（虽然有人努力修订，力求符合《拉丁文通俗版圣经》），或在形式上（尽管有人全力修改有点过时且生硬的文体），都不是无可挑剔。1620年至1630年间，当似乎有必要让信徒读懂《圣经》时（他们虽然不懂拉丁文，还是有极大的属灵需要），有人提出释义本，不但供应正统解经，也完全回避了《圣经》译本必然挑起的问题和论战。这些出版物的成功，阻止不了民众期待有法文版的天主教《圣经》，一本可取代新教版本，并引导异端分子回到正统信仰的《圣经》。法王路易十三在任内末期，授权制定这样的译本。这个版本于1643年在波瓦提学者的认可下出版（索邦神学院的学者拒绝发表意见）。与此同时，首相黎塞留委托三位神学家制定另一译本。黎塞留和路易十三相继死亡，导致这些计划中断。但往后几年，《圣经》不同书卷的几个版本问世，似乎默认一个有利于自由阅读《圣经》的运动发展。

1650年，枢机主教雷斯（Retz）（他也是巴黎大主教）发布训谕，重申传统的限制规定，并禁止在未经许可的情况下，以通俗语言阅读《圣经》；次年，勒梅尔（Le Maire，王的顾问、指导神甫及讲道者）在雷斯的庇护下，出版一部标题意味深长的巨著：《是至圣所拒绝教外人士，抑或"圣经"禁止通俗话》。从序言起，作者就表明自己的主张："我们必须维护教会最重要的惯例和信仰的主要准则，也就是向不配的人隐藏奥义，使教外人士远离至圣所"……因此，"绝不能使《圣经》沦为通用或通俗化，无论基于我们应敬畏上主的话语，或基于我们有义务顺从教会权威性的决断"。说得更具体一点，"圣徒无不在战栗中打开的这本宗教书"，不应沦为"工匠的玩具和消遣"。在该书第一部分，勒梅尔证明

《圣经》对无知软弱的人而言，是晦涩难懂且危险的，不是什么人都应获准读《圣经》。接着他提出合乎逻辑的结论："把属于司铎的事留给司铎"，并暗示打破上主定规的秩序可能招来危险。第二部分（谈历史的本质）指出，"读《圣经》从来不是共同或通俗的事"。第三部分证实"有人想为阅读《圣经》建立的一般许可，违反了教会的目的和所有审慎、有见识的准则"。《圣经》经文的本质、教会数百年来的传统和教谕，都表明要禁止使用当地方言读《圣经》。针对这点，勒梅尔提出一个令我们很感兴趣的问题：

> 为什么教会只禁用通俗语言读经，却允许使用希腊文和拉丁文，难道人比较有能力听、说这两种语言？难道这么做会让人信仰更坚定、更了解《圣经》？还是用这两种语言读经，对学者和有学问的人、无知者和软弱者，既没有损害，也没有危险，因为他们通常比别人自负，也较不顺服？

事实上，很多异端分子都是受过教育的人。学术价值高的语言（包括拉丁文在内）会导致谬误，或者相反地，可以防止犯错？显然后者才是正确的：实际上，"使用这些语言能让人远离人群"、训练判断力、习惯接受磨炼，因而免于常见的错误，不会被第一印象牵着走；再者，认识古代语言使人能对照译本和原文，揭露异端分子在其中散布的谬误；知识能坚固人对抗错误，加尔文之所以陷入异端，绝不是因为他是学者，而是因为他有"报复心强且谋求私利"的性格。因此，除了区分司铎和教外人士的界线之外，勒梅尔还描绘另一条区分学者和无知者、精英和群众的界线（本质上非关神学，而是关乎文化与社会）；这第二条界线，还是拉丁文。

天特会议并未绝对禁止翻译圣书或阅读这类译本，而是把这两件事交由教会当局核准。到了17世纪末，法国天主教徒已可通过阿梅洛特（Amelote）和萨西（Sacy）的译本，使用整本《圣经》。此外，初信者也会正式收到法文版《圣经》。虽然有人认为这是民族语言的一个决定性发展，甚至是一种胜利，而且有些译本，像是《蒙斯版新约全书》（1666年）很畅销（6个月内卖5000本），但在天主教界，直接接触《圣经》的人依然有限，尤其和新教的做法相比。

唯独礼仪本身仍采用拉丁文，任何例外都会引起辩护。建立在数百年历史论据上的传统，随着宗教和文化方面的证据（用来反对提倡本地语言的人）而日益坚固。在这点上，和中国礼仪有关的抗争具有启示的作用。支持引用本地语言的人（大部分是耶稣会传教士和一些为地方情势辩护的西方同道）遭到反对人士（罗马当局、神学家和圣会成员）断然拒绝，后者强调拉丁文有不受时效约束的权利。冲突持续了三个世纪以上，直到1949年才化解。事实上，这种对立的局面老早就僵持不下，围绕一些后来不断复述的论点具体呈现出来。我们没有必要在此详述这段冗长的争论史（包括远东各修会之间的竞争、欧洲出现的反耶稣会运动，以及一些相关问题，例如有关仪式和专有名词的争论等，都使这段过程更复杂）。在提及大环境之后，我们将只谈主要插曲和重大决议。

被差派到中国的耶稣会传教士很快就体会到（而且这个信念随着时间增强），要让这个国家皈依天主教，除非建立当地的神职人员："只有靠中国人，才能改变中国的宗教信仰。"巴塞（Jean Basset）神父继其他人之后，于1702年如此说道。在中国，很多人对追求外国人的宗教信仰有偏见，而传教士屡遭迫害而罹难，更强化他们的见解。当时面临的问题，是如何挑选司铎候选人。中国的社会文化形势毫无助益，培训年轻人显得困难重重。身份地位高的父母，绝不允许自己的孩子在无利可图的情况下学拉丁文（一种外语），而荒废了中国文学的学业（取得高官的唯一途径）。外国传教士可以轻易找来出身卑微的孩子，但这些人成为司铎后在社会上仍毫无威望，这点对他们的牧职而言是莫大的损伤。守独身的义务为招募年轻候选人增添另一项阻碍。在归信天主教的人中，当然也有许多上了年纪的文人、鳏夫，这些人一旦领受圣职都能有效地传福音，但有一个无法克服的障碍似乎阻绝他们接近祭台：他们年纪太大，学不了拉丁文。然而，罗马对最后这点寸步不让，甚至拒绝准许以中文礼仪作为权宜之计。

事实上，争论的焦点不在于认不认识拉丁文，而在于发音。传教士和被派遣到东方国家的教廷视察员，都很强调地指出中国人无法正确发音；他们在书信、回忆录和报告中，一再证实这点，得意扬扬地指出中文语音学的特性，即少了好几个与不同拉丁文字母对应的音。因此，放在字首的母音a、e和子音b、d、r，分别被念成*ya*、*nge*、*pe*、*te*、*lle*。另一方面，以子音结尾的字（m和n除外），中国人也发不出正确的音：*vos amatis*被念成*vosi yamasissi*。此外，他们没有与l和g对应的音。例如，*ego*成了*nheco*。还有，他们无法连续发两个子音，或是没有插入中元音的双重子音：例如，*sanctam*变成*sanketam*，而*ecclesiam*则变成*Ngekekelesiam*，让人差点认不出来。从一个单字产生的这种荒谬不和谐的音，与整句话的发音相比，根本不算什么，像是*Ego te baptizo in nomine Patris et Filii et Spiritus Sancti, Te absolvo a peccatis tuis*（我奉父、子、圣神之名为你施洗，你的罪得赦免），或*Hoc est corpus meum*（这是我的身体），变成了*Nghe ngho te bapetiso in nomine Patelisu nghe te Filli te Sepilitusu Sanketi, Nghe te yapesolva ya pekiatisu tuisu*，或*Hocu yesutu colpusu meum*。

这种发音让神父啼笑皆非，为此，他们在辩护词中大量引用例证，并强调就连中国会众听到这么难懂的话都会笑。更糟的是，没人听得懂，不但普通词汇荒腔走板，句子也尽失意义，而词尾变化和动词变位的规则更是无人遵守。比葛里欧（Buglio）神父在1678年提到："他们（中国人）讲拉丁语时，不但像什么都不懂的鹦鹉在说话，而且有些音鹦鹉发得出来，他们却不能。"用中文字母拼拉丁文的音也于事无补。这么做总有缺陷，而且音译只会让不信教的文人，在看到一连串毫无条理的中文字时，更加怀疑这是巫术。例如，依照安托西塔（Intorcetta）神父的说法，按中文发音翻译出来的祝圣仪式用语，中文字的含义分别是："呼吸、年长者、主人、功能、规则、美、休息、各人、道路、逃避、事情、思考、牧场。"

在生动的细节（文献少不了的部分）背后，存在一个事关重大的问题。前面引述的词句本是洗礼、坚信礼和圣餐礼仪的圣事用语。然而，面对音译产生的这堆乱七八糟的文字，或者更广泛地说，面对中国人无法掌握拉丁文发音，有人担心他们会遗漏或改变圣事用语中的某些关键字，因而使所行的圣事无效。就是这点顾虑，使得传教士二度为初信者施洗，因为他们搞不清楚后者是接受 *batino*、*batito*，还是正确的拉丁文念法 *baptizo*。

这些情形造成的不便极度严重，使耶稣会士催促罗马当局核准中文礼仪。讲白一点，他们的请愿完全视情况而定：其最终目标是要迅速培训需要量极大的所在地神职人员；因此，这纯粹是暂时的解决办法。

起初，这些耶稣会士得到满意的答复。1615年，教宗保禄五世授予特许权，准许将《圣经》译成中文，未来的中国司铎可用中文做弥撒、诵念日课经并施行圣事。但这只是权宜之计，创办神学院本来就在计划中，往后事情应会正常发展。然而，该特许权却几乎没有具体结果。把《圣经》译成中文碰到可怕的术语问题，至于司铎的圣职授任礼则延迟举行，理由是候选人没几个，而且传教士都忙于享有优先顺序的传道工作。1658年，有人趁宗座代牧主教被派至远东任命当地司铎之际，重新提出中国神职人员的问题。在罗马，中文礼仪的支持者和反对者互相对立，但后者有感于拉丁文对中国人造成的困难，终于同意让步（收录在1659年9月9日发布的教宗谕旨《来自宗座》中）。教宗亚历山大七世同意让被派往东方的宗座代牧主教，有权授予司铎的职位给会读拉丁文的中国人（即使他们不懂这个语言）。结果有几位中国人被任命为司铎。后来，传教士和他们在欧洲的同道，仍继续为中文礼仪请愿（每次受逼迫都是提出一个新辩护词的机会），要不就为贯彻教宗保禄五世授予的特许权辩护，但却徒劳无功。一些中国青年被送到西欧接受拉丁文训练；1732年，里帕在那不勒斯为他们创办一所学校。罗马的态度（例如，教宗伯努瓦十四世在1752年的立场），仍停留在教宗亚历山大七世的诏书。此外，在这些年间，也有来自中国本地的声援，李司铎甚至表明不认同1659年的教宗谕旨。他认为，中国司铎必须完全精通拉丁文，这样不但能避免欧洲传教士的轻视，而且能直接从拉丁文的原始资料，吸收司铎职务必备的知识。1784年，面临新的迫害，仍有人考虑将中文礼仪视为尽速任命大量当地司铎的方法，但此构想没下文。其后，勉强有人在中国的神学院，为年轻的司铎候选人开班传授拉丁文；在19世纪期间，不再有人使用教宗亚历山大七世的特许权。直到1949年，也没有人再提起中文礼仪。但同年3月8日，教廷圣职部在关心中国的司铎实习生学习拉丁文，以及文言文用在礼仪中的情况后，作出以下结论：

> 让中国神职人员学拉丁文是有必要的，不过，学拉丁文之

余，也应让这些年轻学生有机会费时、费力学习自己的民族语言。同时，圣职候选人必须对拉丁文有一定程度的认识，至少足以让他们正确理解教会的正式语言，尤其在礼仪中、和罗马教廷的交流上……至于主礼弥撒圣祭，我们可以为中华民族编写弥撒经本，里面将以文言文印出弥撒的各部分，包括从仪式开始到弥撒正典的开端、从领受共融圣事之后到礼成仪式。关于弥撒正典，除了必须高声诵念的部分，如《天主经》《主的平安》《羔羊颂》之外，仍沿用拉丁文。

这份决议（1949年3月10日由教宗庇护十二世核准），终于结束数百年来有关中文礼仪的争议。

事实上，除了教宗保禄五世曾授予特许权外（它本来就是一个权宜措施），罗马对拉丁文的问题不曾让步。这点从教宗亚历山大七世的诏书就看得出来，尽管注意到拉丁文带给中国人诸多困难，却仍要求未来的司铎读他们不懂的语言。说真的，这一点也不稀奇，诚如当时拉丁文支持者所强调的，即使在欧洲（接下来将谈到），也有司铎几乎不懂自己在念什么。本地语言的辩护者无论重提过去教会对摩拉维夫修士和其他民族让步，努力让人对天主教征服中国甚至征服整个远东怀抱希望，或是强调用于礼仪的中文地位也很崇高（"它应该不是老百姓的日常用语，而是文人的语言，就像我们这里的拉丁文一样"），都是枉然。这一切终究于事无补。

在整个争论过程中，影响罗马态度的主因是，担心核准中文礼仪会导致教会分裂。就算中国没有陷入正式的教会分裂，由于不懂拉丁文，要和罗马共融恐怕也办不到。因此，任何特许的请求都应拒绝。更何况中国人和其他民族（例如印第安人）不同，诚如一位拉丁文支持者所强调的，他们是"很有天赋、非常勤奋向学的民族

（未受教育的人除外）。由此可见，那些蒙召担任司铎的年轻人，都能轻易学会拉丁文，就算不是非常精通，至少也有能力读得很不错"。《来自宗座》的要求也不过如此。也有人引证其他论点：在拟定诏书内文的审议期间，有人重申教会传统中，唯有拉丁文和希腊文、希伯来文是教会文化的语言；有人强调信仰的合一伴随着礼仪的统一，以通俗语言施行圣事将使圣体失去尊贵，但拉丁文（死语言）和本地语言不同，它是稳固不变的，所以特别适合用来保存经文；最后还有人提到，优待中国，就没有理由亏待其他国家。然而，除了原本特意描述拉丁文最适合述说圣事的特质外，真正占优势的论点，是对教会分裂的顾虑；有人不忘提醒大家，异端分子用通俗语言举行宗教仪式，更有人明说这曾是新教徒的请愿；针对这点（独独这点），有人引天特会议的教令为证。的确，宗教改革运动的往事在17世纪中叶想起来仍很鲜活，罗马当局难免不受影响。与此同时，一个新的等式浮现，并随着时间逐渐树立威望。拉丁文等同于正统信仰。

就中国（宣教之地）而言，语言的问题总算解决了：拉丁文获胜。在古老的欧洲也是如此，但这里为本地语言请愿是基于截然不同的动机，即对教牧的关心。在法国，天特会议设立的准则得以严格遵循。无论举行宗教仪式或施行圣事，一定采用拉丁文。这点特别激发出文法和文学品质具佳的拉丁文圣歌创作，其中尤以桑特尔（Santeul）表现出众（今日他较为人熟知的部分是参与著名的碑文论战）。1670年至1680年间，这位诗人应巴黎大主教要求，创作对基督教拉丁圣诗有一等贡献的作品（他把在教堂里听人歌咏的"含混不清的拉丁话"，和旧时日课经中充斥的"庸俗文字"加以发挥）。当时很少人为拉丁文的专用权感叹。1682年，奥罗伦（Oloron）主教提出使用当地方言的建议，是完全视情况而定的，目的是鼓励新教徒归信天主教。至于扬森派（天主教改革运动的一支）所持的立场则完全不同，他们为信徒没有权利在教会仪式中加入自己的声音和祷词抱屈。这正是法国扬森派神学家凯内尔（Quesnel）三项提案的内容。但在1713年的教宗诏书《独生子》中遭到谴责。虽然在荷兰乌得勒支的扬森派教会（与罗马分裂）向来只用通俗语言施行圣事，在法国，这种做法却是异常举动，还引起公愤，例如在梅斯，当扬森派神父布雷耶尔（Pierre Brayer）用法文施行临时涂圣油礼和临终圣礼时，传统天主教徒都感到很不悦。同样是受扬森派影响的环境（巴黎的圣梅达尔和圣艾蒂安迪蒙堂区），有一个地方采用通俗语言（老实说，用得战战兢兢），从1726年至1744年，主日晚祷分别以拉丁文和法文隔周诵念。以上是在旧制度下，法国天主教会（公开礼仪仍完全采用拉丁文）出现的罕见例外。

同样的情形也发生在另一个天主教大国：意大利。在这里，穆拉托里（Muratori）的省思和里奇（Ricci）的改革，更衬托出拉丁文的专利。穆拉托里不但是历史文献丛书的编订者，也是一位热心投入当代生活、积极参与意大利半岛上所有辩论的文人。身为司铎，他尤其关心平信徒的灵修生活，努力引导他们走向更真实的敬虔，并奋力对抗阻碍信徒遵守教规的迷信和谬误的传说。在著作《论基督徒崇拜仪式的规则》中（1747年，收录作者这方面的省思），他特别为教会在弥撒进行中普遍存在的光景，即圣祭从大多数不懂拉丁文的信徒那儿"得不到多少崇敬，或至少……一点点注意"深感遗憾。这就是为什么他仿效在法国通行的做法，继续提供礼拜仪式及其流程的解说。他明确指出，这只是为了提升信徒的虔敬，<u>丝毫不会减损拉丁文仪式的庄严</u>。在另一章，他又回到这个主题，记述在提罗尔，司铎在祭台上恭读福音后，会来到祭台间的栏杆，用德文再恭读同样的经文，引导会众诵念《悔罪经》，以《怜恤你们》免除他们的罪，然后才回到祭台继续弥撒仪式。他提到在达尔马提亚，司铎用拉丁文做弥撒，节日时则以斯拉夫尼亚语诵读宗徒书信和福音。他并引证在摩拉维亚也有类似做法。他还说，教会有充分理由用拉丁文施行弥撒。之后，他竭力强调司铎有必要用信徒的语言向他们解释福音，"诚如神圣的正典所定规"：由此看来，天特会议的教令中所记载的教牧职责，很可能始终不受重视。穆拉托里还提到为预备讲章而查考圣书的司铎，在证道时用太多拉丁文，导致大多数会众从讲道中吸收不到灵粮。这么说来，拉丁文在意大利天主教会中的分量，可能已超过罗马的要求。

即便穆拉托里的某些言行引人怀疑他是狂热分子，他依然坚守正统信仰。但在普拉托和皮斯托雅，总主教里奇的情况却截然不同，他公然引用扬森派教义。这套教义是启发他在教区内发动改革的根源，而且这些改革于1786年，他在皮斯托雅召开教区会议期间取得认可。首先，在司铎的专用书和其他出版物上，有关仪式的内容赋予本地语言主要地位。尤有甚者，从第二次开会起，就有人指明这次会议的一项任务，应是检视"为使不懂拉丁文的人能领略教会祷词的本义，而以通俗语言施行圣事"是否有益。在第四次会议（完全用于探讨圣事）期间，关于圣体圣事，有人提到礼仪就像是"司铎和教民的共同行动"，有人为未能"以通俗语言呈现礼仪并高声诵念"深表遗憾；有人似乎在不得已的情况下，重申天特会议对教牧职责的关切，也有人极力主张提供书籍给信徒，"其中弥撒常规经应以通俗语言写成，并带领识字者和司铎一同诵念"。地方上的抗议、罗马对这个教区会议的谴责，加上使托斯卡纳（Toscana）动荡不安的政治事件，终于使里奇屈服，击垮他在普拉托和皮斯托雅教区的改革和通俗语言的主张。

发生在托斯卡纳的事［别忘了当时大公爵利奥波德（Pierre Léopold）是支持里奇的］，也发生在德国。在"约瑟夫措施"（德皇约瑟夫二世为建立宗教自由、使教会服从国家而采取的措施）的势力范围内，有人试图革新礼仪，用新的观点改善它，使它更具团体特性、更明白易懂，且更具教化意味。兰休特大学教授温特（Anton Winter）曾发表这类研究，和有关德文弥撒与仪式的评论。几年后，在较温和的启蒙运动背景下，蒂宾根大学教授希尔舍（J. B. Hirscher）提出类似的建议：他认为，通过礼仪，可以帮助人民重新发现基督教教义，只要给他们方法"实际参与他们向来只列席的弥撒"；弥撒应是司铎和信徒的"共同行动"。本着改革的冲动，希尔舍（他竟从两方面，即公开告解和废止司铎守独身，来思考教会内的共融）鼓吹施行德文弥撒，将这点视为复兴与德国天主教生活的必要条件。关于希尔舍陈述这些理念的著作，请参阅索引。

在法国，早在几年前，众人就不再满足于期望和建议。一项有关法文礼仪的草案，在拥护《神职公民法令》的分立派教会支持下终于落实。早在法国大革命以前三级会议的陈情书中，继而在回应格雷瓜尔（Grégoire）有关方言的调查研究，或在提交制宪会议的请愿书中，都有对把当地方言引进宗教仪式有利的建议，但这些请求绝非出自敌对教会，而是基于提升信徒敬虔的关心。如此，信徒才能停止当哑巴"雕像"，或像"鹦鹉"不知所以地复述自己不懂的话。这些建议虽然只占少数，却在下级神职人员中，得到里歇派人士的赞同，甚至在高级神职人员中，得到布卢瓦主教格雷瓜尔的支持（后者认为，法文礼仪也是推广法语的一种方式）。当时这名主教即将在法国教会（Eglise gallicane）第一届主教会议（1797年）中担任要职，他是礼仪大会的主席。在已通过的措施中，有教令公告"法国所有天主教会，应以法语诵念主日讲道的祷词"、"在为法国教会编写的统一礼仪书中，圣事的施行程序应以法语写成；圣事用语应以拉丁文呈现"。当时负责翻译这本礼仪书的凡尔赛代理主教蓬希尼翁（Ponsignon），逾越了主教会议的决议。事实上，为了抗议这种充其量只是"半改革"的做法，他在著作《法文·拉丁文圣礼书论文集》（1799年）中，把圣事用语也译成法文。虽有自己教区主教的认可和格雷瓜尔的支持，他还是遭到大多数主教的强烈反对。对蓬希尼翁兴奋地描述自己多次以法文施洗时，在会众中产生的种种不可思议的效果，这些人都不为所动。他们看到的是一个危险的"革新"（因为逾越了主教会议的教令），或甚至按照达克斯（Dax）主教的说法，是"迈向信仰毁灭的第一步，迈向全面破坏文化的第一步"。早在主教会议召开后不久，就曾有某些高级教士公开抗议。雷内（Rennes）主教指出，采用本地语言会破坏礼仪的整体性，将有各种译本和随之而来的谬误风险产生，舍弃拉丁文将冒教会分裂的危险，诚如历史教训所证实。在这些主教的反对声背后，还存在着一分忧虑：采用本地语言可能会扩大宣誓过效忠国家、效忠国王的神职人员和依然效忠罗马的神职人员之间的裂痕。1800年召开的外省教务会议，不是闭口不谈语言的问题，就是表态支持传统和拉丁文。在实践上，真正尝试礼仪法语化的例子不多，甚至在这项运动的发源地凡尔赛，原有的热忱也很快就消退。最后，1801年召开的第二届全国主教会议，终结了这个问题。尽管第一届主教会议只是采取权宜措施（诚如蓬希尼翁的感叹），这个失败的经验却徒增拉丁文的利益，法文礼仪的问题从来就不存在。

因此，天特会议的教令几乎畅行无阻；事实的教训也没有带来任何程度上的减轻。天特会议着重神职人员的才智培育，并进而强调拉丁文教育。然而，实效却与这些叮嘱相去甚远。在法国，神职人员的拉丁文程度在17世纪初特别差。里昂总主教于1613年至1614

年巡视期间，发现堂区神父几乎不会读拉丁文，也懂很少，而且不知道赦罪和施行其他圣事的用语。例如戈龙堂区有位助理司铎"拉丁文读得很糟，也完全不懂自己在诵念什么，尽管有人一而再、再而三要他重来，他还是无法清楚地读出圣体圣血的圣事用语"。1668年，传道部教师应邀用拉丁文讲解课程，并问神学生问题，让他们讲很多拉丁文，"好让这些不懂这个语言的人，多加练习并有所改进"。至于解释疑难（课程第二部分），则"采取拉丁文和法文并用的方式，以帮助这些不够认识拉丁文的人"。到了18世纪，随着神学院入学考试的推广，"程度"应该有所提升。不过，有些地方如不列塔尼，要求还是很严苛。在南特教区，按照1753年4月的主教训谕，将来受过剃发礼的教士必须已经"开始讲拉丁文"，而且要"表现出有在进步的趋势"；1771年，本身精通拉丁文的多尔（Dol）主教，只要求教士具备一些"拉丁文的原则"。尽管这些条件不高，却仍与先前很容易满足，到后来反与障碍的习惯做法形成对比，诚如埃利（Elie）（1711年任辅祭职，即四品修士）的情况所显示。1715年，他第六次申请副助祭职（五品修士）："他完全听不懂拉丁文，对哲学也毫无概念。"主考官作了上述评论后，要他隔一年再来应试，条件是他必须"熟练每一件事"。这个例子虽令人遗憾，却非绝无仅有。事实上，除了曾在高知识水平的学校受教的精英外，下级神职人员对拉丁文的认识似乎都很有限。

　　法国大革命后，情况并没有改善，甚至可能更糟。拉丁文当然仍是司铎受训的语言，只要想司汤达的小说《红与黑》中著名的段落。主角索雷尔一踏进神学院，院长就问他：*Loquerisne linguam latinam?*（"你说拉丁文吗？"）虽然这名年轻人当下给了肯定的回答，之后的谈话也大都以拉丁文进行，他很多同学却可能对此甚感难堪。这令人自然想起阿斯堂区神父的极端例子。尽管非常努力用功，他的在校成绩还是很差，尤其是拉丁文，他无法掌握文法，要完成还算简单的翻译练习也有困难。在里昂的大修院，根据一位见证人的说法，"他毫无学习成果可言，因为他对拉丁文没有足够的认识。"另一位讲得更直白："他拉丁文懂很少，讲得更糟。"这种情况不是只有他一人。在维里埃的小修院，也有好几名他的难友，以至于修院将这些学生组成一个7人小组，特别以法文授课。维亚内（即上述阿斯堂区神父）最后不是靠学识，而是靠敬虔得到副助祭职。历史情势也帮了他。法国大革命后，"过度缺乏司铎"（从1789年约有六万名堂区神父和堂区助理司铎，到1813年只剩31870名俗间神职人员），导致放宽对神学生知识才能的要求。此外，直到19世纪60年代，教会的目标是造就圣徒，而不是培养学者。因此，尽管有教士努力提升知识水平，成效无论如何还是时好时坏。也常有人感叹神学生欠缺拉丁文知识，毕竟这是整个培训的重点。在坎佩尔（Cuimper），大修院院长抱怨学生既不懂拉丁文，也不懂法文，"逼得神学教师只能用不列塔尼语授课"。在布尔日，总主教说神学生是"拉丁语文盲"。三十年后（1844），还有好几个学生被评为"拉丁文太差"而面临被开除的危机，里昂和康布雷也有类似情况。同样在这些年间，在布尔日有一位老师在课堂上让学生听写拉丁文，但要强调论据时，他却改用法文表达。这种表明听众对拉丁文认知不足的做法随处可见。甚至在1825年至1850年间，当神学生的课业有进步时，仍有人感叹他们对拉丁文不够精通。难怪在高层人士中，当1856年巴黎和罗马就神学院的未来交换意见时，教育部长对于在课堂上采用拉丁文持非常保留的态度，他明确指出："神职人员的文学素养还是太差，所以这项规定不能定得太死。"一位意大利人士的回应更是夸张："在所有教授中，巴黎这边连一个能用拉丁文授课的人也没有。"

支持采用通俗语言培训司铎的请愿相继出现，由此看来，其他国家的情况也好不到哪里。1896年，史密斯牧师公开批评美国神学院完全用拉丁文教学的做法，学生吸收得不多，课堂上使用的语言品质也很差。因此，从这些学校毕业的司铎，对履行圣职几乎没有充分准备。再者，他们的英文知识不但没有进步，反而退步，因为在这将近十二年的求学期间，他们都在听、说拙劣的拉丁文。这种用在神学院的语言，等于是"真正文化和正规训练的一个严重阻碍"。因此，这位高级教士希望把英文放在首位，至于必须持守的拉丁文，居次要地位就好。几年后，在梅努斯圣帕特里克中学培训爱尔兰神职人员的麦多纳，也发表类似的看法。他指出未来的司铎对拉丁文认识不足。另外，他抨击这个语言限制了学生在各学科（尤其神学）的进步。他并不否认有必要维持一个"合一的纽带"，但他质疑该纽带是否仍是拉丁文。目前威胁教会的，不是教会分裂，而是"过度集中化"。事实上，以一个共同语言作为"合一纽带"的需要，不再像过去那样迫切，但由独独使用一个死语言而产生的损害却与日俱增，大大损伤学习品质和神学的生命力。因此，麦多纳坚决赞成神学院采用当地方言教学。这两位高级教士的提议不但后继无人，还遭到强烈批评。

神职人员表现太差和西方拉丁文教育的衰落，并未动摇罗马教廷的立场。相反地，教廷采取一些措施来补救这种情况。1899年，教宗利奥十三世寄了一封《给法国总主教、主教和神职人员的通谕》：面对全国各校缩减拉丁文学科的现况，他力劝小修院不要仿效这些"受到只求实利的成见鼓动的革新"，并要"维护传统"。1922年，教宗庇护十一世在一封教廷书信中，强调拉丁文是天主教会合一的纽带，并呼吁神学院发展并加强对这个语言的学习。对于司铎缺乏研究拉丁语文学的兴趣，和为了近代作者及其吸引人但却具危险性的新书,而忽视教父和教会圣师的著作,他深表遗憾。毕竟,唯有精通拉丁文,才能在开放其他阅读的同时,防备近代作品蕴含的种种谬误。1924年,他对修士重复同样的劝勉。同一年,他在格列高利大学附近,创设宗座拉丁文高等研究院,目的是借由两年课程,特别帮助神职人员完全掌握拉丁文,并且学会西塞罗的文体。他也借此机会,重申利奥十三世和他本人先前采取的措施,以及他们对神学院加强拉丁文的事工从未停止关心。1951年,庇护十二世在向赤脚加尔默罗会的教师发表演说时,仍对拉丁文这项"司铎的荣耀"今后只有"少数几个胆怯的实践者"一事表示遗憾;他同时勉励听众发扬对这个语言的学习。凡是司铎都应有能力流畅地读、说拉丁文,他甚至期许该修会培育出优秀的文体学家。读了罗杰(Joseph Rogé)论及"普通司铎"的著作后,我们不得不说,教宗的叮嘱在法国成效不大。关于大修院提供的训练,这位作者指出,学问的传授很粗浅,强调的重点不在于才智,而是敬虔。而且,在他看来(这儿我们似乎听见史密斯和麦多纳的心声),"导致此结果的原因之一,在于使用拉丁文,而且依维持使用的程度而定……因为它会妨碍思考过程并使思想贫乏,即使修院采用的是一种模仿法文的拉丁文,即使小修院特别努力提升拉丁文学业的水平"。

为拉丁文作为教会语言辩驳

从19世纪初开始,就在法国神职人员的拉丁文能力显然不足之际,一套为拉丁文辩护的理论逐渐成形,而这套辩护词又与麦斯特(Maistre)和盖朗洁(Guéranger)两人密不可分。不过,在他们提出积极论证之前,已有一部文学作品问世:《基督教真谛》,1802年出版(但就内容而言,这部作品的神学比不上诗意,理智也不及情感)。在这部大受好评的著作中,作者夏多布里昂(Chateaubriand)提到有人责备天主教礼仪"在诗歌和祷词中采用会众陌生的语言"。他的回应值得我们整段引述。

> 我们相信一个古老而神秘的语言,一个历经几个世纪都不再改变的语言,很适合用来敬拜深奥莫测、永不改变的永生神。既然罪恶感迫使我们向万王之王发出哀声,我们以人间最优美的方言,以昔日万国屈膝恳求古罗马皇帝时所用的语言对他说话,岂非理所当然?

在提出文史论据(确立拉丁文的崇高地位,和它具有保存神圣传统的特殊能力)之后,夏多布里昂继续强调一个因大多数人都不懂而更显深奥的语言,其所具有的情感力。

> 此外,值得注意的是,拉丁文祷词似乎能使会众的虔诚感加倍。这岂不是我们爱好神秘的自然反应吗?置身于让生活不得安宁的思绪和苦难的纷乱中,人相信当他说些不大熟悉甚至不懂的话时,他正在寻求自己缺乏但不知道的事;含糊不清使祷告具有魔力,而不太知道自己想要什么的不安心灵,喜欢许一些和自己的需要同样神秘的愿望。

同样的论点也出现在《教宗论》,麦斯特于1819年出版的著作里。这本书的宗旨是捍卫教宗的绝对权力,驳斥全国教会任何自治的欲望,并与主教会议的任何干涉背道而驰,支持教宗无误论。作者认为,与教会独一无二的这位领袖相呼应的是一个独一无二的语言。这就是他所谓"关于拉丁语的题外话"之主旨。和夏多布里昂一样，他也以某些人对罗马天主教会的批评为起点，而且特别引用著名的反对者，即新教徒内克所说的"使用一个陌生的语言"，但他的回应更充实。首先，他提到拉丁文的普遍性与普世教会相称。"从地极的这一端到另一端"，天主教徒在任何地方都不是异乡人，因为他无论身处何处都望同样的弥撒，而且能"使自己的声音和教友的声音相结合"。多亏这个共同语言，才能"把一股无限大的力量神秘联结"。麦斯特对照由此产生的"手足情谊"和过去每当教宗准许特殊礼仪，随之而来的不幸后果。作为合一的纽带，拉丁文是防御教会分裂的最佳壁垒。除了是正统信仰的要素和保证之外，拉丁文还提供对自己有利的一流文化论点。在引证拉丁文的完美、庄严，以及使它成为征服者语言（从古罗马皇帝到今日罗马传教士）的辉煌史后，麦斯特写道："没有任何事物能与拉丁文的尊贵相比。"非比寻常的命运，使拉丁文成为"文化语言"。随便翻一下世界地图就能明了："把没有使用这个万国语言的地方圈出来，这就是欧洲文化和友好关系的边界。越过边界，就只有人类的亲族关系，幸好到处还有这层关系存在。"结论不言而喻："欧洲的符号，就是拉丁文。"针对这点，麦斯特在重申拉丁文特有且促使它无可争议地成为教会语言的"卓越天赋"后，又回到一开始的"通俗"异议（即上述"会众陌生的语言"），他以论战者和神学家的口气消除该评论：

> 新教徒老爱提这个异议，却不想想在仪式中，我们和他们共有的部分，都是用通俗语言进行的。对他们来说，最重要的部分（或者说，礼拜的精髓）是讲道，这部分本质上在任何礼仪中都采用通俗语言。对我们而言，祭献才是真实的礼拜，其余都是次要的。因此，只需低声诵念的圣事用语，无论以法

语、德语……或希伯来语说出，对会众来说又有什么关系？

这个"陌生语言"的异议，用在礼仪和《圣经》上都站不住脚，拉丁文毕竟不是"中文或梵文"。一个"受过教育"的人，能够"在几个月内学会拉丁文"，就算办不到，也有很多译本和释义本可读。在礼仪中，做好完全准备，为的是"让他随时跟得上司铎，如果他分心了，这是他的错。至于一般老百姓，严格说来，"麦斯特继续说道，"如果他们听不懂字句，那就太好了。因为对神的崇敬加深，神学知识也丝毫未减。什么都不懂的人，比理解错误的人懂更多。"最后，在强调"一个变化不定的语言"，会为"永恒不变的信仰"和在全然纯正中保存、传递的《圣经》带来严重妨害之后，麦斯特以郑重的警告作为结束："从任何想象得到的方面看来，信仰应该不在人管的范围内。"这套辩护词几乎了无新意，它的价值在于论述的总量，而不在其中许多论点的内在实力或整体结构。而且，它主要以文史题材为依据，将拉丁文视为教会语言，把神学论证简化为传统的二项式，即本地语言等于异端，拉丁文等于正统信仰。

本笃会修士盖朗洁也基于同样的意图，反对理性至上，提倡回归教会传统。他以礼仪为关切核心，谴责当代采用的新法国天主教会礼仪，视之为扬森派和法国教会自主论等谬论的标志，他并指出由于这些谬见繁多，严重损害以罗马为中心的教会合一。由此产生他所主导的论战，而且成功地使法国采用完整的罗马礼仪。同时，为补救当代人宗教教育的不足，他构思了很多出版计划。不过，最后他只勉强完成三册《礼仪制度》（1840—1851）。有关他对教会语言的看法，记载在第三册第三章《论礼仪书的语言》。采用和通俗语言有所区别的礼仪语言，是很多教会共有的惯例，尤其在基督教教会，这是一个非常古老的习俗，可追溯到基督教初期。并不是所有语言都能用来宣告信仰，只有公认具有十字架称号的语言才行，即希伯来文、希腊文、拉丁文。过去有很多《圣经》版本是用好几种东方语言（科普特语、埃塞俄比亚语、亚美尼亚语、波斯语等）写成的，但这些语言绝不代表所有东方人的语言。在西方也是同样的道理，而且，罗马很少赞同这些版本，还总是持怀疑的态度看待之。适用于《圣经》的"神圣语言的特权"，同样适用于礼仪，因为礼仪是"以《圣经》大部分章节组成的"。既然《圣经》会引起"私下"阅读，那么礼仪就更不可缺，因为它是"正式、公开的阅读"。因此，礼仪"应像神谕般严肃、神秘；它不应受制于语言的变动，以免变得庸俗"。接着，盖朗洁提出一大串礼仪的定义，由此引出不用通俗语言的绝对必然性。礼仪是执行弥撒圣祭和施行圣事时，用来陪衬的一套常规，"每一件事都是司铎特有且不能转让的职务"。因此，比起《圣经》，礼仪更应保留给神职人员执行，而且不应采用普通话，这么做是为了防止"广大信众不得体且有害的诠释"。礼仪是"传统的主要工具"：礼仪用语必然是古老、不可侵犯的；不断在变化的活语言和稳固不变的死语言不同，不适合完整保存礼仪用语。礼仪是"联结所有基督教教民的纽带"：这个定义的前提是，礼仪语言只有一种，而且它会增强基督教教民的手足情谊，并维持"单一核心的概念"。"虽然重要的是，"盖朗洁继续说道，"礼仪书的语言必须稳定、不可侵犯，而且无须完全是民族语言，但本质上它也必须是深奥的。因此，它不应该是通俗的。"正如《圣经》是"一本充满奥秘的书"，而且对"平民百姓"而言，就算有译本，也始终是奥秘，对于"施行唯独《圣经》宣告之奥义"的礼仪而言，情况也一样：因此，弥撒正典的祷词宜以低声诵念，礼仪中不宜采用通俗语言。针对这点，盖朗洁驳斥有关"会众陌生的语言"之异议。一方面，他认为："普通人……即使以通俗语言在他们耳边说圣事用语，也不见得都懂。"另一方面，他强调《圣经》的话语在敬虔人心中产生的"神奇效果"。"对敬虔人而言，"他补充说道，"礼仪无论以任何语言表达，都是明白易懂的，而他们发自内心说出来的阿们，永远与司铎在祭台上祝愿的祷词契合。"不过，教会并不希望让信徒如同天特会议明确表示的那样欠缺教导。虽然司铎"当他处于天人之间，这般令人敬畏的时刻"，不被允许在祭台上使用通俗语言，但登上了讲道台，他就有义务用通俗语言教导会众，并进一步启发他们的信德，"使他们与上主相交"。最后，盖朗洁用夏多布里昂和麦斯特从情感层面为神圣语言辩护的内容，反击理性主义者和新教徒的论点。他指出，在历史进程中，教会如何把神圣语言的原则应用在礼仪中，以及拉丁文如何使人敬服。总之，他强调是"异端分子赞同用当地方言来敬拜上主"，导致天特会议"在这方面宣告一个乍看之下似乎只涉及纪律的教理定义"。阅读盖朗洁以"长篇大论"探讨礼仪语言和天主教会中拉丁文的问题，让我们印象深刻的还是论据总量，而不是深具独创性。不过，结论中有关天特会议教令的诠释，让人对他如此直言不讳感到讶异。其实与会人士并未采取惩戒措施，而是提供一个"教理定义"，设立拉丁文为宗教语言，并根据这个事实排除在弥撒礼仪中采用当地方言。就舆论而言，这点变成了一个绝对真理。

在意大利作家莫罗尼（Gaetano Moroni）的著作《教会史学术词典》中（该书是非常正式的基督教知识概论），我们发现有两个词条：《拉丁姆》（Lazio）和《语言》（Lingua），以更简练的形式诠释这套有利于拉丁文的论据。作者先重申传统论据（使用拉丁文是一个古老、不变且具推理基础的惯例）。接着，更特别的是，他在第二个词条中，驳斥新教徒有关"以会众陌生的语言主礼仪式"之异议。在答辩中，他回顾教会对信徒的关怀，就像在天特会议的教令中所陈述。最后，他提到会众的真实"参与"：当"他们用不熟悉的语言，让自己的声音融入司铎的声音时……他们至少隐约知道正在诵念的祷词有什么含义，而这就足以滋养他们的信仰和敬虔的心"。他以下面简短的神学提示总结："重要的是，在公祷中，是教会本身以会众的名义向上主献上敬拜和祈求。因此，即便不懂祷词，只要出席并与教会的意向联结，同心合意献上非凡的祷告就够了。"莫罗尼的论点肯定经过反复思索，但根据他的阐述，这些论点似乎是教会几乎从一开始，为了建立一个永远不变的命令而刻意有的计划。

针对法国的要求（即神学院提供本地语言教学的可能性），罗马在1858年的答复，对我们眼前的主题有所启发。年轻教士普遍拉丁文能力不足的事实，是促使法国当局提出请求的原因。罗马反对的理由是，没有什么能证明"把没有能力理解职务所需之拉丁文的人封为神学博士"是合理的。另外，还有人说（这么讲不是没有道理）："唯有练习，才能熟悉使用语言……因此，省掉练习是不可能进步的。"但这并不是答复的要点。"教廷坚决反对这项提议"是基于更严肃的理由："神学教育即使暂时以民族语言取代拉丁文，都只会成为向教会分裂敞开的门，或是在责任感驱使下，成为往崇拜仪式民族化的致命倾向迈进的第一步。"用在神学教育和神职人员身上的同一套论据，很快就基于更多理由，成为用在礼仪和会众身上的论证；一旦同意前者，就很难否决后者。面对隐约出现的危险，教廷给予否定的回答。传递这项答复的法国大使，还附加以下的评论："罗马把这个问题当作教理问题，基于这种意义，教廷认为使用拉丁文和保存教义息息相关。"

直到梵二大公会议为止，官方立场始终不变，而且复述同样的论据。在《天主教神学词典》（1925年）中有相关陈述：一项论及礼仪语言的冗长词条，探讨了"罗马教会对这个问题的态度和想法"。该词条的编纂者从盖朗洁的观点汲取大量灵感且多次引述，并附上详尽的报告，说明几个世纪以来支持本地语言的运动，同时分析教会的立场。拉丁文几乎独占使用权以及教廷很少让步，显示出罗马的立场可能依据"主观上觉得很严重的理由"。然而，没有任何官方文献指出这点。作者还说，在天特会议上，罗马表明自己的意愿后，就三缄其口。因此，作者认为有必要填补这段空白。头一个理由可能是忠于传统："像我们祖先一样祷告，用同样的祷词、同样的仪式、同样的语言。"这是跨世纪表明同一个信仰，并借此证明"教会的信德稳固不变"。任何改变都可能带来极端的结果。事实上，为使信徒都能理解礼仪，教会不仅应改变语言，还应撰写合于时下看法的新文章，但与传统决裂，恐怕会引发"一连串永无止息的变动"。第二个坚持使用拉丁文的理由是，对合一的关心。拉丁文是与天主教会相称的语言，也就是说，两者皆具有普世性。拉丁文超越使人彼此分隔的空间，是"治理智慧人的信仰合一的显著象征，不仅是象征，而且就某种意义来说是支持，因为祷告就是一种教导"。拉丁文也是使散布在世界各地的信徒与他们的中心联结的纽带，换言之，就是"使众教会成为一个独一的身体，与元首罗马联结的群体合一……的象征"。因此，引用通俗语言将产生不幸的后果，教会史也证实放弃拉丁文会"导致大多数已取得特许的教会因着一条未知的律，与罗马完全分离"。作者认为，这些论据就足以"为教会的立场辩护，并表明教会不会把传统的语言弃置不顾，其中涉及的利弊得失太多也太严重了"。

此外，在礼仪方面，罗马的让步很罕见，也很有限，即使这种做法可用来强调罗马的立场，绝不像反对者所说的那般毫不妥协。

例如，1920年，教宗本笃十五世允许今后合并成一国的"捷克—斯洛伐克人"，在特定情况下，可于仪式中使用通俗语言。不过，"宗座公报"上并未公布这件事。

以上由教会人士提出的论据，也有信徒采用并以他们自己的方式陈述。1946年秋天，期刊《基督徒的见证》针对礼仪中使用拉丁文或通俗语言进行调查，并搜集了这方面的例证。读者受邀表达自己的想法，结果近两百份回收的问卷呈现"基督教教民处于混杂的分歧中"。大多数的拉丁文支持者认为，这个语言对于使礼仪充满不可或缺的神秘气氛大有贡献。对很多人来说，拉丁文显然是必需品，甚至是基本要素，就像是教会合一的表征。多亏拉丁文，崇拜仪式的统一和随之而来的信仰合一才得以保存。这类实例不胜枚举，国际间的宗教表现（来自世界各地的人用同一种语言祷告），异国旅人的体验（在拉丁礼仪中找到熟悉的世界）。好几位受访者强调拉丁文在历史上维持的延续性，但他们的说法或许多少扭曲了史实。"拉丁文，"其中一人写道："不但帮助我们追溯信仰的起源，而且是使我们在思想上、在使徒和教父的著作中（他们将我们的信仰和礼仪有系统地编成终极文献）相通……的语言。"有些人强调死语言有利于维护信仰的纯正和圣事仪式的完整。至于活语言，他们借大量历史实例提醒大家，异端、教会分裂和本地语言总是相辅而行。这些有利于拉丁文的答复暴露出（有人不忘指出这点）一个再狭隘不过的礼仪文化。对此提出评论的马蒂莫（Mgr Martimort）认为，其中有些甚至"从神学观点来看是无法接受的"。然而，这些都是出自有充分理由提起笔来积极表达自己立场的热心基督徒。我们有理由认为，大多数信徒并没有能力这么清楚地说出自己的看法，更别说达成这种"思辨"，且似乎自发地把教会和拉丁文等量齐观。显然这是习惯、习俗和传统教出来的。

在梵二大公会议前夕，即使多位教宗的劝勉，在在显示神职人员不满的情绪，拉丁文依然保有稳固的地位。对本地语言有利的让步还是极少见，但支持拉丁文作为礼仪语言的论据，却早已深植信徒心中。

三、梵二大公会议的"转捩点"

牧养工作与本地语言

然而，新的需要已经出现。像20世纪展开的礼仪运动，就表明了牧者的关怀。重要的是使全体信徒积极参与礼拜，提供他们各种方式取得礼仪的属灵资源。这当然会引发语言的问题。"这是一定的，"博特（Dom Botte）修士写道，"拉丁文的障碍使信徒无法积极参与圣体圣事。"在法国，礼仪教牧中心（创于1943年）在这方面扮演的角色尤其活跃，特别是发表一些有关语言问题的研究，例如，在1947年，用一整期期刊（《神的家》）探讨"礼仪语言与翻译"。撰写该期引言的特拉韦尔（Dom Travers）修士认为，这个问题很大，同时涉及神学、历史、语言学、社会学和文化，超越教义问题直达"文明悲剧"的顶点。他呼吁读者让"教会超自然的谨慎光芒"引导自己，并信赖"教阶制度，[教会]权威的代言者"。不过，任何解决之道都应以提供信徒最起码的礼仪和《圣经》教育为优先，如此，失望才不会接踵而至。例如，有些团体"用法文版圣诗在晚祷吟唱后……不久又重拾拉丁礼仪的版本，因为法文版用起来更枯燥乏味，而且同样晦涩难懂"。在理论方面，特拉韦尔修士指出，就正当性而言，本来就没有礼仪语言的问题："教会按团体所属的种族和共同语言，宣讲并履行上主的话总是合宜的。"然而，实际情况却非如此，而包括信徒的"文化状况"在内的各种情况又回避不了。他们不再是不识字的团体，而是一群"读过书"且"想要明白"的人。

同一期还有一篇文章，是根据德语国家的经验来检视这个问题的（在当地，礼仪书的翻译工作领先法国）。作者梅塞施米德（Felix Messerschmid）指出，话语在礼仪中有各式各样的用途，所发挥的作用也大不相同。例如，"使徒信经"（正式的信仰告白）包含团体的积极参与，如果不用会众的母语，这点根本办不到。至于弥撒正典，圣体礼仪（含有"神圣、有效的用语"）的核心，却完全是另一回事。这部分应采用不会经常变动的语言宣讲，不是非拉丁文不可，但必然是古语。在拉丁礼仪中的拉丁文正符合这个条件。解释过圣体圣事的奥义（"唯信德能领会的奥义"）之后，作者重申会众只是通过司铎间接参与圣事，而且他们的参与"就这个字的本义来说，和完全理解无关"。因此，拉丁文对礼仪的这部分不可或缺。它证实"圣体仪式的核心与个体的主观性格、无法理解的本质，甚至动作上多少有些完美的执行方式完全无关"。在这当中，拉丁文的作用就像是"一种保证，确保弥撒的这个核心部分，在诠释上免于任何难以察觉的曲解倾向"。

在法国，拉丁文的衰落从出版给信徒用的礼仪书、双语弥撒经本、20世纪50年代尝试实施的新礼仪（如以当地方言重复某些读经内容和祷词）等，具体呈现出来。这解释了在梵二大公会议前夕，法国主教在回应高级神职人员会前筹备委员会的咨询时，代表24个教区表达将通俗语言的使用延伸到礼仪中的愿望。

然而，对某些人而言，译本和释义本似乎才是"简便的解决办法"。同样基于关心信徒的真实参与，他们提议传授弥撒拉丁文的基本知识。1951年，一位文法教师马林葛雷（Malingrey）以这个名义，发表了一套专为不懂拉丁文，但"很想明白教会祷词，以便

有智慧地参与其中"的信徒设计的初学法。当时的情势是，基督徒

> 每主日听人讲甚至诵念（这个语言）。倘若是经验老到的堂区教友，他会跟着讲并诵念，但对内容却不怎么懂。然而，礼仪生活无可否认的进步，还是在很多信徒心中激起想让自己的祷告具有真诚语气的渴望，而这只有理解经文才办得到。

这套初学法成了礼仪拉丁文成人教育班的基础（由巴黎格列高利研究院授课，每周一次，晚上上课），而专为"7到11岁基督徒儿童"设计的课程也以此为依据。另一方面，由前述《基督徒的见证》所做的调查显示，仍有人热烈拥护拉丁文，而且很多来自双方阵营的受访者都赞成采取混合的解决办法，也就是在礼拜仪式（尤其是弥撒）中，按照各式各样的组合，合并使用拉丁文和法文。

礼仪宪章

礼仪运动尖锐提出的语言问题，正是梵二大公会议期间热烈探讨的主题。当时大会成立了一个礼仪筹备委员会，内部并特别设置一个"语言"小组。由于在教廷看来有反对拉丁文的意味，这个小组在几个月后便遭到解散，而它原本要讨论的主题则分配给其他小组委员会。这点解释了在礼仪宪章中，有关语言的条文并没有专属的一章，而是散布在好几个章节里。在讨论工作展开之初，意见非常分歧。大家真正害怕的是，见到礼仪走向现代主义，而任何远离拉丁文的说法，都被诠释为迈向新的教会分裂。支持通俗语言的人被视为"革新者"。当时捍卫传统的人提出两个主要论点：现行的礼仪形式代表信仰合一，也代表信仰的奥义，但这两点都无法使人信服。东方国家的主教坚称，教会合一并不是用拉丁文来表达

的。马西摩斯（Maximos）总主教则重申，在东方，"所有语言都是礼仪语言"。对非西方国家的与会人士来说，拉丁文本身就存在着一些特殊的问题。印度克里什纳加（Krishnagar）主教强调："使用亚洲人无法理解的拉丁文，在他们看来，是出自一种不可思议的心理。"来自日本和非洲的高级教士（在他们的国家，即使受过教育的信徒也连一个拉丁字都不懂）则质疑教会是否为了外在的合一，而牺牲一群人的灵命成长。这个疑问使大家又回到教牧层面的论点，这也是通俗语言的拥护者辩护的重点：他们反对拉丁文，是因为很多西方信徒也不懂这个语言，而且在某些人看来，它甚至使人远离宗教信仰。他们发现通俗语言能把教民和礼仪紧密联结，使他们积极、有信心地参与礼仪。最后，向万民传福音的需要和为达目标必须使用通俗语言，胜过担心教会分裂和坚持只用文化语言。不过，当时讨论得很激烈，反对派的态度也很强硬，而教宗若望二十三世为维护拉丁文而介入，也对会议不无影响。

事实上，教宗于1962年2月22日，在圣彼得的墓碑上签了教皇法"古老的智慧"。当时整个仪式的排场、进行的地点、此举本身的性质，全以最具说服力的方式，表达维护传统的郑重意旨。古人的智慧是一道曙光，预示基督已把福音的真理带到世上。因此，教会有必要敬重这些智慧遗产，尤其是"犹如教会固有智慧的金外套"——希腊文和拉丁文。对于礼仪和《圣经》，教会早就接受其他已在东方国家充分发展，而且有些仍在使用中的"可敬"语言。虽然如此，拉丁文仍是基督教广传西方国家的必备条件。"这不是没有上主的安排，"教宗强调，"这个在好几个世纪期间，于罗马帝国的权威下，召聚各族组成一个大联盟的语言，已经成了教廷专用的语言，而且传至后代时，它已是欧洲基督教教民合一的纽带。"其实，拉丁文有各种条件成为教会内的国际交流语言。一方面，它并非任何国家的特权；另一方面，它是文体高尚的标记，与人所要论述的题材极相配。此外，它具备了普遍、稳定、庄严等特质，恰与它的宗教功用相称。教宗还强调（这里给人的感觉是他怎么讲都对），拉丁文对"青少年幼嫩的心智"具有教育价值。因此，和前几任教宗一样，他也鼓吹使用拉丁文。面对礼仪语言引发的争议，他借"这份正式公文"重申自己在这方面的心意，并采取一些措施，以确保"拉丁文古老、从未间断的用途维持不变，并在几乎弃而不用之地得到重建"。他极力强调拉丁文在司铎培训和最重要的神学教育中不可或缺。最后，他考虑创办一所"拉丁语学院"，致力于以精确、适当的新词充实拉丁文，即"教会的活语言"。这所学院将督导一些学校，它们要负责"以更完备的拉丁文知识、使用方法、确切而简洁的书写体"，培训未来的神学院教师或教会各部门的官员。

梵二大公会议中，有关礼仪的辩论就占了十五次常会（1962年10月22日至11月13日）。在参与调解语言问题的高级教士中，当时的枢机主教蒙蒂尼（Montini）特别引人注目（他先前是米兰大主教，后来接替若望二十三世成为教宗保禄六世）。他宣称：

> 使用祖先流传下来的古语，也就是拉丁教会中的拉丁文，在圣事和圣职仪式的部分，必须坚守且不可改变字词的实际本义。这对于在祷告中维护奥体（指基督教会）的合一，和精确表达《圣经》是绝对必要的。至于教友，所有阻碍理解的难处，都应从圣礼的训导部分除去，并让信徒有机会用明白易懂的话语向上主祷告。

在重申圣保罗的教导后（"在教会中祷告的人，都应明白自己嘴唇说出的话"），他把礼仪定义为"基督徒团体的祷告"；接着又说：

> 我们若希望这个团体不要离弃教会，希望他们甘心乐意来教会，在这里培养内在的属灵生命，并恰如其分地表达自己的信德，就应谨慎但毫不延迟或犹豫地，除去一个难以理解或只有少数人能懂的语言所造成的障碍，因为它不但没有激励我们的教民参与礼拜仪式，反倒使他们远离教会。

为了支持自己的立场，他引述圣奥古斯丁的话："被语言学家责备，总比得不到教民理解来得好。"

《礼仪宪章》（*Sacrosanctum Concilium*）在2147张赞成票对4张反对票的情况下通过，并于1963年12月4日由教宗颁布。关于语言问题，主要提到的章节（尤其是第三十六和第五十四节）大都复述枢机主教蒙蒂尼先前发表的看法，并普遍表露出礼仪改革的牧养方向，希望尽最大努力促进信徒积极参与。第三十六节规定：

> （一）在拉丁礼仪中，除非有特殊法律规定，应保存使用拉丁语。（二）然而，在弥撒中或在行圣事时，或在礼仪的其他部分，使用本地语言，多次为民众很有益处，可准予广泛使用，尤其在宣读和劝勉时，在某些祈祷文和歌唱中亦然。

因此，教会只是接受在礼仪中使用本地语言（后来获得长足的发展），而未放弃拉丁文。任何天主教司铎还是可以用拉丁文做弥撒，只要他使用新版"弥撒程序"（自1969年起，取代圣庇护五世的弥撒版）中的拉丁文。虽然大公会议结束后一两年期间，弥撒正典仍维持拉丁文版本，经验却显示一半用拉丁文、一半用当地方言举行的礼仪令人吃不消。最后，本地语言赢得胜利，但拉丁文仍是新礼仪书标准版的语言（自1964年起，在国际委员会的保障下制定完成）。以各种语言写成的译本，必须得到主教会议认可和罗马主管机关核准。因此，无论从启发或从应用来看，大公会议的决议对教会生活而言，正如我们确切指出的，都是"一个转捩点（非关神学，而是指实践层面）"。

抵制与衰落

逐渐确立的礼仪改革，天主教界大都能接受：至少在法国是如此。主因是先前的礼仪运动已使法国信徒在心态上有所准备，其次是传统的顺服反应。然而，对某些人来说，这改变是痛苦的。在种种从礼仪消失的成分中，拉丁文或许是引起最多人持保留态度和遗憾的一项，因为很多信徒认定弥撒和拉丁文是同一件事。再者，当时提供的"替代品"在品质上不见得都是最好的，因此很多成年人（甚至赞成采用法文的人），都认为"以拉丁文举行的仪式还是最好、最美"。有些人不只埋怨，更以维护传统的名义组成团体。1964年，"齐声"（*Una voce*）协会在巴黎成立，宗旨是"维护拉丁文、格列高利圣咏和教会公祷中的复调圣诗"。以该协会为榜样的类似协会，也纷纷在好几个国家成立，终于在1966年合并成一个国际协会联盟。"齐声"的成员表示，大公会议虽然把通俗语言引进礼仪，却未因此废除拉丁文。此外，他们还提出一些来自教宗本身、教廷圣部或教会高层人士，具相同理念的文章。他们据此要求，最起码各教会平日应和主日一样，维持诵念或咏唱一些拉丁文弥撒。拉丁文变成革新者和守旧者常用的论据，对后者来说，它和一个更深的愿望不可分割：使教会永远维持不变。因此，南特（Nantes）教士以

"教会分裂、异端和耻辱"指责保禄六世时,他写道:

> 您借改变语言破坏教会数百年来的传统。它从奥秘和神圣变成了您所期望的可理解和世俗化。您引用圣保罗的话,像平常一样颠倒是非,借故意唱反调并谴责教会不变的律,来评论历代教会的不是。这难道不是制造教会分裂吗?

只有少数信徒跟着勒菲弗(Mgr Lefebvre)与罗马决裂。尽管如此,在教会分裂前夕,有高达27%奉行教规的天主教徒赞成此事(主要基于心理因素)。虽然神学家〔如孔加尔(Congar)神父〕不忘强调从教义的观点来看,拉丁文不是问题,而且勒菲弗和他的支持者拿来当作理由的"传统",其实只是历史上的一刻("在天特会议中得到认可的一刻"),但很多神学和礼仪素养极其有限的信徒,都不太懂这个论证。更何况,"难道没有很多法国人以为是勒菲弗想用拉丁文做弥撒,而保禄六世不准吗"?孔加尔神父说得没错,"是没来由地反对一切革新的巨大协同因素"在推动勒菲弗的支持者。事实上,长期习惯的影响,加上自认为"诵念这些以日常语言表达的空洞用语,等于没有把上主应得的颂赞归给他"的人过于简单化但真挚的信念,都发挥了作用。

在意大利,有些人再三引述礼仪宪章的字眼来抨击新宪章的实施。例如,枢机主教巴契(Antonio Bacci)(曾任梵蒂冈书记,负责拉丁文书信和教皇致王侯的敕书),就强烈抗议"完全且唯独使用通俗语言",这么做"不但与大公会议背道而驰,而且是造成大部分教友灵里强烈痛苦的原因"。他担心"拉丁文……终将像一条癞皮狗,从圣事仪式中被人彻底驱除",因此他希望教会继续施行某些拉丁弥撒。

在英国（于1964年引进当地方言礼仪），主教并未花多大工夫解释，而是硬性规定。事实上，他们都很清楚即便不把英语看作异端的标志，天主教徒也会把它和新教画上等号。此外，把采用当地方言诠释为一种策略（使弥撒明白易懂，以吸引信徒回到教会），并无多大助益，而英国圣公会以极优美的当地方言施行的礼仪，对大多数英国人也没什么吸引力。但大部分天主教徒仍接受了这个改变。即使如此，主教还是得应付少数态度强硬的反对派，即"拉丁弥撒协会"。这个成立于1965年的协会，因把本地语言视为对人类软弱的一种让步，而坚决支持完全用拉丁文施行的弥撒。和日常琐事息息相关的当地方言，不适合用来表达崇高的奥义，反之，拉丁文因其庄严的特性，特别适合诵念圣事。再者，它的永恒性和普遍性，使弥撒成为属灵力量的源泉。除了在天主教界普遍存在的论点外，"拉丁弥撒协会"还提到一个不可忽视的论点，为宗教改革的国家所特有，拉丁文是英国殉道者的语言，摒弃它，等于否定前人的牺牲。

这也是德国梅茵斯大学教授希尔克曼（Anton Hilckman）在同时期捍卫拉丁文的基本论调，他写道：

> 到目前为止，拉丁语特色对我们而言，至少在情感上，可说是公开表明信仰的某种基本要素。远超过属拉丁语系的国家所能想象，对我们欧洲天主教徒来说（虽然语言上不属拉丁语系，但按宗教仪式说来却更属古罗马语，因此也算属于拉丁语），拉丁文，我们礼仪的语言，是神圣的语言。光想我们有一天会碰触的事，就已经像是在亵渎圣物。我们当然喜欢而且热爱用德语唱圣歌……但是礼仪，从字面上最精确的意义来说，弥撒的礼仪，以德语进行……不！这是难以想象的。新教

改革运动时代的争论毕竟是不久前的事。我们也不曾忘记过去祖先为了保住拉丁弥撒，维持信仰的"罗马特色"，防止宗教"日耳曼化"，而全副武装对抗新教所有大小王公贵族……以拉丁语进行的罗马弥撒，对我们而言，是普世信仰合一最显著、最具说服力的表现和证明……这就是天主教的教义：全世界都是我们的故乡。

梵二大公会议后不久，拉丁文的分量急遽减少。尽管如此，它仍是教会的正式语言，是教令和行政上使用的语言。不过，教皇法"好牧人"（1988年6月28日）和1992年2月4日的罗马教廷总纲规定："罗马教廷的中央机构，原则上应以拉丁文撰写教令，但也可使用今日最普遍的语言，或用在通信联系，或视需要用来撰写公文。"另一方面，教宗保禄六世接续前任教宗的工作，于1964年在罗马宗座塞尔斯（Salèsienne）大学附近，创设阿尔提欧里斯（Altioris）拉丁语言学院，目的是培养流畅简明的拉丁语文体。这种把拉丁文当作活语言使用的做法，缔造出用来表达当代时事的新词，并于1992年至1997年间，出版了一本收录约1.5万个词汇的《近代拉丁文用语汇编》。然而，即使在罗马，拉丁文在格列高利大学的地位，今日似乎已显著减少。据其中一位教授福斯特（Reginald Foster）神父的说法，3000名学生中，"大概只有100名熟识拉丁文"。此外，过去四年来神学院不再以拉丁文授课，而是采用意大利文或英文。既然拉丁文在罗马堡垒中都会失去地位，今后天主教界有不懂拉丁文的司铎也就不足为奇了。

梵二大公会议的礼仪改革，更确切地说，它实际应用的方式，在某些人看来，似乎是一个更大的"阴谋"（以"暗杀古代语言"为目的）中的一步。在这个"国际阴谋"中，教会和国家互相勾结。很多人不至于这么口不择言，他们（如格里马）看出大公会议的决议，和拉丁文在学校中没落有关。这位杰出的教授认为，"拉丁文最沉重的打击"，是教会放弃了这个语言，他以含蓄、充满暗示的口吻进一步表示："基于肯定不是梵蒂冈乐于公之于世的理由。"

四、新教的拉丁文

作为天主教会的语言，拉丁文终于和天主教合为一体。1643年在剑桥大学，一群清教徒斗士的态度足以说明这点。他们不接受讲员必须依照章程规定，在讲道中用拉丁文说复活节的"术语"，因为那是天主教礼仪的语言。反面也同样真实，本地语言总令人联想基督教新教。1724年某一天，扬森派神父布拉耶尔（Pierre Brayer）（前文提到他在梅斯以法语施行临时涂油圣礼和临终圣礼）照例在对一位初信者行临终圣事时，竟被视为暗地来自日内瓦或阿姆斯特丹的新教牧师。舆论中，拉丁文配天主教，本地语言配新教。但如此过于简化的观点，仍免不了细微差别。新教教会并不是一个没有拉丁文的世界。

宗教改革运动期间，本地语言在新教世界的散布是渐进式的，绝非一夕之间彻底转变。路德在1526年提出的德文弥撒，原本只用在主日，其他时日仍采用拉丁文弥撒。起初，路德打算为受过教育的人和年轻人，在弥撒中维持使用拉丁文，并把它当作一般和暂时的方式，继续用在礼仪的某些部分，直到祷词和赞美诗有德文版可用。虽然本地语言很快就占上风，昔日的习惯却仍存在，甚至在加尔文的所在地日内瓦，有时也有被传唤到枢机主教会议中的人，为了证明自己的信仰，而用拉丁文诵念《天主经》《万福马利亚》和《使徒信经》作为回答。

即使宗教改革家本人（同时是牧师和人文学者），在著作中也是两种语言并用，拉丁文在他们的书信中占了八成，甚至九成。路德在写作上从未放弃使用拉丁文，他的《桌上谈》显示出缺乏可用来表达哲学或神学事实的德语词汇，导致他即使在非正式的对话中，也得由德文转为拉丁文。加尔文用拉丁文写《基督教要义》（1536年），然后再译成法文。在这两种版本相继完稿前，他有时用法文，有时用拉丁文修订作品。这本书的定本（增加很多内容）在1559年以拉丁文出版，次年法文版问世。加尔文对自己在语言上的选择，解释如下："首先，我用拉丁文阐述，好让所有知识分子，无论是哪一国人，都能阅读本书。其次，因为希望把本书可能产生的任何成果传递给我们法国人，我把它译成我们的语言。"加尔文的其他作品（很多神学论文和教理书，尤其是后者），都以这两种语言出版。他的书信大都是拉丁文，甚至写给法国教会人士的信也是。瑞士宗教改革家维雷（Pierre Viret）"为使不懂拉丁文的人都能理解"，而在著作中大量采用法文。不过，他本身非常精通拉丁文，在他的课堂上和书信中，拉丁文的比例占了五分之四。在这个令人很容易只联想到本地语言的新教世界中，拉丁文存在的其他迹象是：《圣经》的拉丁文译本。1512年至1570年间，至少有58个《圣经》完整版，是新教的书籍出版销售商发行的。

除神学外，拉丁文在培育牧师的事工上也有极重的分量。在符腾堡，宗教改革运动后不久，预备从事圣职的年轻人在整个受训期间（从个别学校到蒂宾根神学院），都要接受拉丁文教育。拉丁文是课堂上和考试的语言，也是日常会话的用语。同一时期，莱茵河沿岸地区的神职人员也要接受同样扎实的拉丁文训练，因此自1556年至1557年间，任命圣职的标准提高后，就很少有神职人员不懂拉丁文的情况了。法国在整个旧制度期间，负责训练牧者的学区所提供的教育,都少不了拉丁文——《圣经》的语言。设立于19世纪的神学院也如此。因此,当时曾在蒙托邦大学受训的大多数牧师必定精通拉丁文。他们必须具备业士学位才能入学,这意味着他们受过拉丁文教育。其次,在五年的学习期间,除其他科目外,他们还要进修拉丁文。至于有志成为神学教师的人,则必须继续深造直到取得学位(包括通过两次论文答辩,其中一次以拉丁语进行)。虽然牧师以本地语言履行职责,却仍要受训精通拉丁语,甚至在这方面往往比天主教司铎优秀。然而,拉丁文在神学院仍面临其他学科的竞争,以致分量锐减。此外,它在学校各界衰落的情形,难免出现在新教神学院。因此,在20世纪60年代末期,乌普萨拉大学取消拉丁文教育,改以30小时术语课取代之。这是因为拉丁文看来像是骇人怪物,可能会吓跑回应罕见圣召的人。因此,在拉丁文逐渐衰落的气氛下,天主教界和新教世界可说是终趋一致。

第三章
拉丁文的学术成就

"天主教会和基督教国家所有学校的语言",用《百科全书》中的这段话来概括前两章的结论,拉丁文显然是"不可或缺的必需品……无论对哲学、神学,还是对法学、医学而言;正因如此,"该词条强调指出,"它是欧洲所有学者的共同语言"。这类断言在18世纪50年代很流行。半个世纪前,萨维尼(Anton Maria Salvini)在佛罗伦萨阿帕蒂斯提学院发表演说时,就曾说过类似的话:"大学中传授的各学科,现在和未来将永远以拉丁文为它特有、正式且理所当然的语言。"这位只把本地语言保留给文学的作者,在别处还提到各学科只能用拉丁文书写,基于这个事实,拉丁文成了"学者的共同语言"。除了这些原则上的声明外,还有类似想法出现在书信中。1709年,古柏(Gisbert Cuper)力劝友人拉克罗兹(La Croze)用拉丁文撰写世界史。他明确指出,法文虽然"对一些小书和当代书籍来说,很普遍且值得赞赏……但一部为学者而写的著作,依我看,应该用拉丁文发表才是"佩娄(François Peleau)在写给英国政治哲学家霍布斯(Hobbes)的信中(主旨是表达对霍氏所著《论公民》的"疑惑"),不怎么争辩:他承认用法文写,"用非学科的语言与您交谈"，让他甚感"羞愧"。拉丁文是知识界的组成要素。博物学家雷伊（John Ray）曾经谴责对手："他无知到连写拉丁文都有语病。"霍夫曼（Gottfried Hoffmann）责备博学多闻的同胞用德文写作。照他的说法，那是不学无术的人才做的事。帕斯卡尔（Pascal）在写给费马（Fermat）的信上谈概率论时，几乎不为该如何解释操心，因为他以下面这段简练的评论放弃当地方言："我用拉丁文和您谈，因为法文在这方面毫无用处。"

这几段引文让人一下就领会拉丁文过去在文坛中的地位，至少直到18世纪中叶为止是如此。它们促使人检视印刷品，以便更如实描绘这个古代语言在思想界的地位。这关系到确定拉丁文出版物的年表，并找出特别受重视的体裁，甚至特定的版本。这么多具体的描述要素，将有助于理解拉丁文在写作上甚至在知识结构中的功能，同时勾勒出使用这个语言、它的历久不衰和最后消失的原因。不过，清查拉丁文在知识产物中留下的痕迹，如果除了书面语外，没有将其他属于口语的知识表达形式（如政治辩论、外交谈判或法律实务）纳入考虑，那么这份清单是不可能完整的。

一、拉丁文出版业

书目统计数据

虽然印制成书的著作，是语言在知识产物中所占地位的最佳指标，但一份涵盖长时期和广大区域的书目统计数据所呈现的结果，还是很难如原先预期般丰富、精确。此外，即使同一个国家的历史编纂，拉丁文都远不及本地语言那么吸引研究者的关注。因此，我们不得不满足于少数几个例子。

在法国，拉丁文在出版界的优势很短暂。1501年至1525年左右的垄断势力（1501年巴黎出版88种书当中，只有8种是用法文写的。到了1528年，269种书当中，法文书也只占38种），很快就出现破口。同样在巴黎，1549年的出版物有21%是当地方言著作。到了1575年，比例更攀升到55%左右。把范围拉到全法国。虽然直到16世纪60年代，拉丁文书籍占上风，但之后，整个形势却逆转，最后反而有利于法文出版物。16世纪末（1598年至1600年）的抽样调查，显示拉丁文书名的比例占不到25%。之后，比例差不多维持在20%，正如1641年一项对法文作品的研究成果，以及1660年另一项针对巴黎出版物的调查结果所显示。值得注意的是，17世纪下半叶该指数明显下降，因此在1699年、1700年和1701年，拉丁文著作分别只占巴黎出版物的5.7%、12.2%和8.5%。到了18世纪，下跌幅度增大：1764年，古代语言和外语的出版物，只占全法国出版量的4.5%。

此时，拉丁文出版业在西方各界已经没落。不过，演变过程并不完全和法国的情况类似。在意大利，拉丁文出版业衰落的过程比较缓慢。根据国家图书馆唯一的目录所提供的资料看来，拉丁文在整个16世纪都维持主导地位，相当于51.8%的出版物；只有在16世纪下半叶，指数稍微下降，从1501年至1550年间的55.4%，下降至55.2%。到了下个世纪，"英国图书馆17世纪意大利图书目录"的统计表显示，本地语言大占优势。拉丁文书名的比例只占29.73%。尽管如此，全意大利各地的情况相差悬殊。虽然在威尼斯，拉丁文作品只占21%，在罗马和帕多瓦却各占50%和56%（这两个城市分别以教会和大学著称）。

在德国，拉丁文的衰落比在法国早发生，但演变过程比较不是直线发展。从1520年起，在路德的影响下，本地语言发展神速，因此在宗教改革期间，出版物尤以德文为主。后来，拉丁文夺回主导权，并且持续好一段时间。直到17世纪80年代，在法兰克福书展中交易的德国书籍，大部分是用拉丁文写的。之后，趋势逆转，拉丁文作品的比例在整个18世纪持续下滑。不过，在1770年，拉丁文的比例还有14.25%，直到1800年下降至3.97%时，才变得无足轻重。

在英国，拉丁文出版物在1530年至1640年间，约占总出版量的10%。作此估算的宾斯（James W. Binns）强调，该比例本身是很低的，但若考虑英文和拉丁文作品性质上的差异，应可再估高一点：前者似乎很多都是偶然有的出版物，后者则源自"最杰出的才智之士"。

说实在话，这些百分比只是概略的估算，并未按学科分类统计。但马丁的研究成果有助于我们稍微详述巴黎的情形。尽管衰落，拉丁文在整个十七八世纪期间，仍常见于神学、学术作品和教科书等。关于宗教出版物，拉丁文主要用于神学论著和宗教方面的博学作品。这些先后因耶稣会和穆尔会著称的博学出版物，不仅从17世纪40年代起被列入巴黎出版业的佳作，也是语文学和宗教史最杰出的成就，难怪其中很多（包括教父著作的编订本）在国外（尤其在威尼斯）再版。马丁的研究，也涉及仍维持使用拉丁文的学术出版业，不只在狭义的博学著作方面，也在医学（转折点约在1685年左右）和法学（尽管法文在这方面已有长足的发展）两方面。不过，拉丁文最坚固耐久的堡垒，始终是教科书出版业。中学和大学生产大量的论文、课本、词典、文法书，以及其他用来学习语言基础、练习翻译、创作散文或诗的著作，这林林总总成了中学生的"家常便饭"。据了解，在外省的城市（指巴黎以外的地方），甚至在选择现代特色的活版印刷中心（如鲁昂），没有书籍印刷销售商会忽略这么一个不受市场风险冲击的领域。这些著作往往是大量印刷的目标。在鲁昂，帕若（Pajot）神父的《新拉丁·高卢·希腊文词典》于1651年、1653年至1654年、1655年、1658年，分别印出

5200、6000、7000及6700册八开本和2500册四开本。之后，又在同一个城市，至少于1662年、1665年和1666年再版。18世纪的教育改革（造成法文的教学地位提高），加上最积极捍卫传统的耶稣会士离开校园，导致拉丁文大大失势（虽然在法国大革命这段插曲结束后，公立中学仍是拉丁区）。但19世纪出版的教科书和其他教材，数量其实很可观、因为每十年发表的新书不下于200种。此外，有些书还再版好几次。更确切地说，其中有76种再版达半个世纪以上，而洛蒙（Lhomond）的《拉丁文法基础知识》（1780年初版），直到19世纪还再版63次。这些再版书都是真实且令人敬佩的成功标志；另外，最畅销的教科书，基舍拉（Quicherat）的《拉丁法文词典》，发行量之高无人不晓，在1835年至1934年间，共印了445886册。

从宾斯对1530年至1640年间的出版分析，也能看出拉丁文出版物的"学术"特性。当时这个古代语言被用于所有高等的知识形式，从文学到法学、各学科到神学都有。虽然1640年以后，拉丁文在英国印刷业衰退是事实，但这古老的语言在十七八世纪交替之际，仍大量出现在牛津大学的出版物中。1690年至1710年间出版的著作，至少有一半是用拉丁文写的，而标题也多半属于博学和语文学的领域。直到不久前，拉丁文始终在语文学这个领域保有极大的分量。例如，在国际外交委员会赞助下出版的教皇谕旨，或柏林—勃兰登堡科学院编印的希腊铭文《全集》，至今仍附有拉丁文评注。

回到拉丁文尚未变成稀世珍品的时代（即18世纪）。"欧洲学者著作论丛"于1728年至1740年间发表的汇报，透露出这个古代语言在学者著作中的分量，这份刊物分析的作品，有31%以拉丁文写成。再者，按照出版业人士极为可靠的见解，将近18世纪末，拉丁文在医学上仍有不可忽视的地位。1779年，书商戈斯在日内瓦指出:"所有与医学相关的事,用拉丁文表达通常都是好的。西班牙、葡萄牙、意大利甚至法国都不会(因此而)加以拒绝……"

更早以前,学者经常碰到印刷业者或书商拒绝出版、销售拉丁文著作,这类见解因而更显真诚可贵。身兼医师和"骨董商"的伍德沃德(Jhon Woodward),在1711年于伦敦发表的看法颇具代表性:"任何用拉丁文写的东西,我们这里的书商都不想管。"虽然拉丁文明显处于衰落中,拉丁文出版业仍按着这个古代语言在当时欧洲的作用(直到18世纪初,本地语言尚未完全赢得正式的文学地位,加上学者的读者人数不多且散布各地),继续存留在"学术"领域中。在这类专业出版物中,有三项实务特别显出拉丁文的持久性:编写拉丁文期刊、翻译以本地语言写的原创作品、编订双语版本。

拉丁文出版物的三种类型

很多学术刊物(名括排名第一的"学报"在内)都是用本地语言写的,不过也有以拉丁文著述的刊物。后者在1665年至1747年间,所占比例约为20%。但在18世纪下半叶,单单在德语地区(指一般公认的德语地区),1751年至1760年间还出现14个新的拉丁文标题,而1771年至1780年间又增加了13个。事实上,德语地区以出版拉丁文刊物为主,因为本地语言在这里较慢得到知识界的采纳。这些刊物中,有些在全球发行,像是《知识报》(1682年首度在莱比锡出版)。《波兰国与立陶宛侯国文献》(1755年的创刊号同时在华沙和莱比锡出版),或《波希米亚与摩拉维亚文献》(1774年创于布拉格)。不过,它们大部分是专业刊物,探讨博学、神学或各学科(尤指医学);其中最著名、发行最久的是《医学、物理学杂记》(于1670年至1791年间,连续以各种拉丁文标题刊出)。这些期刊当中,很多源自协会或学院。例如柏林、格丁根、都灵、圣彼得堡

（列宁格勒）的学院、博洛涅科学院或曼汗王室协会（以上仅列举18世纪几个著名的例子），都曾发行拉丁文学报和论文集，而且为期不短，甚至在1793年，荷兰乌德勒支省的某个"骨董商"协会，仍选择以拉丁文发行"文献"。

虽然由拉丁文译成本地语言，或由某一本地语言（尤指意大利文）译成另一本地语言的译本特别引人注意（这是因为文学和民族语言的发展史较易阐述），原著是本地语言的拉丁文译本却几乎乏人关注。这类译本其实很多，特别在17世纪和18世纪上半叶。这是从由格朗（W. Leonard Grant）制定、比尔克（Peter Burke）完成的一份出版目录得到的初步结论。这份拉丁文译本清单（先按原始语言依序列举文学著作，再按学科列出其他作品）显示出，这项翻译实务是全球性的，到处都有人把各知识领域的著作译成拉丁文。这是普遍的迹象，但仍有一些细微差别和细节值得注意。德国、荷兰和瑞士在此翻译活动中起了重大作用。荷兰印刷业的活跃、瑞士"书业"的中介角色（例如日内瓦有流亡海外的新教徒牧师可支援翻译工作）、德国和中欧仍有广大的拉丁文市场，这一切说明了为什么这项实务会集中在这个区域。另一个原因是，在17世纪末，有些活语言（意大利文和法文除外）在原有的使用范围外，仍普遍不为人知。

至于这些译本的文体，格朗的结论（"节律基本上是西塞罗式的，但句法和词汇则不拘一格"）并不令人意外。只要参考学术著作译本偶尔附上的"敬告读者"就不难理解，意思的精确胜过字词的优美简洁。英国哲学家培根面对普莱费尔（Playfere）以"极精练的拉丁语风"，试译他的著作《学术的进展》时，也给了对方同样的忠告。他劝这位卓越的拉丁语学家打消这个念头，因为他希望这本书以"明白易懂、有男子气概且适切"的形式呈现。相反的论调很少见，就算有，也是有原因的：将荷兰博物学家史旺默丹（Swammerdam）的《昆虫史》译成拉丁文的译者，为擅自修改原著文体辩解。他提醒大家，都是英年早逝使原作者无法为自己的作品作必要的润饰，拉丁文译本或许也因此迟迟未能诞生。通过"一般语言"（套句培根的说法），这些译本就能把一些作品散布到更广泛的地区，而这是本地语言所不能及的。很多这类译本在卷首就提到广泛发行的愿望（除非标题已透露这个讯息）。笛卡儿的《灵魂的热情》拉丁文版（阿姆斯特丹，1656），书名页上写着"为外国人而译"。拉丁文版的《新骨学》（法兰克福、莱比锡，1692），书名页写的是"为满足大多数人的使用需求和好奇心"，这本书原是英文版，作者是哈维斯（Clopton Hawers）医师。学术期刊的译本也有同样的企图，译成拉丁文，更能彻底发挥功能。因此，文学界有两大期刊发行极简练的拉丁文译本：1665年创于伦敦的《哲学会刊》，自1670年起，以 Acta philosophica 为题在荷兰发行拉丁文版；1675年于莱比锡再版的《学报》，早在四年前就曾在当地发行拉丁文版（别忘了，它是在1665年创刊）。

译本偶尔也出自作者之手（德国数学家沃尔夫（Christian Wolf）就是其中一例），或由作者审查。笛卡儿复审《方法论》的拉丁文版，并作了一些修改，他承认内容是他的见解，但不为文体负责。最常见的做法是，译本由另一位学者主动完成，或由某一书籍印刷销售商带头做起。由此产生的拉丁文版偶尔会附上注释或评论，最后并成为权威著作。例如卡德沃思（Ralph Cudworth）（剑桥柏拉图派）的著作《宇宙真正的知识体系》（对开本，共900页）被译成拉丁文，并由莫塞姆（Johann Lorenz von Mosheim）加注，于1733年在耶拿出版。四十年后，以莫塞姆版本为基础的二版在莱德发行。到了19世纪，这位杰出神学家的注释和导论，仍足以引起世人的兴趣而译成英文，于1845年引进伦敦出版业。

这个例子提醒我们，拉丁文译本往往再版。提到医学出版物，格朗表示在十七八世纪，有些本地语言著作只发行一两次，但它们的拉丁文译本却可能多达八至十次。宗教辩论题材的情况也如此。帕斯卡尔的《致外省人信札》拉丁文版［尼科尔（Nicole）译，以萨尔茨堡神学家温卓克（Willelm Wendrock）为笔名出版］，在1658年初版至1700年间再版六次。根据法国文学评论家圣伯夫（Sainte-Beuve）的说法："这个译本确实使这本成功的小册子在欧洲大受欢迎。"

事实上，一些著作及其作者之所以名扬海外，全靠拉丁文译本。伽利略的《世界两大体系对话录》在意大利半岛以外的地方广传，主要取决于1635年的拉丁文版。波义耳能在欧洲大陆功成名就，和他著作的译本迅速在德国、瑞士与荷兰发行息息相关。此外，他的第一部作品选集（*Opera varia*, 1677）和三年后加入新作品的增订版，都不是在英国，而是在日内瓦由书商图纳斯（Tournes）出版。多亏罗奥（Jacques Rohault）的《论物理学》拉丁文译本，笛卡儿的物理学说才能持续在牛顿的故乡英国广传。该译本于1682年至1739年间再版六次，但在后来的版本中，译者克拉克的注释逐渐采用牛顿的系统。也有作品甚至是靠拉丁文译本成功的。《太阳之城》在意大利初版时，几乎乏人问津。事实上，这部论及乌托邦的作品，是从原作者康帕内拉发表拉丁文译本后才得以广传。后来这部作品又从拉丁文被译成法文、英文、德文甚至意大利文，到19世纪中叶，原版早已为世人遗忘了。

今日一些虚构作品的拉丁文译本（如《木偶奇遇记》《玉楼春劫》或《阿斯得依斯高卢探险记》），都证实原版比译本成功，（现在有谁读得懂拉丁文译本？）但在十七八世纪，情况却大不相同：

多亏这古老的语言，一些著作才有人读，而某些思想观点也才能传遍整个文学界。

拉丁文最后终于和一些书籍印刷销售商形同结盟，后者认为通过拉丁文能开启更广大的市场。因此，他们特别支持以这个古代语言发行的大开本、印刷精美且附有许多插图的作品，这些出版物既华丽又昂贵，而且基于明显的经济因素，需要在全欧洲发行。也因此，书商往往督促作者随原著附上拉丁文翻译。本笃会学者蒙富冈（Montfaucon）在《以法国君主政体的文物为题的著作计划》（1729）中，明确提到："书商希望我在每页底边附上拉丁文译文，就像在《图解古代文物》及其《补篇》中一样。他们声称这对于很多不太懂法文的外国人而言是必要的。"因此，特别在18世纪（更确切地说，是该世纪的上半叶），考古学、植物学、动物学、解剖学、绘画方面，出版了一些以各种版面编排，将本地语言和拉丁文并列的双语作品。其中最精美的一本（它的标题绝非虚构），是《塞巴的豪华收藏橱中主要天然珍品的精确描述》（1734）。这本书甚至有两种双语版，拉丁文—法文和拉丁文—荷兰文。

从以上对印刷界的概略浏览可得知，直到18世纪，拉丁文仍是学者创作的主要语言。这是否解释了在德语国家（拉丁文存留最久之地），有人会在德语著作的标题中添加几个拉丁字作为开头，就好像这个"饵"会自动显示这些作品具有学术性，或至少不是通俗作品？拉丁文因此标示学者的世界，表明和最高知识领域的从属关系。这正是著名的心理小说《瑞瑟》中，少年瑞瑟的感受（同样在德语地区）：当地方中学的校长叫他"瑞瑟鲁斯"（*Reiserus*，原为Reiser）时，他

> 因为自己的名字第一次被冠上"us"而自豪不已。他常把

带有这个词尾的名字和崇高尊贵、大有学问联想在一块儿。在想象中,他几乎听到有人称他博学知名的瑞瑟鲁斯……他看到自己变成声名显赫的博学家,就像伊拉斯谟,和那些他偶尔读过传记、在铜版画上看过肖像的人士一样。

二、学术创作中的拉丁文

尽管本地语言的地位上升,继而取得优势,拉丁文在知识界仍屹立不动摇。布鲁诺(Brunot)在探讨法语史的不朽巨著中,不时地强调法语在各阶段的进展,但他也承认在法王路易十四时代(即法国文学鼎盛时期),法语在各学科中的发展始终很缓慢。整个18世纪期间,有许多著作继续以拉丁文问世,诸如(以下例子仅限于重要著作):瑞士数学家伯努利一世(Jacob Bernoulli Ⅰ)的《猜度术》(1713),瑞士数学家尤拉(Euler)的《机械论》(1736)和《无量数分析引论》(1748),瑞典植物学家林奈的《自然系统》(1735年初版),意大利生理及解剖学家伽瓦尼(Leopoldo Caldani)的《论电在肌肉运动上的影响》(1791)。到了19世纪,德国数学家高斯(Carl Friedrich Gauss)用拉丁文发表研究所得,而有"19世纪的解剖学之父维塞利亚斯"之称的意大利医生卡达尼(Leopoldo Caldani),也于1801年至1814年间,用拉丁文出版十册《人体解剖图》。虽然此时,各学科普遍以本地语言论述,天主教神学和大学本身的产品(如论文),仍以拉丁文为主要语言:这部分在前面论及教会和学校的章节中已详尽探讨,我们无须在此赘述。

拉丁文的"现代性"背景

有多项因素使拉丁文维持知识语言的地位,首先是持续到不久前的拉丁语教学；即使是一心拥护本地语言的人［如瓦利内里（Antonio Vallisneri）］，也不得不屈从这项义务。在这方面，英国勋爵拉姆利（Lumley）在16世纪末，为提供外科医生（尤其是不大精通拉丁文的大学生）良好的训练，而于牛津大学创设的教职，是再明显不过的半例外：教授必须在一小时的课程中，用拉丁文授课45分钟，其余的15分钟用英文授课，并应依照章程指示，"将前面用拉丁文讲述的内容，用通俗语言对不懂拉丁文的学生再讲一遍"。

事实上，在强烈由拉丁文主导的环境中，教学不过是其中一面（或许是最明显的一面）。用拉丁文在剑桥大学授课并发表大部分作品的牛顿，所拥有的拉丁文藏书比英文书多，而他也用这个古代语言在自己阅读的拉丁文书籍上做眉批。后面这种做法，对大部分时间都在读、写拉丁文的人来说，或许再自然不过了。惠更斯（Huygens）在《知识报》空白处的评注，和斯威夫特（Swift）（严格说来，他不是学者，而是"文艺大师"）在自己收藏的巴罗纽斯（Baronius）《年鉴》中的批语，都是这方面的典范。知识界和这个古代语言的密切关系，在《斯卡利杰谈话实录二》中格外显著，而且明显享有特权：这部收录意大利语言学家和历史学家小斯卡利杰（Joseph-Juste Scaliger）的谈话集，法文和拉丁文紧密交织，甚至一句话用一种语言开始，却用另一种语言结束；对语言的使用未加以区分，显然只为了说者的方便起见。

读、写、说拉丁文，而且是用在个人研究的特殊领域，这些学者并不像我们今日想象那般，强烈感到需要把本地语言应用在自己的科学出版物上。即使他们摆脱古典文献，即使评论课已被实验教学取代，已建立的习惯、引用专有词汇的需要和考虑读者大众的喜好，在在解释了何以本地语言无法一下子得到学术界的认可。因此才有巴黎大学训导长罗兰（Rollin）在著作《纯文学教学方法论》中，为自己用法文而非用拉丁文写作，向读者致歉的例子。这位倾向"现代"教学法的学者，承认自己"习惯用拉丁文（他大半辈子使用的语言），更胜于法文"。另外，某些以拉丁文出版的著作所发挥的重大影响，当然也是维系这个古代语言的要素：这些著作传递的新概念并不容易翻译，更何况对于需要用到它们的一小群学者而言，本来就没有理解上的困难；这点解释了18世纪意大利最好的牛顿物理学著作，还是用拉丁文写的。

因此，经常为人引述的一流巨著——伽利略的《世界两大体系对话录》和笛卡儿的《方法论》，虽然采用近代语言，却不表示拉丁文已没落；况且，这两位作者皆曾用这个古代语言发表其他著作，甚至笛卡儿最重要的作品都是拉丁文版。据笛卡儿的传记作者巴耶（Baillet）说，笛卡儿"写哲学和数学题材，用拉丁文比用法文流利多了"。事实上，和许多同时代的人一样，笛卡儿能轻易从一语言转换到另一语言，并使语法符合他要讨论的话题。因此，巴耶提到《沉思录》时，说："他认为不适合让这本书和他的论文集一样，一开始就用法文出版；在以学者为主要对象，并采取高雅不落俗套的新风格写完这部作品后，他更认为讲学者的语言，应该尽可能照他们的方式表达己意。"下一个世代的情况也相仿：17世纪下半叶，在意大利，伽利略的弟子依著作性质和针对的读者群，有时用意大利文，有时用拉丁文写作。托里切利（Torricelli）用拉丁文写《重体运动论》，因为他表明这本书是为数学家而非为炮兵写的，但他的《学术演讲集》却用意大利文，因为他是写给"有文学造诣且受过学术训练的"读者看。波雷利（Borelli）用拉丁文写数学、天文学和医力学方面的作品，用通俗语言写有可能付诸实行的著作，如《威尼斯湖沼疏水计划》生物学家马尔皮吉（Malpighi）

用通俗语言写过好几部作品，但给英国皇家学会的著作都是用拉丁文写的。

这几个例子特别显示出，作者预设的读者在语言选择中所发挥的作用。不过，只要学术书籍或至少水平较高的著作，其读者仍然有限，拉丁文就保有巩固的地位，更何况，本地语言对这类著作的传布毫无助益。这点对拉丁文的"第一波现代性"格外真实。1525年，德国画家杜勒在纽伦堡出版《圆规、直尺测量法》。书中，他为艺术家和手艺工匠搜集大量的几何学知识；为此，他采用德文。然而，这部作品的拉丁文译本（1532）却格外受欢迎，而且读者尽是学者、数学家和博学多闻的人。原因是，即便以德文发表，书中的数学概念对作者起初锁定的读者来说，还是太抽象了。法国思想家布丹（Jean Bodin）的《宇宙自然剧场》，是一个情况相反但结局类似的例子。这部作品有三个拉丁文版，无论在法国本土或在国外，如在德国（其中两个拉丁文版在此发行）、波兰、意大利、英国都很畅销；反之，法文译本（1597）却乏人问津。原因是，当时有学问的读者本来就有限，而对拉丁文不熟的读者，当然也不会对自然哲学感兴趣，所以有原版就绰绰有余了。同样的结论也来自失败的例子。18世纪中叶，有人试图将圣彼得堡科学研究院的学报译成俄文，结果白忙一场。当时在沙皇统治下，并没有群众受过足够的教育可以阅读这类刊物，而会读的少数几个人本来就懂拉丁文。

这个例子突显出当时对保留拉丁文的一项有利因素，即缺乏适合用来表达知识的本地语言。虽然在某些国家，近代语言早已取得文学地位，而且被视为能够传递学者的思想，但在其他国家，由于没有这种文化语言，拉丁文得以继续存留到很后期。芬兰就是其中一例。在18世纪，这个受瑞典统治的国家，语言情况如下：人民讲芬兰语，贵族、神职人员和都市中产阶级讲瑞典语，然而，两者都不被视为文化语言。在这种情况下，只能用拉丁文表达知识，这种状况一直持续到19世纪，仍只有宗教作品和没什么知识价值的著作以芬兰语出版。

　　书目的统计数据清楚显示，十七八世纪之间是决定语言市场的关键期，但这演变并不彻底，既不是直线发展，也非坚不可摧。虽然本地语言老早就在通俗作品（中世纪的著作并非千篇一律都是拉丁文！）和实用书籍中占上风，古代语言却继续存在于理论作品，诚如前面提到在17世纪下半叶，伽利略门生的例子所显示，论文、"基础"研究探讨、给同领域人士阅读的书籍，仍采用拉丁文。同样的观察也适用于1640年至1660年间英国的医学著作，当业余人士和企图改革社会的人已经采用英文，特别重视与外国同行做学术交流的大学医师，仍继续使用拉丁文。

　　同样的评论也适合于法学和政治学。在17世纪上半叶，一些思想家如霍布斯、法兰德斯人文学者利普斯（Lipse）、现代国际法之父格劳秀斯（Grotius），皆用拉丁文写作。虽然今日引起我们注意的是他们的名声，但他们在使用古代语言这件事上却不孤单：法国学者诺代Naudé在《政治著作目录》（1633）中，对政治思想各方面作品的统计显示，1600年至1630年间，有很多作者使用拉丁文。这还不是最后一批使用者：只要想想著名的德国法学家普芬道夫（Samuel Pufendorf），此外，这些著作也持续有人阅读，而且是读拉丁文版。例如，一所专门培训法国外交官的学校，在1772年制订的课程大纲中，上述每一位作者的名字都榜上有名。拉丁文在法学也同样占优势，诚如一项以意大利法学作品为出发点的统计结果显示，1700年至1800年间出版的3700部作品中，拉丁文占81%，意大利文占19%。19世纪下半叶，通俗语言出版物的比例大幅度增长（由7%上升至31%），而且用在法律和章程上（52%），多于法学和法理（12%）；相反地，拉丁文依旧是条约、民法原始资料的注释文和最高法院判决书的语言。甚至在18世纪，拉丁文在法律实务上仍保有不容忽视的地位。在皮埃蒙特，1723年律师仍在使用拉丁文辩论，而法院直到1789年也仍以拉丁文宣判。那不勒斯王国于1758年下令，神圣议会的"书记"（scrivani）必须懂拉丁文，理由是法院以拉丁文撰写法令，其次是为了解在诉讼过程中出示的拉丁文文件。

术语与特殊词汇

　　拉丁文虽在出版界失去地盘（从书目统计明显可见），却未因此从知识界消失。专有名词带有它的痕迹，诚如专业书籍的当地方言译本所呈现。在英国，16世纪盛行的解决办法，是先将这些特殊用语英语化，有时是改写并冠上英语词尾，有时干脆直译；其次，没有英文同义字的词汇，则保留拉丁字，同时随字附上解释，甚至在书末放置词汇表。因此，一些"无法翻译的"拉丁字被纳入英语的科学用语。同样地，上述布丹作品的法文译本也含有许多从拉丁文借入的词。面对书中一连串毫无描述、难以辨识的鱼鸟拉丁文名称，译者几乎只能直接照抄（例如*orphus*变成orphin, *sargus*变成sargon, *adramis*变成adrame），然后要读者参阅以法文写的博物学书籍，并附以下细节作为说明："除非改变这些名词的希腊文和拉丁文属性，否则用我们的语言表达将含糊不清。""我们把这些拉丁文和希腊文名称，视为最普遍、最确实的字眼予以保留。"面对缺乏本地语言的同义词，有时也有学术作品生不出译文来。这就是德国作家歌德在著述有关色彩理论的作品时，不得不面对的情形；尽管有语文学家沃尔夫的帮忙，他最终还是原封不动地转载一段泰勒修斯（Antonius Thylesius）的拉丁文作品（探讨颜色用语的词源学）。

"我们是想翻译，"他写道，"但我们很快就发现没办法用另一种语言来论述一个语言的词源学。此外，"为了不要增添其他探讨同一主题的著作译文已造成的混乱，"我们决定维持原始的语言。"

尽管如此，从布丹到歌德之间，仍有许多特殊词汇被转化成不同的本地语言。拉丁文通常是这类词汇的基础。例如，18世纪有位法国医生使用的解剖学术语，"基本上是希腊、拉丁语"。除了非常罕见的词汇（"外形是法文"）外，布鲁诺指出，事实上有"大量勉强法语化的拉丁字"和"其他简单改译的拉丁字"。不仅如此，这些术语中有些最后还取代先前使用的通俗法语名称，例如以 *abdomen* 取代 susventre（"腹部"），以 *radius* 取代 rayon（"桡骨"），以 *sternum* 取代 bréchet（"胸骨"）。意大利语中的医学词汇（特别是解剖学），也带有受拉丁文影响的类似痕迹，这点从不同年代的层样中显示出来。在十五六世纪，医学术语的系统重建（以这两类为出发点，译成拉丁文的希腊医学经典作品，或已被遗忘的拉丁文作家，如塞尔斯的作品），就带来拉丁文词汇的借入。这个古老的语言也是"打造"新名称的基础（这里的新名称是用来表示中断至少一千年后，在重新施行的解剖过程中发现的许多解剖事实）。在十七八世纪，由于使用显微镜，医学术语显著增加（尤指解剖学和生物学方面），其中很多是借用古希腊、古罗马人的词汇。这里并不是泛指专有名词，而是根据它们表现的含义挑选出来的词。本地语言在医学出版物中的地位虽大有进展，但特殊词汇仍以古典语为主。因此，尽管瓦利内里为各学科应使用意大利文辩护，在他编著的《简明医学与博物学历史词典》中，还是纳入来自拉丁文的外来词汇。即使在近代，拉丁文在术语中仍保有一席之地，尽管有些字几乎完全是复合词。也有人将类似看法应用在具有大量"古典遗产"的医学英语。即使在20世纪，仍有新词建基于拉丁文，甚至从这个古代语言借用。等到医学这门行业掌握拉丁文的能力（撇开希腊文不谈）远不及过去，难免又有外来的新造词产生。虽然这些新词是从拉丁文派生，却仍表露出造字者对最基本的词法规则并不了解。迪克斯（John D. Dirckx）曾搜集很多这类例子，其中"格"和"性"错误百出，而且充分显示对词性的误解，把形容词当作名词，或反过来使用。

单就专业术语而言，近代有一门学科完全建基于拉丁文，即植物学。据历史记载，16世纪曾有本地语言化的趋势。当时法国出版的著作中，有三分之一至四分之一采用法文。这门学科的实用性和注重实践的特性，令人自然而然选择本地语言，这点更因采用当时欧洲和新大陆都认同的植物当地名称而增强。尽管如此，本地语言化还是造成一种感觉，就是这门学科被削弱了，因此又恢复使用拉丁文，这在17世纪特别明显。瑞士植物学家博欣（Gaspard Bauhin）曾在著作《植物图鉴》（1623）中，试图使一切稍微系统化，他为每一种植物造一个句子加以描述。虽然句子都很长，此做法还是普遍为人接受，毕竟它回应了整顿的需要。另外，有些植物学家，如土尔纳福尔（Tournefort）和里维纳斯（Rivinus）等"权威人士"，彼此间在赋予同样的植物不同名称这一点上意见分歧。就是在这种混乱的情况下（每位植物学家都得公布个人的同义词清单），林奈发起改革。我们不在此探讨奠定新命名法的双名制或采用这套制度的结果，是否和它的实际效用相称。简单来说，土尔纳福尔用 *Gramen Xerampelinum*、*Miliacea*、*praetenui*、*ramosaque sparsa paniculum*、*sive Xerampelino congener*、*arvense*、*aestivum*、*Gramen minutissimo semine* 等名称表示的植物，从此只叫：*Poa bulbosa*。这项改革的成功，也是拉丁文的胜利。林奈毫不留情地除去"不纯正的"用语，并流露出对拉丁文名称的明显偏好，但他也细心地纳入源自希腊文的名称，因为希腊人对这门学科的创立贡献极大。尽管如此，这些名称还是被拉丁化了，就像著名的植物学家使用的名称，是由同类词汇变来的。法国植物学家朱西厄（Jussieu）根据其他标准（一种"自然法"）而积极从事的植物分类法，也始终忠于拉丁文。近代植物学因此变成一门拉丁文学科，以致博物学家贝尔肯霍特（John Berkenhout）在1789年写道："那些始终不肯学会拉丁文的人，对植物学的研究没什么要做的。"这种用于植物学的拉丁文（有人将它定义为"技术性应用的近代罗曼语族语言"），在很多方面都与古典拉丁文不同，久而久之，只有在描述植物或命名时才有人使用。实际上，在今日这种拉丁文依然通用。

林奈的改革，成了竭力赋予化学一套系统命名法的人效法的典范。这门学科的术语也用得乱七八糟。化学家用各种不同的术语表示同样的物质，在某些名称的用法上也意见分歧，而为了避免含糊不清，有人终于使用冗长的描述句（定义比名称还多）。在18世纪下半叶，建立系统命名法的需要变得更迫切，当时有人发现新元素，配制了新的化合物，并开启"气体"化学的领域。一套标准化的专业词汇，对这门学科的发展不可或缺。乌普萨拉大学教授贝格曼（Torbern Bergman）在1775年至1784年间，提出一套完整的系统术语分类法，同时强烈地为拉丁文辩护：拉丁文不但是博学者的传统语言，而且拥有死语言的优点，因而免于任何变动。基于这个共同基础完成的译文，才会有相同的参照点，也因此，化学语言才会处处一致。我们不难理解贝格曼的主张。他是大学教授，而且用拉丁文授课。他那套参照标准（源自林奈的分类法）是用拉丁文写的，而且，他曾是林奈的学生，最后，他的母语瑞典语，当时在瑞典境外无人知晓，甚至在国内也不被视为文化语言。法国化学家莫尔沃（Morveau）对语言选择有不同看法，事实上他支持使用本地语言，也就是法文。但在他贡献的《化学术语分类法》（1787）中，讲白一点，在这部新法文术语词典中，他还是纳入了拉丁文同义词。对学者间的交流而言，古代语言仍是最可靠的媒介。19世纪当瑞典化学家贝尔策留斯（Berzelius）运用符号为化学元素命名时，他以拉丁文名称为基础，同时不忘抨击法国矿物学家博当（Beudant）企图使这些符号顺应法文名称的做法，如用E代表Etain（锡），M代表Mercure（汞），O代表Or（金）等。如果其他地方也有人起而效之，贝尔策留斯感叹道，学术交流中所有精确、便利的有利条件恐怕不复存。贝格曼也提出，所有金属的拉丁文名称都应以-*um*为词尾；这项原则得到采纳并通用至今。不久前，国际联合纯粹与应用化学学会才将*rutherfordium*（金拉）、*dubnium*（金都）、*seadorgium*（金希）、*bohrium*（金波）、*hassium*（金黑）、*meitnerium*（金麦）的拉丁文名称（更确切地说，是拉丁化的名称），确立为门捷列夫周期表中超铀元素的命名（原子序为104至109）。

  前面列举的名称和著作中，很多都推翻了经常"把古代和拉丁文、近代和本地语言画上等号"这种过于简单化的方程式。的确，有些象征"现代性"的作家曾为本地语言辩护，甚至把拉丁文和过时的知识混为一谈，例如，对托马修（Thomasius）而言，拉丁文象征经院思想，或者更广泛来说，是"今后旧思想模式的累赘"。尽管如此，拉丁文依然存在，甚至出现在历史文献评为最具现代思想的学者笔下。这是因为这个古代语言扮演了一个长久以来唯有它能胜任的角色。而且（上述这点不是没有解释后者），它已经完成了自己的"现代化"，诚如比雅吉（Biagi）针对后伽利略时代的研究明确显示。除了按照著作种类和预定的读者群，来选择拉丁文或通俗语言外，这些作者的语言类型事实上是一样的，他们采用的拉丁文是实用、简单而简洁明了的语言，比较接近他们用在其他著作中的托斯卡纳方言，而非人文学者传统的拉丁文。

三、实用科学中的拉丁文：国政与外交

除了印刷品外，还有不可胜数的历史档案证实，近代欧洲国家的治理总少不了拉丁文。改用本地语言的年代不仅依国家而异，也随行政官员的任期和管理级别而不同。以下我们只探讨几个例子，首先要注意的是，拉丁文在欧洲的中心地带和有多语辖区集中的政体存留较久；其次，即使在这些地区，地方上的治理还是比较早改用本地语言；最后，在其他地方，有本地语言的官方"公告"，并不表示实际上官方人士已完全放弃使用拉丁文。

我们无须赘述英国宫廷在乔治一世统治期间，在何等偶然的情况下使用拉丁文。起因是首相沃尔波（Robert Walpole）用这个古代语言向王进言：这位前汉诺威选侯（指乔治一世）不懂英文，而他的首相不懂德文。波兰的例子就更不稀奇了。这个王国长久以来始终忠于拉丁文，而下层贵族（管理阶级的来源）在整18世纪期间，仍非常热衷于维持这语言。波兰第一次遭到瓜分时（1772年），部分西里西亚和波兰的领土归普鲁士统治。为了治理这些领地，普鲁士贵族（例如王侯）就算偏爱法文，也不得不在教育训练中保留拉丁文。即使在1798年，仍有普鲁士国王的大臣强调："拉丁文是不可或缺的，不仅因为在使用罗马法律时会用到它，也因为在新的波兰领地上，几乎整个受过教育的阶层都讲拉丁文。"

"崇尚君主政体的"匈牙利（当时和奥地利合并为奥匈帝国），为拉丁文在国政中持久存在提供了既复杂又有趣的例子。在17世纪，匈牙利领土上有五种近代语言同时并用，正如捷克教育改革家

夸美纽斯（Comenius）在1652年所说的一样，如果没有第六种语言（也就是拉丁文）担任共同语言，那还真是不折不扣的巴别塔。怪不得中央政府使用拉丁文撰写议会通过的法令（这不表示议会或政府部门常讲拉丁文），以及和维也纳往来的书信；匈牙利王（即皇帝）也用拉丁文和自己本国的臣民互动，诚如两个和匈牙利有关的机构——匈牙利领事馆和审计会的数据所显示。相反地，拉丁文在地方治理上就没有同样的优势：管理层级愈低，拉丁文的地位愈被本地语言取代。这种情况一直持续到18世纪末，神圣罗马帝国皇帝约瑟夫二世（尽管他懂拉丁文，甚至会讲拉丁文）才在实用的考量下，决定将对匈牙利的治理日耳曼化，并以德文取代拉丁文。这项决定遭到强烈抵制，致使他在1790年不得不收回成命，而他的继承人也只得恢复昔日的惯例，"行政语言恢复使用拉丁文，直到有新的命令公布为止"。

同样在哈布斯堡王朝统治下，继匈牙利之后，还存在着和克罗埃西亚有关的问题。匈牙利和克罗埃西亚的同盟关系向来不平等（自1097年至1918年间，历经各种变迁），却仍持续运作，直到19世纪初，双方关系开始恶化为止。语言问题正是冲突的核心所在。匈牙利人欲把自己的语言强加给克罗埃西亚人，但后者无论在自己的议会中，或在派遣代表出席的匈牙利国会上，都使用拉丁文。1840年马扎尔语取代拉丁文，成为匈牙利国会的语言，继而在三年后成为法律、政府、行政和教育的官方语言，双方的冲突（起初规模不大）终于整个爆发开来。克罗埃西亚人（讲得更确切点，他们的领导阶层）成了一些特殊措施锁定的目标：匈牙利当局给他们六年的时间学会马扎尔语；之后，匈牙利自己也施行相同的规定。1848年，拉丁文虽仍是地方行政和司法机关的用语，但只有马扎尔语是经授权可与匈牙利当局交流的语言。拉丁文的最后一个打击是：有人宣告，克罗埃西亚的代表以这个语言对匈牙利国会发表的演说，都将视同无效。

拉丁文在哈布斯堡王朝中的用途，属于第三语言，这对于统治语言繁杂的领地来说是不可少的。这点说明了查理五世何以在留给儿子腓力（二世）的"训言"中（1543），苦口婆心要他努力把拉丁文学好。这个古代语言在外交上的用法也很类似。

虽然国与国之间的平等原则，暗指没有所谓的外交语言存在，而且各国都有权使用自己的语言，但在中世纪和16世纪，拉丁文却因国际间的默契而受到广泛使用。1640年，国际局势正如各地政府和法国通信时使用语言的情形：一些国家使用法文，其中有好几个国家本身就是法语国家；其他国家使用自己的语言，像是西班牙国王、新教徒在瑞士的几个州、意大利语国家；最后，有些只用拉丁文写信，包括神圣罗马帝国皇帝、萨克森选侯、奥格斯堡特许市、加入汉萨同盟的城市、瑞典国王、丹麦国王、波兰王。法国本身通常采用法文来撰写外交信函，但写给神圣罗马帝国议会、王侯或帝国领地的集体信件，则用拉丁文写，与波兰首相的信件往来也如此。在正式会面或谈判时，外交官总是小心翼翼遵守语言惯例，使用自己的语言或双方约定的第三语言，也就是拉丁文。因此，当法国人在蒙斯特向神圣罗马帝国的王侯或代表，呈交用法语写或含有法语的文件时，帝国军队才会严正抗议。事实上，帝国议会将"限用拉丁文和外国往来"视为不可侵犯的规定。任何违反既定惯例的行为，都会被解释为例外。在荷兰乌得勒支省，皇帝的使者如果在交谈中用了法文，他会明确指出这事不应构成传统，"帝国公使向来只说拉丁文"。直到"承认"法语为外交语言的《拉斯塔特条约》确立前（1714年，神圣罗马帝国同意签署以法文写成的条约），拉丁文在国际外交上始终占有显著的分量。因此，该条约确立后，国际间并未停止使用拉丁文,还是有很多条约使用这个语言拟定并签署。法国也不例外(尽管法语在国际上已获肯定)。在法国和波兰签署的《凡尔赛条约》(1735年9月18日)中,有关波兰王斯坦尼斯劳斯的部分是用拉丁文写的。然而,外交上对此传统语言的使用,在18世纪期间逐渐减少,唯有"献身给拉丁文的权势组织"(指罗马教廷、修会、神圣罗马帝国)仍忠于此做法。此外,1720年瑞典和英国的同盟条约、1737年瑞典和土耳其帝国的通商暨航海条约、还有1756年丹麦和土耳其帝国的一项类似协议,也仍采用拉丁文。同样地,拉丁文在欧洲各国的大使馆中仍"广泛使用"。在18世纪50年代,只有法国常用自己的语言写信给罗马教皇。相反地,波兰向来都用拉丁文(它也是维也纳帝国大使馆中,获得多数国支持的语言);甚至在19世纪末,皇帝还用拉丁文写信给瑞典国王。

因此,长久以来,精通拉丁文始终是经营外交政策的必备条件。历史上有些王侯的拉丁文能力好到足以带领许多政治协商,像是瑞典国王查理十二世在1701年至1702年间,不仅用德文,也用拉丁文和波兰人谈判。更不必说,大使馆人员、大使和其他外交官必定在这方面有十足的训练,有些甚至是杰出的拉丁语学者。英国诗人密尔顿因着这方面的才能,在1649年成为"外语高等文官"。在位期间,他必须负责把国会和外国往来的书信,由英文译成拉丁文(反之亦然),并充当国会和外国使节之间的翻译员。在与西伐利亚和平谈判期间,率领法国使团的阿沃(Avaux)伯爵,无论说、写拉丁文都表现得无懈可击,甚至到了语言纯正癖的地步。因此,他涂掉 Sacra Majestas Christianissima 这句话(尽管这对法王而言是很体面的表达,法国国王过去曾被尊称为 Sa Majesté Très Chrétienne "神圣的法国国王"),理由是:"这不是正确的拉丁文。"怪不得在商定《拉斯塔特条约》时,对自己的拉丁语风格不大有信心的法国元帅维拉尔,会请斯特拉斯堡耶稣会学校校长跟在身边。这位元帅在寄给外交官托尔西的急件中(1714年2月25日)解释道:"我请他来,是为了避免任何语法错误,并确保不会有任何字句我听不完整。"问题并不纯粹是个人的拉丁语风格,还涉及避免使用到任何在解释上可能引起严重后果的字眼。使用拉丁文让人提高警觉且加倍谨慎。在《乌得勒支条约》商定期间,法国的全权大使拒绝接受条约初稿,因为"里面有些措辞我们无法同意"。即使条约已经签订,也会有类似的异议产生,例如,一封来自什鲁斯伯里(Shrewsbury)公爵的信上(1713年4月24日),要求英国使节设法取得通商条约第九条款中提到的"诉讼事件"细节:"第九条款的条文,应具备比用拉丁文表达更具体的解释……"然而,这种模糊是有意的:这四个不在1664年海关税则内的"诉讼事件",可以有各种不同的诠释。

这一切说明了为什么拉丁文始终是外交官受训的一部分,甚至在像法国这样的国家(自16世纪起,政府和法院认证的文件就已采用本地语言,而法语也逐渐成为公认的外交语言),也不例外。原因有二:一方面,有国家仍采用拉丁文写文书;另一方面,当引用前例和检验昔日条件,在国际事务中具有关键作用时,国家指派的外交人员必须有能力阅读并理解以拉丁文写的条文。因此,17世纪末和18世纪初,专门探讨"模范大使"的论著才会有这方面的建议。卡利埃(Callières)在著作《与帝王谈判的方法》中强调,所有外交官都应精通拉丁文,"不懂这个语言的公职人员很可耻"。夏穆瓦(Chamoy)对此深表赞同:"拉丁文对他(大使)来说是绝不可少的,因为几乎到处都有人讲拉丁语,而且这个语言说不定还因此补足他在其他语言上的缺乏……"实际上,在1712年由托尔西(Torcy)首创的政治学院中,未来的外交官基于实用且明显的理由，都要接受拉丁文训练。至于"将来这些学生"，该校章程明确指出，"至少要懂拉丁文，而且有足够能力翻译以这个语言制定的国家法令、教皇的诏书或敕书、其他类似文件，并从拉丁文著作摘录在各种事务中经常需要用到的古代或近代事实，或用作各种题材的备忘录，或用来检验他国提供的资料"。这所学校在成立七年后便消失了。1722年，在复校计划中，拉丁文仍在"学科"之列。确切的理由是，"彻底"熟悉拉丁文是有必要的，"以便需要时，有能力参考原文"。

然而，随着18世纪逐渐接近尾声，拉丁文也为了成全法文而日益衰落（法文在整个19世纪期间盛行，之后便轮到它和英文竞争）。尽管如此，在法语的外交和政治词汇中，仍保留一些拉丁文习语和字眼，它们见证了拉丁文曾在国与国的交流中扮演重要角色。

第四章
熟悉的世界

不知道来到罗马的旅客,在欣赏古迹和宫殿的同时,是否注意到大量从古代存放至法西斯时代的拉丁铭文?他们读得懂这个"写了字的城市"吗?过去曾有人读懂吗?在18世纪,绝大多数是文盲的普洛凡斯人,常在他们置于教堂内的还愿物上,写下拉丁文 *ex voto*(源自许愿)。这个词常因拼错而变成 *et voto*,或受地方口音影响而变成 *es voto*。虽然这个拉丁词"对许多不识字的捐赠人而言,是一种描绘还愿情景的表意文字",但这个"表意文字"究竟给看的人留下什么印象?在很多版画上,艺术家的名字后头常附注 *delinavit*、*pinxit*(用于创作者)或 *sculpsit*(用于雕刻者),或是这几个字的缩写 *del.*、*pinx.*、*sculps.*。有人理解这些拉丁文的字面意义吗?还是它们的作用只是类似标志或符号,用来表明各艺术家的工作?过去常伴随建筑师的名字出现在纪念碑上的拉丁字 *fecit* 有意义吗?还是它只是一种"习俗",而且还根深柢固,甚至连法国大革命都无力根除?在意大利,法律用语拉丁化,对19世纪的新闻用语产生影响(尤其在政治领域),以致新闻体大量采用固有或派生的拉丁字和习语。这个惯例始终存在。几年前,在争论各政党应有平等机会使用电视媒体时，国会和新闻界都有人用了 *par condicio*（"平等条件"）这个词。同样地，有人认出这是拉丁文吗？

我们没有足够资料来回答上述一连串的问题，但除了表达形式各有特色外，这些问题其实同属于一个基本疑问：拉丁文的无所不在，没有让它变成"隐形物"吗？说得更确切些，尽管有相异性，难道它始终未被同化吗？无论如何，学校生活和宗教实践还是提供了一些基本材料，来回答这个非关语言技巧，而是与象征性的同化有关的问题。

一、信徒面对拉丁文：把听不懂的话化为己有

无论教会内外，都不乏揭露宗教仪式不合情理的评论：以信徒听不懂的语言施行礼仪，迫使信徒沦为鹦鹉、木头人、雕像，或用比较白话的说法，成为旁观者。事实上，直到不久前，拉丁文仍在天主教会中，支配着那些始终不认识它的信徒。

在上述修饰语暗示的沟通情境中（实际上是没有沟通的情境），听不懂的程度，更因信息产生的状况和接收者的文化处境等相关现象而加深。礼仪用的拉丁文长久以来对信徒而言，是一种听多于读的语言（虽然我们不应低估自某一特定时期开始使用的弥撒经本）。然而，在这个以口述为主的处境中，要准确领受主祭所说的话语绝非易事。弥撒的一部分是由背对着会众的司铎低声诵念；很多祈祷文（尤其在主日弥撒和大弥撒中使用的祷词）不是用诵念的，而是用唱的。此外，在缺乏近代技术支持的情况下，就算会场的结构本身对良好的听力毫无阻碍，司铎的声音（尽管训练有素）往往传不到教堂内最偏僻的角落。至于信徒，他们几乎没有本领让自己减少或跨越语言障碍。他们对信仰的认识（说得更确切些，在神学和礼

仪方面的知识）少得可怜；再者，直到不久前，大多数很少受过教育的信徒，都还无法从特别为他们译成本地语言的著作中得到很多帮助。即使很多信徒可能跨不过"模糊"认识的阶段，教理讲授、讲道和司铎必须在弥撒中提供的讲解，肯定已使仪式较不那么难懂；更何况在教会看来，这样就够了。

没有多大学问的平信徒，大都会依自己的分析方式解释教义（即信仰的奥秘），并译解成他们熟悉或至少是他们"理解"的描述。有关"民间"信仰的研究（在这领域极富教育意义），对语言的关注往往不若对仪式和祷词的重视。就算注意到拉丁文，也是从权力系统（权贵之士压迫贫穷人的标志）的角度来解析，并附上当代人（例如磨坊主曼诺西欧，或《约婚夫妻》的主人公兰佐）对这方面的抨击。这种诠释当然会强化拉丁文"是无法理解之物"的负面形象。我们将在下文再回头讨论这部分。尽管如此，绝大多数的信徒还是把这个无法理解或不大懂的语言化为己有。礼仪用的拉丁文变成一个熟悉的语言：不仅反复诵念产生习惯，而且同时使无法理解的话语也重新成为可理解的话语，即使本质上毫无意义可言。

复诵的力量

直到近代，教会始终支配人类的生活，从出生到死亡。主日弥撒和节庆礼仪的固定周期，加上同样的字句和声调不断重复，都有助于信徒习惯一个他们不懂的语言，使他们熟悉一个陌生的事物。

像这样熟悉拉丁文可以早早开始，诚如法国高级教士波舒哀（Bossuet）在他的教理书《给初学者的基督教教义节略本》中，针对小小孩提出的建议，"从他们（孩童）开始牙牙学语，就应该教他们学画十字圣号；让他们学讲拉丁文也是好的，这样他们从一出生就能习惯教会的语言"。在旧制度时期，学童的基础识读课（前文提过，常采用以拉丁文写的宗教作品）更助长了这个习惯。最后，主日的教理课也是孩童的一个机会，让他们学习（通常是熟记）《天主经》《万福马利亚》《使徒信经》《悔罪经》以及他们在弥撒中听到和轮到他们诵念的祈祷文。

对绝大多数不懂拉丁文的信徒来说，常望弥撒是大量吸收拉丁文的场合。自称"无知者"的法国女诗人诺埃尔（Marie Noël）（"我懂的拉丁文，不比母亲、祖母和她们的女佣来得多。"）对这种肯定不是她独有的经历，有绝妙的描述："这些重复过无数次的《造物主降临》《求主垂怜》《我心深处》《圣母颂歌》《赞美天主曲》及其他种种，早已在我们心中成为熟悉的财富。"此外，她的著作《内在的音符》，也让人领会何谓接触一个既不是用读的，也不是用讲的，而是用唱的语言，一个因而与背景音乐分不开的语言："住欧塞尔的小女孩开始……在聆听圣诞颂歌、令人心碎的独唱曲《圣母悼歌》之际……意识到这些歌词的力量。"而这些字句仍在大教堂的中殿回荡着，殿内华丽的装饰更加深歌词给人的印象。

当时我刚满9岁。她（祖母）带我一起上教堂。对我来说，这是进入一个崇高的世界，在另一个世界之外。在这里，上主与人交换闻所未闻且在其他国度毫无意义的话语。诸圣瞻礼节那天晚上，6点左右，我俩步入一片漆黑的大教堂。此时在巨大拱顶下，不再有所谓的开始或结束……钟楼内，丧钟当当响……欧塞尔大教堂令人赞叹的丧钟声，那悲凉低沉的钟声突然呜咽起来——令人心碎的五、六音，随即恢复寂静，经过几分钟焦虑不安，钟声再度响起，带着从不知名的苦难井和恐惧井舀出的阴郁泪水……与此同时，我们和司铎一同咏唱。

第四章　熟悉的世界　　　　　　　　　　　　131

因此，对诺埃尔而言（或许很多与她同时代的法国人也如此），教会的拉丁文既遥远（因为没学过，也不会讲），却又很亲近（因为常接触、诵念、咏唱）。虽是陌生的语言，却也是熟悉的方言。

历史学家杜菲（Eamon Duffy）针对英国在宗教改革前夕个人的信仰虔诚度所作的研究，结论和我们很相近。这项研究以《入门书》为依据，这些日课经在当时非常畅销，因为在卡克斯顿的原版和1530年新教徒首次发行之间，总计印刷次数约有114次。这么畅销难免有人提出质疑，这些《入门书》是用拉丁文写的，但买书人（指平信徒）却不谙或只懂一点这古老的语言。然而，他们之所以使用这些书，是基于书的性质，也就是含有用来诵念的祷词。的确，其中很多祈祷文对平信徒来说并不陌生，他们经常在弥撒中听到，所以在个人灵修时，能认出自己早已学会的经文。在许多不大懂或完全不懂拉丁文的使用者手中，这些《入门书》或许严格说来不是用来阅读的，而是被当作"一套提词，提示他们说出因不断聆听和诵念而熟记的祷词"。通过复诵，一些用陌生或不太熟悉的语言写成的经文，不再是完全陌生的文字。

译成可理解的话语

反复诵念可使信徒熟悉弥撒的拉丁文祷词，然而，这举动却不见得让信徒确实理解自己所说和听到的话。这并不表示不懂拉丁文的"头脑简单者"是一群被动的会众，只会盲目跟着诵念和吟唱。事实上，无论在诵念公祷或在回应司铎时，信徒并非总是在一场无法理解的礼仪过程中当沉默的旁观者，或像学舌鹦鹉，不知所以地复诵听不懂的字句。相反地，他们用自己的方式，积极"参与"所列席的仪式。他们把听到的声音，译成自己熟悉的话语或对自己有意义的字眼。这里发挥的是人类为理解现实事物，而惯常使用的一种过程：化不知道为知道。以下三个例子有助于理解这种过程如何运作。

第一个例子来自托斯卡纳。在这里，诵念《天主经》孕育出一系列古怪（至少从未出现在教会的正式文书中）的人物。*Santificetur*（尊为至圣）衍生出*Santo Ficè*（圣菲塞），*da nobis hodie*（今日赐给我们）变成某某*donna Bisodia*（比索迪雅夫人），而*et ne nos inducas*（又不许我们陷于），则在特内诺斯地区被以为是一种很奇怪的生物，因为有人想象它被埋在*in du'casse*（两个棺材里）。这些空想出来的东西（如果它们确实出自误解），绝不像有人说的，是起因于信徒"缺乏参与"；相反地，它们呈现出信徒有一种或许既天真又笨拙，但肯定坚决的愿望，就是想要把一个因为语言障碍而无法理解字面意义，甚至变成只是声音表现的现实事物，译成可理解的字眼，好让自己能参与仪式。

另一个类似的运作过程，是从《圣经》和宗教仪式中衍生出单字和词句，这点我们可从20世纪初的卢加方言中找到例证。虽然有些人显得完全不了解字面意义，但他们同时也表现出为了掌握一个陌生语言而做的努力：用通俗语言把陌生字眼改编成熟悉的说法。因此，*Homo natus de muliere*（人为妇人所生，见《圣经·约伯记》14章1节），变成常见的宿命论：*omo nato deve morire*（人生来总有一死）。另外，有人转述一位"可怜的妇人"将《万福马利亚》的最后几个字，*nunc et in hora mortis nostrae. Amen*（现在和我们临终时，阿们）说成*la'ncatenò e la morse e noster amme*（把她拴起来，咬她，然后我们……？）。

同样的同化现象，可见于法国作家艾利亚斯（Jakez Hélias）对故乡（位于不列塔尼）主日弥撒的描述。在20世纪20年代，只说不列塔尼语的普尔德勒齐居民，在主日弥撒中必须应付拉丁文这个难以理解的特殊语言。事实上，只有司铎才说拉丁文，也只有主日和节庆时才听得到拉丁文。然而，居民对这个难以理解的高级语言绝不陌生。他们赋予它的名称"主日的不列塔尼语"，正说明了他们努力把一个不知道或不完全知道的现实事物化为己有，把它转化成自己的语言；比较明显的是信徒在崇拜仪式中的态度。"（他们）看起来好像很熟悉这个语言，"艾利亚斯写道：

> 因为他们齐声回应主祭，从不失误。因此，我们（孩子们）靠着从拉丁音乐中勉强听到，且近似我们母语的几个字，努力把这种弥撒专用的不列塔尼语，归并为日常用的语言。
>
> 这就是为什么我们对Dies irae, dies ilia（［天主］愤怒的日子，这些日子）这句话感同身受。在不列塔尼语，diêz的意思是"困难"，我们对此深表赞同：这一切并不容易，我们绝对有理由一再讲这个字。唉！其他的我们全忘了。通过教理书和耶稣受难图，我们得知有一号可悲的人物名叫彼拉多。因此在咏唱《使徒信经》时，我们会大声叫出Pontio Pilato（"彼拉多"），以示我们对他的行为很不以为然。大人也会这么做。Pilate这个名字怎会永远听起来都这么怪，而耶稣基督的名字却总是很入耳，就像是不列塔尼语呢？或许是因为我们长期在主日讲道、祈祷文和赞美诗中听到Kristen（基督徒）这个字吧。不过，pilad在不列塔尼语是"颠覆"之意。这该死的彼拉多，就是那个把基督推倒的家伙……
>
> 可是算一算我们少得可怜的知识，还不知有多少问题待解呢！例如，我们虔诚咏唱弥撒祷文中的起句Kirie eleison（主，矜怜我们！）……却始终纳闷这所有的二轮马车和弥撒庆典有什么关系。这是因为我们明明听到Kirie eleiz'so（有许许多多二

轮马车），却从未见过其中任何一辆是什么模样。教堂内外都没看见。唉！怎么搞的！

虽然把弥撒语言"归并为"不列塔尼语，难免引发"纳闷"，而"转化"也绝不保证能正确理解礼仪经文的信息，这种做法仍属于信徒单方面的积极态度，并确实由他们咏唱时表现出来的虔诚、齐声回应主祭，且"从不失误"流露出来。相较之下，同一群会众在聆听以本地语言，也就是"日常用的不列塔尼语"宣说的讲道时，所呈现的"心不在焉"和"无聊"，反而形成强烈的对比，借这个例子，我们隐约看见这个问题（指信徒对宗教生活的参与度）的另一面，当然不是从神学家的观点，而是从"头脑简单者"（即大多数天主教教民）的角度来思考。虽然"化不知道为知道"对大多数信徒来说，有助于熟悉一个用学者的语言表达并实践的宗教，但有时就算没有这个译解的动作，信徒也会把不知道的事化为己有。

"神秘"的魔力

当诺埃尔描述欧塞尔大教堂举行弥撒那天，犹如"一个崇高的世界，在另一个世界之外。在这里，上主与人交换闻所未闻且在其他国度毫无意义的话语"时，她突显了教会的拉丁文在许多信徒心中所具有的神秘面。不过，有人认为拉丁文的这项特征，对基督教教民的灵修生活有利：神秘、崇敬和宗教情感相辅相成（请参阅第二章引述的夏多布里昂、麦斯特和盖朗洁的文章）。虽然，反对启蒙运动强调的理性至上，和营造一个可感知且诉诸情感的信仰，都有利于这项移归拉丁文的功能充分发展，但这部分早已是公认的事实。不用追溯到中世纪，我们只需回想在天特会议中，有些人特别强调陌生语言能激发敬畏之心,他们断言当上主的话被人对自己完全不懂的事物所怀有的敬意环绕时,更有功效;而在天特会议决议后,一些反对本地语言《圣经》的作者,也再三强调拉丁文和"对上主的话语应有的崇敬"之间的关系,学者的语言"使'信仰的奥秘'免受那些容易忽略自己熟悉且常见之事的人藐视"。

此外,会众在礼仪中听到的拉丁文,也因其背景条件而使人敬重。事实上,拉丁文属于非凡事物(按字面意义来说)。在乡下团体,当和日常生活完全分割的崇拜仪式,在一栋无论规模或格局,都比其他大部分建筑物突出的大教堂进行时,会众只从司铎口中才听得到拉丁文;即使教师的"另一个我"在第三共和政体统治下,也不说拉丁文。此外,与拉丁文并存的,还有呈现庄严的举动,以及出身低微的人看来确实很华丽的弥撒用品和装饰品。

这种由拉丁文而生的崇敬(这就是艾利亚斯笔下,不列塔尼农民的感受),完全符合"充满神秘的宗教信仰"这个概念,尽管后者从神学观点来看是谬误的,却是许多信徒的想法。1946年,拉丁文支持者在回应期刊《基督徒的见证》针对礼仪语言的调查时,对这方面的回复毫不含糊。"我虽然不懂但我赞赏,这和我们相信三位一体完全一样。"一位住福尔巴克的受访者写道。另一位谈到"这股神秘的气氛,和我们信仰的奥秘很相配"。还有一位来自阿维尼翁的读者,先是强调在他看来使拉丁文优于法文的特征("更虔诚的气氛、更神秘的精神,更神秘的语调"),再从灵修的角度,对照"强调理性至上"的今日和"讲求神秘"的昔日:

> 我们这个时代,文艺复兴时期的后代,想要阐明一切、了解一切。这是很严重的……想以人而不是以上主为礼仪的中心,何等谬误啊!你们当重新唤起神圣的、无限的感觉,让当

代人体验一下，这样他们就不会再埋怨拉丁文了。

我们哪个祖先不是在有庞大石柱的阴暗大厅堂里祷告的？然而，那才是真正有信仰的时代。

对支持者而言，拉丁文对于使礼仪充满神秘气氛贡献良多。在他们眼中，拉丁文是"奥秘的屏障，是设在人类智慧前的界限，为的是提升信仰的庄严和世人应对信仰至上的崇敬"。有人推测这些多少有点笨拙的词句，是从盖朗洁的著作抄来的。他们也借此推断当时用来搭配礼仪的论据（庄严、奥秘和神秘），在信徒心中究竟有多少力量。它们加深了信徒对圣事的崇敬。

怪不得结合了奥秘和神秘的礼仪，在某些人看来像在念咒；难怪司铎用众人不大懂或完全无法理解的语言说出来的话（甚至这语言本身和日常用语完全不同），会让人觉得好像有一股内在的神奇力量。即使在神学上是谬误的，这种对基督教礼仪的诠释却依然存在，而且引起某些思索文化语言的天主教作家注意。"由不懂拉丁文的人来使用这个语言……"文图里（Venturi）写道，"可能引起无意识的动作，而这和我们在魔术界见到的情况很类似。"

关于这点，英国有很值得注意的例子。根据杜菲的研究，在十六七世纪，《入门书》不仅是用来诵念的祈祷书，而且具有像圣物一样的功能。对不懂拉丁文的使用者来说，确实有那种迹象。从封面来看，它们近似祭台上用的书，书里含有一些圣像，其中有些能使人罪得赦免。书中收录很多在大弥撒中诵唱的经文。祈祷文甚至是用司铎在祭台上使用的语言写成的；这也是《圣经》的语言，即上主的语言。由此可见，拉丁文公认的内在力量，以及通过它，这些《入门书》的祷词所蕴含的功效。书中以当地方言写的"礼规"（指出书中确切的字句已显示特别灵验，或蒙上主和圣徒喜悦等），更突显了这个功效。

因此，《入门书》反映出一种教会概念。对大多数人来说，教会就像一个充满神奇力量的大宝库，能为世俗的需要敞开大门。虽然神学家谴责这种看法，并把魔力和信仰划清界限，"头脑简单的人"还是把神奇面和敬虔的仪式混为一谈；在这里，使用一个陌生而神秘的语言，不会没有助长这种同化心理。诚如历史学家托玛（Keith Thomas）所讲的，关于这点，宗教改革同时是一种决裂和一个带有启示的特例。基督教新教公开弃绝圣事的神奇面和其他的祝圣方式，为使信徒和上主建立直接关系，新教努力消灭所有关于信仰具有神奇面的信念，力求消除教会仪式本身具有某种几乎是无意识效能的想法。再者，为减少正式祷词听起来有念咒之嫌，新教放弃拉丁文，改采本地语言。虽然这场改革运动并未立即且完全得胜，它还是很快就使信众对整个含有神奇意味的宗教仪式产生厌倦。然而，这场与熟悉的秩序决裂的运动，毕竟发生在一个对信众而言，实践重于相信的时代，成套的礼仪使生活具有一定的结构，而且通过这些仪式，人可以支取源源不绝的超自然援助。信仰或许有所改变，但人必须面对的问题却依然存在。在这种情况下，具神奇性质的宗教实践当然不可能朝夕间消失。因此，单就拉丁文而言，使用这个语言来宣读天主教祈祷文，长期以来始终是给病人的神奇疗法中常见的成分。同样地，被视为能保护人或动物的魔法、用于收回失去或失窃财物的口诀，也都含有摘自这些祷词的拉丁文字句，甚至伴随诵念这些字句。

对照宗教改革运动，和隔了四个世纪的梵二大公会议（借改变礼仪，建立"活出天主教教义的新方式"）后不久天主教会的一些反应，并不是没有道理的。因实施新礼仪而必须断绝长期学来的习惯，让一些信徒产生适应困难，并对熟悉的世界消失感到痛惜。

"他们喜欢这些自己也不大懂，"罗盖（A.-M. Roguet）神父写道，"但很熟悉、能唤起童年回忆、抚慰宗教情感的礼拜仪式。最理想的状况是，人到教会祷告，而寻得一个远离生活难处和烦忧的避难所。"孔加尔神父也注意到，信徒之所以对整个改变表示厌恶，原因还包括"在信仰中寻找安全感的自然需要，而这需要本身也应受尊重"。然而对信徒来说，这安全感存在于"祖先奉行的一种未被理解的礼仪中……在使用一个死语言中，在一连串渐渐失去……所有意义的举动中"，简言之，在仪式中更甚于在信仰中。一旦以日常用语表达，礼仪还具有权威和能力吗？

在阅读《基督徒的见证》1946年的调查报告时，有些回答可能令人疑惑。一些受访者虽然赞成圣事用的祈祷文采用译本，却不容许改变所谓的"基本"用语，像是 *Ego te baptizo*（我为你施洗）或 *Dominus noster Jesus Christus te absolvat*（我们的主耶稣基督宽恕你），这些话绝对要保持拉丁文。这种态度使评论这项调查的马蒂莫（Mgr Martimort）愤怒不解："若有无人敢坚持以拉丁文作为仪式语言的圣事，那就是婚礼了……对一个基督徒而言，知道自己奉三一神的名受洗，难道不是他一生的明确方向吗……？"马蒂莫忽略了有些信徒宁愿这些拉丁用语发挥神奇仪式的作用。对他们来说，只要化为声音，它们本身就很灵验。除了听起来可能较不庄严外（这点不无影响），使用本地语言会有相同的效果吗？难以理解是有意义的。把礼仪译成日常用语，对一些信徒来说，不仅剥夺了它的权威标志，也因此使它失去效能。撇开反教权的意味不谈，法国作曲家布拉松（Georges Brassens）的歌《圣水缸里的风暴》，表达了天主教徒在梵二大公会议后不久可能有的心声：

Sans le latin, sans le latin,

Plus de mystère magique.
Le rite qui nous envoûte
S'avère alors anodin.

（没了拉丁文，没了拉丁文，
就再也没有神奇的奥秘。
那令我们着迷的仪式，
从此显得平淡无奇。）

　　拉丁文"消失"所代表的含义，远胜于断绝平凡的习惯和单纯的机械动作，它扰乱了一个精神世界。在这里，这个难以理解的语言已被完全化为己有。对那些按夏多布里昂的分析，倾向于认为"含糊不清使祷告具有魔力……"的信徒来说，不认识的字具有咒语的价值（这里，我们应想想用拉丁文画十字圣号代表什么意义），有助于实现他们的愿望。在本地语言礼仪引发的若干反应中，除了感到有些庸俗乏味外，难道没有一种领会（或许很模糊），是觉得自己和圣事建立了新的关系，却反常地比原有的关系还要生疏吗？既然"生活中的难处和烦忧依然存在"，一些不通晓拉丁文的人，也只能在具有拉丁文传统的熟悉世界中寻找避难所。

二、学童面对拉丁文：俘虏怪物

　　直到20世纪60年代，大多数接受中等教育的孩子都得应付拉丁文，而且一学就是好几年。我们无须追溯到旧制度时期（拉丁文和识读课如胶似漆的时代），只要想想即使在19世纪末，将近七岁的孩童仍被送去学拉丁文，而且直到中学毕业（也就是十七八岁左右）才能摆脱它。此外，在这将近十年期间，至少从耗在学习的时间，和学校指派的翻译作业、拉丁文作文、背诵文章的数量来说，这项学科简直就是他的家常便饭。即使这古老的语言开始在教学中失去重要性，它依然是学校课程的基本学科；在20世纪60年代，学生通常还得学个六七年的拉丁文。再者，对于生长在天主教环境中的孩童来说，从教理课学到或在弥撒中听到的祈祷文，都有助于提早对拉丁文产生熟悉感：上中学后，他们不会发现有一门学科很陌生而因此感到不安，相反地，套句美国小说家麦卡锡的话，他们又见到了"老朋友"。

然而，这个向来伴随青少年时期的拉丁文，却没有一天显得特别吸引人。拉丁文教学（以高度文法导向为主，基于语言学或道德教育考量选出的教材为辅），普遍都很严苛。此严厉景象几乎已经得到证实，稍后我们将从艰难的基础课程和平庸的学习成绩，深入探讨这部分。怪不得拉丁文会被想象成奇怪甚至像怪物一样的东西，因为它的某些特性使它完全无法和地方母语相提并论。例如，有人用漫画手法，把拉丁文的动词变格（相较于英语的用法，前者实在深奥莫测）描绘成一个外来物，神色惊慌地"攻击温和的代名词"，但最后被象征维多利亚时代的语法学家肯尼迪（Benjamin Kennedy）俘虏。学童也用自己的方式，象征性地做了同样的动作。他们"俘虏了"学校教的拉丁文，将它纳入自己的世界或按个人需要加以改编。他们使它变得比较可亲，就算做不到，至少也比较不可怕。

相反的想象

借这句直接从英国心理学家赫德生（Liam Hudson）的书名撷取的词语，我将指出小学生对他们领受的拉丁文教育有哪些反应。

这里并不是要评断他们的表现或程度，而是要说明孩子（通常年纪还很小）如何领会老师或书本的教导，面对这些权威时又有什么反应。不过，他们绝非消极的接收者或忠实译者，而是按自己的方式译解所学，用自以为有意义的话加以阐明，并吸收成为自己世界的一部分。这种译解和同化的过程，不但有助于掌握一个被迫（就这个词最原始的含义而言）学习的拉丁文，也有助于忍受那似乎是历代学童命中注定的恐惧、厌恶和乏味感。

玩游戏是最早出现的一种反应。瑞典国王查理十二世幼时，曾玩一种假扮建造罗马城墙的孪生兄弟罗慕路斯与雷穆斯，或是凯撒大帝过莱茵河的游戏。说到假扮凯撒大帝，他的年轻侍从如此描述："他把一排障碍物放在宫内庭园的小溪上，当他用小马刀杀我的时候，我没有主动掉进水里或泥浆中，他气得直抗议。"这就是年幼的王子应用所学的方式；这项拉丁文教学多半以阅读古代作家的著作为主（尤其是一流历史学家的作品），其中有关凯撒大帝的文章，读起来往往给人一种亲临战场的感觉。

拉丁文的基础课程通常以文法的分量最重，初学者必须努力熟记繁杂的规则。针对这点，有教师认为把文法规则"改写成诗"，能有效地帮助学生记忆，但这种方法往往引起反效果，在学生心中造成极度混乱，正如法国哲学家卢梭的控诉："那些怪里怪气的诗句让我恶心，也背不起来。"这是因为这些诗句缺乏便于熟记的音质。不过，也有学童想办法为它们谱曲，将自己熟悉的曲调套用在文法规则严肃的解说上。由此产生的感受迥然不同，像霍比（Edward Hornby）就始终记得名词的性别规则。

> 过去这六十七年来，这些如小珍珠般的英文诗句，仍深深印在我脑海中……

Third Nouns Masculine Prefer

endings *o*, *or*, *os* and *er*,

add to which the ending es,

if its Cases have increase.

（第三组变化的阳性名词较喜欢-o，-or，-os和-er的词尾；若"格"增为复数，则加上-es的词尾形式。）

或许你不觉得这有什么特别，不妨听听以下几个特例悦耳的声调：

many neuters end in *er*,

siler, acer, verber, ver

tuber, uber, and *cadaver*

piper, iter and *papaver*

（很多中性名词以-er结尾，

绵柳树、枫树、棍杖、春天

肿瘤、胸部、尸体

胡椒、街道、罂粟花。）

以下是我最喜爱的一段，是用优美诗句写成的一项文法规则。

Third Nouns Feminine we class

ending *is*, *x*, *aus* and *as*,

s to consonant appended,

es in flexion unextended.

（第三组变化的阴性名词分别有

-is, -x, -aus和-as的词尾形式，
前有子音者以-s结尾，
未引申的词尾变化以-es结尾。）

我们习惯……在吃完早餐后，排队……上厕所的时候，学这些文法规则……我们用赞美诗第520首《圣爱超越世俗之爱》的曲调，吟唱这些规则。

比利时名歌手布雷尔（Jacques Brel）曾把*rosa*的词尾变化——包括单、复数，主格、所有格、宾格、与格、夺格、呼格等变化形式——应用在歌曲中，而将上述辅助初级拉丁文课程的音乐"基础"完美衬托出来。对历代法国学童而言，这个范例就象征着拉丁文。

C'est le plus vieux tango du monde
Celui que les têtes blondes
Anonnent comme une ronde
En apprenant leur latin.
（这是世上最古老的探戈舞曲
金发的小学生们
结结巴巴背诵拉丁文
犹如唱一首轮唱曲。）

一首儿童的"轮唱曲"，除去了踏进严肃刻苦的拉丁文文法世界的戏剧性；第一组词尾变化变成简单的间奏曲，在副歌进行之际，由为歌手伴唱的儿童合唱团完美呈现：

Rosa rosa rosam
Rosae rosae rosa
Rosae rosae rosas
Rosarum rosis rosis.

在这种借音乐节奏熟记语法变化的练习中，文法规则终于变成只是一堆声音的集合体；是调性不同产生意义，并［例如，就擅长五行打油诗的托恩内里（Thomas Thornely）而言］指出词所要的"格"：夺格用低音，宾格用高音。

有谁年少时，不曾被支配夺格的拉丁介词之歌所散发的庄严气氛感动？

A, ab, absque, coram, de
Palam, clam, cum, ex et e
Tenus, sine, pro er prae.

在这堆没有意义的音节中，我们仿佛听到"震怒之日"如雷鸣般缓缓的轰隆声，于是我们自然而然地，以召唤宾格的介词组轻快的步调来反衬它。

正如把文法规则化为己有，孩子也征服拉丁文的世界，使它屈服于他们的用法，拉丁文成了中学生取用名称和绰号的宝库。在法国，有很多学校叫公立男子中学校长*Peto*（拉丁文的意思是"我要求"），叫学监*Cato*以纪念古罗马著名的法官加图（*Marcus Porcius Cato*）；而字典，学拉丁文的年轻学子特有的伙伴，则变成*dico*,

第四章 熟悉的世界 145

这名称不仅是该字本身的缩写，也是从动词借来的词，其拉丁文的意思是"我说"。在善贝里，考第一名的同学别号叫*mec plus ultra*（状元）。拉恩中学在法国历史学家拉维斯（Lavisse）就读期间，校长的绰号是*dico*，而我们这位未来的史学家，由于在翻译罗马勇士赫拉提乌斯·科克勒（Horatius Cocles）的故事时犯了一个错，有段时间必须顶着这位古代人物的名衔。

通过拉维斯的例子，我们可以来衡量，翻译少量文章可使学生对罗马史中著名的插曲和故事主角熟悉到什么程度，以及它们如何遭受歪曲。在法国作家瓦莱斯（Vallès）批判传统教育的著作《童年》中，罗马捍卫者穆裘斯（Mucius Scaevola）的名字遭到"曲解"，甚至被丑化成Cervelas（"一种粗短香肠"）。《卡提利纳》第一部的开场白*Quousque tandem*（这段文字肯定是学校界的一个"回忆场景"），曾引发很多滑稽联想。因此，在法国幽默作家阿莱（Allais）笔下，我们读到如下文字：

> 不用追溯到多么远古早期的年代，*tandem*[①]，这个你们拿来当神拜的知名*tandem*，是一种在古罗马时代常见（说"奔跑"更贴切）的车子。
>
> 当时最受欢迎的一种马车厂牌就是*Quousque tandem*，撇开其他人不谈，卡提利纳兄弟那伙人都用这一款。
>
> 当西塞罗（请参阅《卡提利纳》第一部）跟卡提利纳等人提到*Quousque tandem*时，他该说的都说了。
>
> 而且他（即西塞罗）还补了一句*abutere patientia nostra*（你

[①] *Quousque tandem*在拉丁文的意思是"终究要到几时？"；*tandem*一字的拉丁文含义是"终究"，但在法文旧时指"两匹马前后纵列拉的双轮马车"，现指"协力车"。

妄用我们的容忍），意思是："卡提利纳兄弟那伙人要到什么时候，才不再用他们危险的 *Quousque tandem* 搅扰我们？……"

借这段精彩的对白，阿莱（附带一提，他本身精通拉丁文）对有学问的读者群，也就是拥有相同文化背景，而且能重温一段共享往事的人，开了个玩笑。法国作家罗曼（Jules Romains）在著作《伙伴》中，以滑稽模仿的笔调插入的拉丁文谈话，有异曲同工之妙：他嘲讽真正的拉丁文知识，并通过愚弄，讥笑在最优秀的高等师范学校传统中领受的拉丁文教育。

对某些中学生而言，在学校学的拉丁文，也是他们在小礼拜堂或食堂里常听到的拉丁文。这里免不了又有文字游戏和其他笑话。在法国作家克劳德·西蒙（Claude Simon）的著作《历史》中，当叙事者的同伴兰伯特（Lambert）在为学监辅弥撒时，

> 他声嘶力竭地大声唱，从未错过以 une Bite y est dans le caleçon（内裤里有一阳具）取代 *Kyrie Eleïsson*（《垂怜经》），或以 Bonne Biroute à Toto（托托的大阳具）取代 *Et Cum spiritu Tuo*（也和你的心灵同在），差不多每种应答轮唱的颂歌，他都有一套像这样的改编版，每一次几乎都这么强而有力，像是以 En trou si beau adultère est béni（在私处的幽美奸情有福了）取代 *Introibo ad altare Dei*（我将进到天主的祭坛前）……

这"大量的同音异义词和字母或音节的戏谑性倒置（似乎通过语言的戏法，能把他从母亲传给他的信仰和教理问答课解放出来）"，也是对教师权威的一种挑战，只不过这种造反是以完全被转化的拉丁文进行。

和这些文章和字句一样，课本和其他有关基础拉丁文的书籍，也属于学童熟悉的这个世界。在法国，绝大多数的中学生，都极度依赖为他们带来一切希望的加菲奥版《拉丁法文词典》。在英国，19世纪末最受"公学"重视的语法书，是肯尼迪的《简明拉丁文入门书》(Shorter Latin Primer)，当时学生普遍给这本书取名叫"吃脆饼入门书"(Shortbread Eating Primer)。这么夸张的措辞，不但说明了学生运用的译解过程，也象征他们将拉丁文同化。最后，也有学生把老师教的拉丁文变成一种密码，用来反击老师。蒙泰朗（Montherlant）在叙述中学的回忆时，提到一位朋友："我们常用拉丁文，好让老师搞不懂我们。"

就连犯错也不再是羞愧的原因，而是变成令人回想起来几乎引以为傲的光荣标志。"我对课堂上说的、做的都一窍不通，"法朗士（Anatole France）在回忆中学时代时写道，"我忽略最有用的原则、无视最基本的规则，写出完全不符合精确、优美简洁和简明条件的译文。从我笔下生出的文章充满了句法错误、不纯正的语词、词义上的误解和误译。"法国诗人魏尔兰（Verlaine）在叙述自己初学拉丁文的一桩逸事时，也表现出类似的自满。当他学到"及物动词的第二组动词变位"时，老师问他：

"魏尔兰，列举legere（'阅读'）的词形变化。"
"lego，我读；legis，你读；……"
"很好。未完成过去式呢？"
"legebam，我读了；……"
"好极了。过去式呢？"
（当时我呀，才刚学完第一组动词变位。）
"legavi……"

"你说什么？legavi？"

"是lexi啦。"一位拉丁文比我"强"的同学，好心好意低声说道。

于是我信心十足地说：

"老师，是lexi。"

"legavi! lexi!"老师一字不漏地吼出来……与此同时，一串被猛力丢过来的钥匙打在我抱头紧缩的左侧墙上，紧接着一本由诺埃尔和基什拉编的词典，蛮大一本，被摔烂在我右侧的墙上。

因此，为学校生活留下深刻印象的不纯正语词（barbarisme）和句法错误（solécisme）转变成战利品，至少成了法国中学生的用语barbos和solos，多少除去了当时不怎么严重的错误的夸张成分。

发现性欲

在近代欧洲，儿童所受的教育直到最近仍有强烈的假道学特色。谦恭有礼、合宜的举止和廉耻心联合起来，让人闭口不谈解剖学或性方面的事实，或用迂回的方式来谈。然而，有些古代作家往往用很露骨或至少非常直接的方式表达这类主题。怪不得这些作品会吸引正值青春期的中学生注意，像是在《历史》中，叙事者和他的同学思忖阿普列乌斯（拉丁语讽刺文学作家）的著作《金驴》中最淫秽的段落，而那本书正是叙事者悄悄从舅舅的书房中拿走的。

这些开向一个未知世界的读物，因为新发现混合了禁果的香味，而引发更强烈的情感。夏多布里昂曾忆起"一篇未经洗练的贺拉斯作品，和《邪恶的告解》中的一段故事"，在他心中留下的深刻印象（"我本人的革命性剧变"）。在那之后，《伊尼德记》中

第四章　熟悉的世界

有关狄多的插曲、吕克里修斯的诗"埃涅阿斯众子的母亲，人与神的快感"，都使这位少年心烦意乱。但读一篇偷来的提布卢斯（Tibulle）（拉丁语诗人）的作品，带给他的影响更是强烈："读到 *Quam iuvat immites ventos audire cubantem*（躺在床上听那狂野的风声，多享受啊）的时候，种种快感和伤感似乎唤醒了我的本性。"在这里，作者省略的原文下一句"并温柔地把情妇搂在怀里"，才是真正令他情绪激动的根源。

通过阅读一篇"未经洗练"的贺拉斯作品（等于把"风险"捧在手中），年少的夏多布里昂发现了性欲。这是因为长久以来，教科书版本删去了一切被视为不合宜或有违道德的内容，也就是露骨或猥亵的字眼、解剖学方面的详尽描述、性生活的情节。也因此，删节、重新编写、轻描淡写的翻译，成了拉丁语诗人马提亚尔（Martial）、泰伦斯、贺斯拉或罗马讽刺作家尤维纳（Juvénal）的共同命运。这些做法（后面我们将进一步描述分析），是为了让教科书的文章符合世人对古代文化的崇高想法，并完全配合学校教育的道德目标。我们不应刺激孩子幼嫩的心灵，更要避免提供他们有害的思想。然而，这些版本往往造成反效果，它们激发青少年的好奇心，诱使他们读完整的版本，而且是具有限制级内容的作品。

在20世纪20年代末期，我读中学的时候，[勒韦丹（Reverdin）教授回忆时说道]我们读阿歇特（Hachette）出版社发行的贺拉斯作品，也就是教科书版本。其中有段故事叙述作者到布林迪西旅行途中，等一位女孩等了很久，对方终未出现；因为空等待而恼怒的这位诗人，最后射精并弄脏了床铺。这一段早就删掉了，但不知是基于坦率还是诚实，诗句的编号并没有修改。当被问到脱漏之处讲些什么的时候，拉丁文老师嘟哝了半天，拒绝告诉我们。于是我们想办法弄到含译文的完整版，我敢打赌这段被删掉的段落，是贺拉斯所有作品中，我们大多数同学今日唯一记得的一段。

这类教科书版本中，有些甚至引人落入原本要防备的诱惑。例如英国诗人拜伦就读哈洛中学时，学校采用的拉丁语诗选。删除的段落被移到书末。不用说，少年人当然先读这部分。1979年，有人在一场讨论会上提起这个著名的例子时，莫米葛利亚诺（Momigliano）教授以招供的口吻叫道："意大利也是，我们也用过那种版本！"

和这些作品一样，拉丁文—本地语言词典也是青少年幻想的伙伴。它不只是翻译初学者不可或缺的工具，也是查询"露骨和解剖学上的字眼"时，必定翻阅探究的书籍。这正是《历史》一书中，叙事者的回忆：

……激动直达内心深处直通我的 *inguinum*（腹股沟、下腹部）最深处/呼吸词典页面上落满灰尘且枯燥的气味/书角因被舔过的手指翻阅而像绒毛般倒竖，寻找发烫的双颊（令人上气不接下气的句子/现在分词相继出现、紧紧挨着、堆在一块儿，呼吸急促，发热，*lacinia remota impatientiam mea monstrans*：撩起我衣服的下摆，把衣服往上拉，掀开它，把它露出来，念空白处 *jam proximante vehementer intentus* 看我如何/驴子的阴茎举起/痛苦盲目难以忍受 *oppido formoso ne nervus*）手指从上到下在词典各栏间迅速移动，泛黄的页面，字里行间有：

cubile（床榻）

flora（花神）

fomosus（长得好、外形艳丽）

nympha（仙女）……

后面写道："手指，指甲停在粗体字下方：筋、腱、韧带、男性生殖器、神经……"

甜蜜的回忆

通过童年的棱镜，拉丁文终于得到理解，并为回忆往事的成年人唤起一段快乐的时光。这正是布雷尔的歌*Rosa*给人的印象；尽管这位歌手年少时，学习表现可能奇差无比：

那是我考最后一名的时代
…………
那是零鸭蛋时代的探戈舞曲
我有那么多粗的细的零鸭蛋。

因此，几年来的学校生活，让人在回忆中听见一首迥然不同的乐曲：

……那是蒙福时代的探戈舞曲
……那是我们悼念的探戈舞曲。

回想第一组词尾变化的范例（不只是拉丁语文化的标志，也是仅存记忆的象征），使得因回忆的甜蜜而改观的中学时代重新浮现。美国作家希金森（T. Higginson）在阁楼的箱子里再见到拉丁文文法书时，也体验到类似的感受："我最亲爱的拉丁文老书，有着我年少时期春天的桧木花香。"麦卡锡于自传中回忆自己在青少年时期酷爱凯撒大帝,进而对拉丁文文法感兴趣。"因此,"她写道,"今日我无法看着独立夺格句或间接语段,而不噙着幸福的泪水。"

在好些我们所谓"新小说家"的著作中,拉丁文(用来表示"虚构的童年")常成为叙事背景。它不断在成年人的回忆里、在陈述一个字、阅读一段铭文、凝视一张相片之际反复出现;甚至对近代战事的回忆,也夹杂着对其他更早以前的战争(通过学校翻译习作认识的古代战役)的模糊记忆。单单这样呈现(以持续低音的形式),就说明了如何同化一个频繁接触好几年的语言:把不是始终理解,但肯定变得很熟悉的拉丁文同化。

第二部分

能力与表现

引　言

　　从文艺复兴到20世纪中叶，拉丁文始终是西方文化的特征，是联结各国文化的要素。尽管各国之间难免有差异，拉丁文在天主教和新教地区，对思想界仍有同样持久的影响。虽然年表依地理区域和文化领域而异，虽然拉丁文随着时间失去在学术创作与交流中的独占权，但它仍继续保有巩固的地位，各地学校直到不久前也仍是它的坚固堡垒。虽然，拉丁文也曾遭逢对手，但它长久以来都是得胜者，而它的衰落也不是没有阻力。拉丁文的这种"浸透"，让人对一个属于日常环境，甚至从一开始受教育就接触的语言，维持一定的熟悉感；单单对各地精英有价值的事，对天主教国家全体教民同样有价值。因着这种普遍存在，拉丁文成了名副其实的"欧洲符号"[套句麦斯特（Maistre）巧妙的措辞]。这句话诱使人一探这个印记的真实性。

　　肯定是真的，只要浏览伊瑟文（Jozef Ijsewijn）制作的图书目录就够了。目录中有数百个，甚至数千个文人或学者的名字，这些人自人文主义时代以来，就用拉丁文写作。而且，这些还只是我们今日称为作家的人，以及在各知识领域中展现文学才华的学者（即使他们的表现平庸）。在这些名字后面，我们发现大量附有插图的各类作品；虽然模仿古代风格往往很吃力，即使并非一流原创，仍有一些作品展现非凡的精湛技巧。

伊氏的目录除了揭露现代拉丁文学的成就外，也记录了它的极限，首先是在年表方面。18世纪以后，在本地语言著作的强势竞争下，这方面的作品显著减少。虽然伊瑟文在"前言"中评道："现代拉丁文学的重要时代，是由15世纪持续到19世纪。"但在针对不同国家的个别探讨中，他不得不坦率地一再重提"终结点"，或很仓促地一笔带过17世纪中叶。当时，拉丁文作家已非常罕见，出版物的数量也不多，虽然仍看得到精湛的写作技巧，名著的时代似已结束。在19世纪的转折点，意大利古典诗人帕斯科里（Giovanni Pascoli）俨然是例外。不过，他的拉丁诗只有一小群人欣赏，而这位"官方诗人"的名望其实全靠他的本地语言著作。年表的界限（大概以18世纪为准）夹杂着社会学上的变化。此后，拉丁文作家主要源自两种环境：学校和教育界、以耶稣会为首的教会，和聚集两者的协会团体。这种演变对常用的体裁不无影响：学校戏剧、大学雄辩术和诗（尤其短诗）聚集最多人才。

在这一点上，法国的情形具有象征性。事情发生在17世纪下半叶。路易十四执政之初，拉丁文学（尤其是诗）仍在发展，而且的确引人注目。例如，1662年，作家夏普兰（Chapelain）把许多现代拉丁文作家列入接受法王津贴的文人名单上。不过，当时几乎不再有人采用大型体裁，大多数作品都是讽刺短诗、哀歌、讽刺诗、哀悼文和墓志铭。约二十年后，哲学家培尔（Bayle）在研究当代作品时指出，拉丁诗已"咽下最后一口气"。即使是古代作家的支持者布瓦洛（Boileau）（文学评论家），也表明反对这些"借重新缝合的碎片来编织诗"的拉丁语诗人，并抨击这种"写外语，却从不与当地人往来的奇怪举动"。他还说：

> 我们怎知道在何种情况下，拉丁文的名词应摆在形容词前，或形容词应在名词前？想象一下，把法文的mon neuf habit（我的九件衣服）说成mon habit neuf（我的新衣服），或把mon blanc bonnet说成mon bonnet blanc（虽然这句谚语讲的是同一件事，意指"半斤八两"），该是多么荒唐的事。

在这些年间，以桑德（Jean-Baptiste Santeul）为首的（很多令人赞赏的拉丁圣诗都出自他笔下）一流拉丁语诗人相继死亡且后继无人。只有一些耶稣会士仍维持传统，继续创作以虔诚和训示为主题的诗。1747年，就在枢机主教波利尼亚克（Polignac）的《反吕克里修斯》（长约1.2万行的哲学诗）出版同时，最后的希望也破灭了：众人期待了三十年的这部杰作，让人感到彻底失望。从此，写拉丁诗成了中学的事。直20世纪初，中学生产了大量的拉丁诗，其中最好的作品是以纯熟的技巧著称，而非灵感的独创性。在19世纪，撇开学校界不谈，拉丁诗的爱好者也写诗，他们对现代拉丁文传统和学校习作的体裁、训示或描绘诗、应景诗都很感兴趣。这些诗人有机会在国际比赛中一展自己的才华。有些比赛是因应特殊事件而安排的，如1811年拿破仑一世的儿子诞生，1882年教宗利奥十三世的加冕礼；有的则是每年举办一次，如1843年至1978年于阿姆斯特丹举行的*Certamen Háeufftianum*现代拉丁诗比赛。即使在20世纪前期，仍有两份学报《罗马人的赫尔墨斯或拉丁人的墨丘利》和《罗马蜜蜂/文学报》，愿意采用他们的作品。

只要稍微调整年表，同样的评语也适用于其他地方。克罗埃西亚的特例（指在19世纪中叶仍拥有杰出的拉丁语诗人），拉丁文的官方地位就是最好的解释。一般而言，现代拉丁文学（甚至单就诗而言），今后只是次要的消遣，即使伊瑟文仍可在他的目录中列入许多名字。但这些都是评价未明的人，除非基于其他理由。例如，卡罗之所以名垂青史，肯定是以哥伦比亚共和国总统的身份，而非拉丁语诗人。

如果文学作品的产量根本不符合前述的大量"浸透"和长期存在，甚至一过了某个时期（而且是很早以前），就减小到少得可怜的量，那么所谓的拉丁文复兴又是什么情况？即使有个布瓦洛指出："要是泰伦斯和西塞罗复活，大概会对费内尔（Fernels）、桑纳扎（Sannazars）和米雷（Murets）等人的拉丁文作品哈哈大笑。"拉丁文也不可能起死回生吗？还是我们应在别处寻找答案，在比较平凡的书面语和口语练习的领域，而不是把焦点放在作家或演说家追求的目标上呢？这正是以下两章的宗旨。

第五章
书面语

"啊！我多希望这是用拉丁文写的！先用拉丁文写这封信怎么样？我想，用拉丁文好多了……之后我再来翻译。"瓦莱斯的小说《业士》中的主人公，就是这样打算回信给雇用他的商行。在这方面，他是中等教育的道地产品（在19世纪上半叶，法国中学生所受的拉丁文训练比法文多）。不过，假定他可以达成心愿，他真能像使用母语一样，写出一封拉丁文商业书信吗？虽然，这问题对他而言纯属假设，但我们在一般的欧洲活版印刷品，尤其是学术和宗教出版物以及大部分的拉丁文版本中发现，这么问是十分合理的：这些著作的拉丁文属于哪一类，作者的语言能力又如何？

一、学者的拉丁文

我们马上来谈这部分。拉丁文愈赢得知识语言的称誉，有关这个问题的研究就愈罕见。学者的著作在这方面不受关注（事实上，现代拉丁语专家引用大量作品，证明拉丁文在近代思想界的地位和生命力），实在是很大的矛盾。由于不属于"文学"范畴，这些著作被排除在调查研究的范围外，只有少数几个例外。而且人文主义和文艺复兴的光荣时代一过，就更罕见了。另一方面，研究各学科历史的专家，虽会留意他们分析的著作在拉丁文和本地语言间作了什么选择，却对作者的"拉丁语特色"不怎么感兴趣，至多只给几句普通评语。因此，要知道学者写的拉丁文是哪一种类型，如果我们希望撇开几个个别情况不谈，就只能根据现有的著作目录，提出极其有限的资料。

在这种情况下，宾斯（W. Binns）对1530年至1640年间，英国拉丁文作品的研究结果显得极其宝贵。整个16世纪期间，拉丁文的使用者愈来愈熟练它，在语法、词汇和文体上也逐渐符合古典形式。虽然有些字仍维持错误的拼法，而且有些句法结构始终是英语的仿造句（例如拉丁文的*quod*直译是that，放在句中我们会期待它是一个不定式的句型），这时期的拉丁文和中世纪拉丁文已有显著的差异。然而，英国的书面拉丁文还是不比同时代欧洲大陆（确切地说，意大利和法国）的拉丁文流畅。因此，宾斯作出了一个恰如其分的评语总结：大体上，我们不能把这种拉丁文误认为古典拉丁文。

类似评论也适用于1611年至1716年间，瑞典各大学进行的论文答辩和探讨神学、哲学、法学、史学、医学和科学的论文。当时这些著作面临抉择的关头，一边是语言实习（属大学教育的范畴，且源自中世纪），另一边是受人文学者影响的文体理想（以模仿古代作家为基础）。因此产生了"折中派"拉丁文，但对正确度的关心，还是使这种拉丁文和中世纪的著作有别。词汇是首要指标，同义语词典、用语汇编和其他《反蛮夷字典》（用来帮助想要写出正确拉丁文的人）的作者，对理学的文体普遍采取温和的态度。要不要接受一个字，取决于公认作者的权威（这个标准本身可能有各种变化），但他们也承认专有名词和现代化现象证实传统标准的容忍度较高。尽管如此，他们似乎也不完全赞同有争议的论点。虽然这些出版物的词汇往往"具有古典风格"，我们还是发现很多非古典字眼，有些甚至是中世纪的词汇。例如常有人把 *medium*（中间）一字当作"手段""工具"的意思来用。不过，这就是所谓的不纯正语词，即使像塞拉留斯（Cellarius）这么宽容的语法学家都如此认为，而要求以 *subsidium* 取代之。新词在所难免，但有些古字被赋予新的意义来使用，而非古典字眼不只常出现在专业术语中，在普通词汇里也常看得到，这与语言纯正癖人士的建议相反。文法也有同样的折中倾向。我们只略提反复无常的拼字法：古典和中世纪的拼法并存，有时会发生同样的字在同一个作者笔下有不同拼法；这没什么好讶异的，因为当时文法课本对这方面着墨不多，而且词典（包括古典作家的版本）收录的字形又完全没有古典特征。尽管形态学无可挑剔，句法却含有许多在西塞罗和他同时代人的作品中找不到的结构。文法教学的时数减少、边阅读文章边学句法的基础课程，或许都有助于解释非古典结构出现频率相对提高。而在准备博士论文的人身上，这种句法结构也源自本地语言的影响，有时是模仿过头了。

如果我们接受"专家"梅纳吉（Gilles Ménage，法国语文学家）的评论，就会发现其他智力出众的作者也有这个缺点。"巴尔扎克（1597—1654）的拉丁文太纯正了，"他写道：

> 不过，我认为他的风格是法语式的。我曾对一位非常优秀的人提起这事，他说他也有同感，而这点常让他打消阅读近代散文和诗的念头。事实上，我告诉他，除了一些当代作家，特别是瓦卢瓦（M. de Valois）、于埃（M. Huet）、珀蒂（M. Petit）、达西耶（Madame Dacier），以及作品里古罗马式的优

美简洁几乎称得上学识渊博的其他几人之外，大多数作家的著作都充满法语、条顿语、英语和欧洲其他所有方言特有的表达方式。外国人当中，也有几个人理当被视为例外，特别是目前在荷兰最高议会的库柏（M. Cuper）、乌得勒支的葛雷维厄（M. Graevius）、莱比锡的卡佐维厄（M. Carpzovius）、罗马的法布里提（M. Fabretti）、佛罗伦萨的诺里斯（Noris）神父、斯班罕（M. Spanheim）和其他几位以著作为文学界争光的作者。

因此，似乎只有一小群人有能力运用纯古典拉丁文。其他人（即使在学者精英中）写的或许都是某种语法正确的语言：清楚、精确的表达，胜于过度关心文体。笛卡儿也是其中之一。"如果笛卡儿从未用法文写作，"传记作者巴耶（Adrien Baillet）说道，"世人或许会赞扬他的拉丁文是身兼哲学家和数学家的人所能发挥的最佳文体……他的措辞不美，用字也不贴切；但他从未忽略任何一方，他保持准确性，甚至想让他的拉丁语特色免除任何法语风格的痕迹。"同样的评论也适用于原著是本地语言的拉丁文译本。在这一点上，具启发性的例子是法国作家尼科尔（Pierre Nicole）以笔名旺德罗克（Wilielw Wendrock），放在《致外省人信札》拉丁文译本开头的冗长序言。一开始，他就承认自己无力使许多段落散发出"独特而具有雅典语风的光彩"，译文也达不到原作者"优美简洁"的水准。我们大可求助于较熟练拉丁文的译者，但风险是对方可能较不精通神学，文体的品质是提升了，内容却因此受损。由于拒绝牺牲书信中任何一点一滴的内容和其中深奥的真理，尼科尔预先承认自己无法完全传达这些文章原始的美。但这并不妨碍他熟练运用泰伦斯式的嘲讽口吻，表现出实在的拉丁语风（虽然，确实仍有少许法语风格）。其他很多译者也提到处理拉丁文译本时的困难，至少在转换惯用语方面就很不易。他们有充分理由说明普遍采用的方法，舍弃文学的优美简洁，提供清楚、精确的译文，使原意完整表达出来。

怪不得用母语写作的命令自17世纪起增多。历史编纂也喜欢以民族观点，或对知识"民主化"的关切来解析同样的声明。这些声明本质上仍为了追求更简便的语言使用法，这也是当代人公开肯定的一点。词汇就是极大的不便，伊佛敦出版的《百科全书》便十分强调这点。作者感叹拉丁语对"具有现代思想的人"来说很贫乏：

> 自罗马人衰落以来，拉丁语就缺乏可用来表达各种新发明和各类新发现的词汇……不论谁质疑这个解释的真实性，只要看看那些非常精通拉丁语的人，为了用拉丁文写当代的政治报所做的尝试：他们将看到作者饱受折磨且徒劳无功。

问题不只是找出大炮、假发或衣服纽扣（借用《百科全书》的例子）的拉丁文同义词；对作家来说，更重要的是正确而忠实地表达己见，否则就不是精心杰作。伏尔泰嘲讽索邦神学院神学家的一番话（这些人欲写教谕谴责普拉德教士的论文），指出拉丁文"作家"往往陷入什么样的困惑。

> 当问题出在如何以拉丁文叙述该论文印得太小时，整个神学院都摆脱不了这个困境：每个人都说自己无法用拉丁文表达"一篇印得太小的论文"，于是他们派人去找修辞学教授勒博先生，问他这句话该如何用拉丁文表达。

实际上，我们可以理解何以学者会为本地语言提供的"简便的解决办法"辩护；诚如瓦利内里（Antonio Vallisneri）以比喻方式说的：何必为一个死语言"绞尽脑汁"呢？穆拉托里（Muratori）在他计划取名为"意大利文坛"的学会章程中，声明自己偏爱意大利文，因为"比较容易，也方便多了"。斯巴兰札尼（Lazzaro Spallanzani）也提出相同见解："对我们而言，用我们所说的语言清楚、精确而简洁地表达，比用拉丁语容易多了，简直无从比较。前者是因为我们很熟悉，后者则因为它是死语言，我们无法这么轻易地掌握它的力道、风格和优美程度。"尽管如此，这两人都不是拉丁文公开的敌人。而且，他们都是非常优秀的拉丁语学者：斯巴兰札尼在课堂上展现"流畅、清晰而优美简洁的拉丁文"；穆拉托里不但出版很多拉丁文作品，还能把它编入《意大利作家纪事》的中世纪编年史，用西塞罗式的拉丁文重现。

虽然从18世纪开始，学者日益使用民族语言，但仍有博学者继续用拉丁文写作，甚至只针对某一领域，如植物学。不过，这种拉丁文仍与西塞罗的文体相差甚远。事实上，植物学家的拉丁文是一种人造语言，它的句法不受制于语法上的细微差别，而经过审慎定义的词汇也不过是术语。

大学著作是拉丁文有理由存留在知识界的最后一种体裁，在法国，1870年至1906年间进行的论文答辩（主要是研究教父的教义、著作和生平），成了受瞩目的样本，让人有机会评估这些博士候选人所写的拉丁文。严格说来，他们不是拉丁语专家，但仍通过这个研究主题经历一次严肃的练习。大致上，这些文章都算正确："所缺少的，"研究者杜普莱西（Brigitte du Plessis）说道，"其实不是对文法的认识。"不过，它们给人留下一个"不安的印象"，而且往往是"始终没有做得很好的法译拉丁文练习"。本应另造拉丁文句子，避开某些词汇组合和一些在西塞罗作品中找不到的说法和措辞，结果都没有。面对这样的评语，我们有理由问，这些博士候选人写出的拉丁文究竟何貌（他们探讨的主题和古代世界相去甚远）。库蒂拉（Louis Couturat）和莱奥（Léopold Léau）提供了答案："这对任何人都不是秘密，很多博士候选人所完成的论文，是自己翻译或请人代译他们用法文写的文章。因此，大多数文学博士都没有能力写出流利的拉丁文。"在以拉丁文写的第二篇论文日益消失之际，没有比这更美的悼词了！

唯独天主教会直到不久前仍坚持只用拉丁文撰写教会法。尽管如此，自19世纪末以来，罗马教廷不仅多次必须为教会内古典语言的没落表示遗憾，还得采取一些措施培育优秀的拉丁语作家。因此，在1964年，教宗保禄六世接续若望二十三世的工作，于塞尔斯大学附近创设一所拉丁语言学院，目的是让学生好好操练书面拉丁文，教他们"迅速、正确而简洁地"写这个语言。当时，教廷内仍有一流的拉丁语专家，其中排名第一的是枢机主教巴契（Bacci）（负责写拉丁文书信和教皇敕书给王侯的书记官），他会写西塞罗式的拉丁文。不过，这些专家也知道，面对他们用符合枢机主教本博（Bembo，1470—1547）的文体，所撰写的通谕和其他文件，很多教士会大叫："教皇的书信，啊！上面的拉丁文不知有多难、多复杂。还是等当地方言版本好了。"目前，略读"宗座公报"，就能证明在梵蒂冈的中央机构，优美简洁的时代已结束。教令采用的拉丁文，是一种作为媒介的简单语言，文法正确且富含新词。必要的改变已经发生。宾斯对1530年至1640年间英国拉丁文作品的评价，很适合用在这里。我们不能把这种拉丁文误认为古典拉丁文。

这些不可避免的短评，并不涵盖近代拉丁文作品的全貌。直到很后期，我们对官吏和法官用来撰写公文的拉丁语仍一无所知。我们或许以为反正和其他情况没什么不同，世人赋予拉丁文的媒介功能，会促使使用者优先重视措辞是否清楚、精确，而不考虑文体是否优美简洁。在19世纪的转折点，法国外交官克洛代尔（Paul Claudel）在中国担任领事期间，因情势使然而必须用拉丁文通信，他写道：

> *Venum: datus est ager Thien-chotang pretii quinque millia patacarum—Lis composita est—Irruperunt satellites in Petrum catechistam cum fustibus et scolopetis—Comperi cito advenire quamdam navem vapoream Gallicam munitam viginiti quatuor tormentis bellicis.*
>
> （出售：天浊塘一带已以15000元卖出——事情都安排好了——有卫兵用棍子和喇叭枪袭击传道师皮埃尔——我听说一艘备有24座大炮的法国轮船即将抵达。）

我们不知道像这样正确但粗糙的拉丁文，是否代表行政上的散文体。但它仍不失为一个实例，让我们看到路易大帝中学昔日的高才生所能展现的成果。

二、学童的拉丁文

本书先前已提到，过去在西方各地，至少直到19世纪末，凡接受今日所谓中等教育的学童，都要耗费很多精神学拉丁文。他们很早（七八岁左右）就展开此修业期，并且持续了十年左右。他们年纪轻轻就读过许多文章。别忘了除了学校界提供的例子外，还有接受家教的学童，例如意大利诗人卡尔杜奇［（GiosuèCarducci）他10岁就译过好几篇尼波斯（Nepos）的著作《名人传记》中的文章和所有费德鲁斯的作品、英国经验主义哲学家穆勒（John Stuart Mill）（他在8到12岁期间，浏览过所有拉丁语古典文学作品）]。虽然在20世纪60年代，法国学校的教学大纲确立适度的学习目标，当时变成只是学科之一的拉丁文，却仍以不容忽视的作息表，让中学古典组的学生从六年级忙到毕业会考。过去虽有人大量描述拉丁文教学法、分析相关教科书、详述教学方式，学习成效却极少受到关注。很少人评估学生学到的拉丁文知识。而带有统计数字的研究（例如，以老师的评分为基础的研究），除了近代的资料外都不复存。因此，我们不得不大量引用叙事资料、教师评语和昔日学生的回忆，才能回答一个简单却十分合理的问题：学童在这段漫长的拉丁文修业期间，到底学到什么？讲白一点，他们的程度究竟如何？

卓越技巧与乐趣

有些中学生达到非常令人满意的成果。根据孔佩尔（M.-M. Compère）和普拉朱利亚（Pralon-Julia）找到的学生作业，在18世纪20年代，路易大帝中学的学生能够完整甚至流畅地译出老师交给他们的拉丁文作品，有些学生不仅避开词义上的误解和误译，而且在表达上正如学校对他们的期待，使用很精练的法文。整个19世纪期间，英国"公学"学生和法国中学生创作的无数拉丁诗作品，至少证明了学生非常熟练某种技巧。一些学生甚至显得才华横溢，在哈洛、伊顿、什鲁斯伯里等中学，有些男学生能即兴创作拉丁诗。据一位温切斯特中学的学生说："我们当中很多人都能用韵文或散文，每小时写出三四十行还算可以的拉丁文。"很多法国作家一开始是以拉丁语诗人的身份"闻名"。缪塞、圣伯夫和波德莱尔因他们的拉丁诗，而名列中学优等生会考的荣誉榜。兰波多次在杜埃学区的中学生竞试中表现出众；司汤达和瓦莱斯常在他们就读的学校得奖。以"取消拉丁诗的部长"在法国古典教育史上留名的朱尔·西蒙（Jules Simon）曾表示，他就读瓦讷中学期间，在这方面应付自如："我作拉丁诗几乎和写散文一样容易。"他在自传中回忆道。我们不知道在意大利里窝那的尼科里尼中学学生，是否也以同样非凡的成就著称，但他们的教师帕斯科里（Pascoli）于1894年传授的韵律学和格律学课程，却意味着他们对文法、文学和历史有不容忽视的整体认识。有人认为他们已具备韵律学和格律学的基础，正如以下这段话所见："词尾的音长，你们不是不知道，一些韵律学的基础规则，母音放在母音前、母音在两个或好几个子音前、母音在不发音的字母或流音前、合音……这些你们都听多了。如何作六音步的诗，至少大致上，你们都知道。"帕斯科里在课堂上用长短短长格、长长短短或短短长长格、短长长格、短长长短长长格、短短格、长长长格等术语，来表示某些字和音步或音步组，但他并未提供任何解释，仿佛学生早已认识它们。20世纪初举办的文科教师甄试，记录了优异的成绩。审查委员会主席克鲁瓦塞（M. Croiset）认为1903年的竞试"表现良好"，他指出整体的考试结果令人满意，而且比往年好。1905年，克鲁瓦塞在总结十八年的主席任期时指出，在这段漫长的历程中，应试者确实进步了，预定在1907年废除的拉丁文作文有显著改善，把拉丁文译成法文的译文也是如此。至于口试，也就是希腊语和拉丁语的即兴译讲，所得到的"考试成绩是历年来最好的，至少普遍都表现得不错。错误百出的译讲（这项测验初设立时常有的事），愈来愈少见了"。一项以较中等的程度（即四年级生的程度）和要求较低的时代（确切地说，即1976年）为基准，在巴黎地区进行的调查研究，最后作出"令人满意的总结"。阅卷者补充说道："写得最好的考卷几近完美……大体上，考试成绩都很理想,甚至太好都有……这些习题显示学生对这个语言有相当程度的熟悉。"

除了学习成果丰硕外,还有学拉丁文的乐趣:对某些人而言,这是令人愉快的学科,甚至是一种娱乐。这正是贝尔内斯(Berners)勋爵对自己7岁初学拉丁文的回忆,当时他的老师介绍拉丁文文法就像"一种藏头诗(一种诗体,各行第一个字母连续,组成题献者的名字或表示主题的词或句子)或文字游戏"。8岁开始学拉丁文的拉维斯也有同感:"我按性、数、格变化*rosa*,**这朵玫瑰**的词尾变化使我高兴、逗我开心,就像是一种游戏,我唯一熟练的游戏。"西班牙哲学家乌纳穆诺(Unamuno)年少时,同样被第一组词尾变化"吸引",尤其是复数所有格*rosarum*铿锵有力的音色。不久前,学校教师仍注意到年幼的六年级生对拉丁文——他们在中学发现的新学科,有着强烈的兴趣、极度的乐趣和热爱。他们把这种爱好归因于"图像和游记(在孩子身上)唤起愉快的好奇心",或孩子对"难题和谜语的喜好"。甚至极复杂的习题,也让某些孩子感到很快乐。夏多布里昂读多尔中学时,常"以一种焦急的心情等待拉丁文课,仿佛这门课能使我消除数字和几何学图形所带来的疲劳"。曾就读英国哈洛中学的威廉斯、后来成为枢机主教的曼宁(Manning)、教育家巴特勒(Butler)等,都曾在创作拉丁诗的过程中得到真实的快乐,其中巴特勒更直言他和同学从阅读与评论得奖诗选中得到快乐。法国作家拉尔博(Valery Larbaud)提到他即将升上三年级前,花在翻译古罗马作家小普里尼(Pline)的一封书信的时间,是"我们在这个暑假中所度过最美好的两天"。此外,他还幻想自己是造诣很深的语文学家,正在发表拉丁语作家的作品定本。乐趣和成就或许就这样环绕着拉丁文修业期。

程度不及应有的水平

然而,昔日学童的回忆和老师对他们的评语,却带给人迥然不同的印象。一个优等生或许一帆风顺,甚至表现出色,但"大多数"学生却可能举步维艰,付出极大的努力也只达到最普通的程度。

这类对照冗长的修业期和庸常成果的确证多得是,而且早在17世纪上半叶就有,诚如弗雷(Frey)、夸美纽斯或密尔顿(Milton)的著作所记载。几年后,阿尔诺(Antoine Arnauld,法国神学家和哲学家)将巴黎大学章程中规定的每天八小时拉丁文课与学生的"极端无知"相对照,"经验显示,目前大多数中学毕业生都不懂拉丁文"。同样的看法,也出现在《百科全书》的词条"中学":"在中学度过十年岁月的年轻人……离校时,对一个死语言一知半解。"法国哲学家爱尔维修(Helvétius)进一步说:这么贫乏的知识"一下课就忘了"。在法国大革命期间,这类抨击(指针对一个耗时又效果不彰的学科)更是尖锐。因此,搜集这方面所有指控的瓦雷纳(Varennes)惊呼:"学了十年的拉丁文规则、把本国语译成拉丁文、拉丁诗、拉丁文演讲、拉丁文辩论、阅读并翻译拉丁语作家的著作之后,他们带着一肚子无法理解的拉丁文回家,同时对其他的学问一无所知。"

赤裸裸的精确数字更增添此评断的悲剧性。"七八十名学生中,大概只有两三名给得出一些东西,"阿尔诺写道,"其余的不是等得不耐烦,就是为交不出像样的东西而苦恼。"18世纪的评价也不高。"经过师生双方不断地努力,"《百科全书》的词条"学业"的编纂者强调指出,"才勉强有三分之一的学生终于熟练拉丁文,我指的还是那些完成学业的人,而非无数在学习过程中灰心丧志的其他人。"这点酷似夸耶教士的看法,他在审查学校的全部课程后,惊叹地说道:"既然贵校学生已学了那么多拉丁文,我就随便抽一百名来测试一下。我打开西塞罗、李维、贺拉斯、尤维纳的著作,却发现在这些学拉丁语的学生当中,懂这些作品的人不到十位。"法国作家梅西耶(Mercier)在著作《巴黎浮世绘》中(第八十一章"中学及其他"),也采用这个数字:"他们花了七八年的时间学拉丁文,结果一百名学生中,有九十名毕业时还不懂这个语言。"在瓦讷担任皇家海军学校教师的韦拉(Verlac),就显得比较乐观(虽然他也强调极小的百分比)。在中学学了八年拉丁文之后,不到20%的学生"能用拉丁语交谈,或译解任何拉丁语作家的作品"。

同样的怨言在整个19世纪期间也听得到。对大多数学生而言,经年累月的学习得到的只是二流的成绩。即使在高等师范学校,也有人感叹学生的拉丁文能力太差,或许是因为大家的期望太高(这也是事实)。单就中学而言,拉丁诗(始终不可少的一项练习)就要求学生同时具备文学知识和天分,按法国数学家库尔诺(Cournot)的看法,这样的学生,我们只能期待"千人中有一人"。法译拉丁文练习的成效较高,但还是很有限:"六十名学生中仅六七名,"据布雷尔说,"从这项练习中得到少许益处。"

20世纪初,在探讨中等教育改革时,众人的出发点往往是,"大多数学生的程度都不及应有的水准"。这项评论成了教育文献的老生常谈。"我们的中等教育,拉丁文学科很差是毋庸置疑的。"1904年一位皮伊中学的教师说道。"不算太差,"博尔内克(Henri Bornecque)的评价有点不同,但一想到自己主持中学毕业会考口试时考生的表现,他推翻了原先的看法:

> 除了很罕见的例外(最多30人中有1人),他们开始朗读(更确切地说是"结结巴巴地念")拿到的文章,直到有人要

他们停下来；接着他们重读句子的第一部分，费力地一字一字读……然后再读第二部分，以此类推。他们踌躇满志，接着朗读，圆满地把整篇文章逐字译成胡言乱语或法国殖民地土著所说的"洋泾浜"简单法语。

从此大家一面倒向悲观的看法。"我们的中学生愈来愈不懂拉丁文，"一位里摩中学的教师于1927年写道，接着他补上一句，"关于这点，人人都同意。"另一位坡市的教师则认为，拉丁文学科的成效"普通"，甚至"很差"，是不争的事实，"除了少数几个例外，大概10%"。有两项调查得到类似的结论（分别是1954年在法国古典文科教师中、1957年于联合国教科文组织更大的范围内进行）。一般来说，面对被视为令人不安的学习成果，受访老师都觉得"很震惊"，并为"学生在这方面知识水平太低"深表遗憾。有些老师甚至毫不犹豫地形容中等学校的拉丁文教育"彻底失败"。这种话瓦莱里〔（Paul Valèry）法国诗人和评论家〕早在1943年就说过，他开门见山地说："如果五分之四的学生，都无法**流利**阅读、理解西塞罗或维吉尔的作品，教拉丁文根本是白费力气。"

只要浏览学生的习作，就能证实这些教师的悲观（至少是醒悟）。前文提过，在路易大帝中学，18世纪20年代，有学生能轻轻松松翻译拉丁文作品，然而，这些人毕竟是班上的精英。跟在后面的是"程度中等"的学生，他们笨拙含糊的译文虽然表达得不好，却让人相信他们已掌握原文含义。至于排名最后的学生，读他们的作业时就甭抱任何幻想啦。以下是少年库仑比交出的翻译作业（原文是罗马史的一段著名插曲，叙述贺拉斯杀死亲姊姊的故事）：

贺拉斯的姊姊在为库里阿斯三兄弟之一死去哀悼他姊姊的

吊唁在他的胜利和这么多民众的匕首中激发了极大的勇气所以他用一把出鞘的剑杀了她这在元老院议员和人民看来是一个残酷的行为于是有人已经押贺拉斯去受刑他爸爸拥抱自己的儿子说你们怎么看待这个胜利的你们能看着得剩者（原文用vinqueur，正确应为vainqueur，得胜者之意，因此刻意把它写成"得剩者"，以突显原文的用意）受刑吗执法官敢用锁链捆这双手吗不久前它们才得到罗马人民的军事统治权对此全体人民都很激动所以演说就结束了。

时态的拼写方式和缺乏标点符号，使少年库仑比的译文更混杂难懂，他按拉丁文句子的顺序直译，内容满是误译和词义上的误解，但显然写了连篇蠢话并没有令他感到困扰。我们稍后再回过头来深入探讨这种态度。在这里要明确指出的是，库仑比并非班上最差的学生，他有好几个难友写出来的作业都是这么糟。从事这方面研究的孔佩尔和普拉朱利亚所提供的译本，有助我们理解库仑比的译文，并评量他的误译：

正当贺拉斯的姊姊哀悼库里阿斯三兄弟之一死去时，这位残暴的年轻人因为在自己的胜利和如此欢腾的群众中，看到她流泪而怒火中烧。因此他拔出剑来，刺杀这年轻的女孩。这在元老院议员和人民看来是一项可怖的罪行。当贺拉斯的父亲拥抱他时，他已经被送至刑场，他父亲指着从库里阿斯兄弟那里得来的战利品说："你们才刚见到这个人战胜，现在要看着他被捆起来接受酷刑吗？这双手不久前才为了把统治权交给罗马人民而拿着武器，执法官捆得下去吗？"这番话令民众非常感动，于是赦免了贺拉斯。

在法国作家克劳德·西蒙的小说《法萨卢斯战役》的叙事者口中，这些翻译初学者后继有人。故事中的学童回想在家写作业的情景（这作业是把几行谈到凯撒投入上述战役的拉丁文译成法文）。

"我坐在书桌前，把从字典上找到的一串不连贯的字排成一行，"然后"拿着草稿本"去敲父亲书房的门，一方面去交作业，一方面去寻求帮助。

  我坐下来把翻开的书本放在纸上 我竖起耳朵 清了一下喉咙

  dextrum cornu ejus rivus quidam impeditis ripis muniebat 我停了下来

  怎么样？

  rivus：一条河

  impeditis ripis：在岸边障碍物

  "岸边障碍物"是什么意思 你解释一下

  我沉默不语

  或许你该多下点功夫进一步查考自己在字典里找到的第一个单字 你花了多少时间准备这篇翻译呢？

  我沉默不语

  好 很好 *impeditis ripis*：在峻峭的岸边 你不认为这样比较好吗？

  是的

  他看着我顿了一下 我低头直盯草稿本的页面 最后他说很好 我们继续

  muniebat：遮蔽

  他笑了起来"遮蔽？"你看过有人躲在溪里吗 这里谈的

是凯撒还是蠢蛋

　　我始终低着头

　　他从微张的唇间呼出一口烟来

　　来吧，加油

　　dextrum cornu：右边的角

　　角？

　　我静静等着

　　他再次发出同样的吐烟声　接下来呢

　　ejus：他的

　　还有呢？

　　我沉默不语

　　*quidam*呢？

　　quidam？

　　这个字哪里去了？

　　我沉默不语

　　好吧　如果老师一个字一个字问　你自己想办法应付吧　你就跟他解释　某人掉进有峻峭岸边的河里　大概是个小马夫　你认为呢？

　　我还是盯着草稿本的页面

　　来吧　我们结束了　不然我们要九点才吃晚饭　有时候你也该想想你让你妈有多伤心　写下来　一条有峻峭岸边的河掩护军队的右翼。

　　读这段文字让人想起很多学校和家庭生活的回忆。此外，我们也发现，文中对于法国中学生的习惯做法有绝妙的描述：刻板而盲目地使用字典，不大在意自己完成的译文欠缺条理。在这方面，这段文字象征着教育文献所揭发的积习，尤其是拘泥于字典上的解释。此例也是从简单的拉丁文作品学起，成果却极其平庸的证明。这里我们要回到1976年巴黎地区的调查研究。正如前述，四年级的拉丁文初学者成绩都"很好"，但到了下一个阶段（即三年级，尤其是二年级），接触"拉丁文原著"时，他们都不知所措。有三分之二的学生考不及格，阅卷者指出，虽然有"几篇译得很好"，"其他的却令人痛心"，而且看起来像是"十足的连篇废话和错误"。

在其他国家，学生的成绩似乎也没有多好。冗长的修业期和不理想的成效之间的差距，同样随处可见。对17世纪上半叶英国语法学家和教育改革家而言，这是一个明显的事实。几年后，德国学者莫奥夫（Morhof）指出（他在著作《博学者》中采取一种欧洲观点），常用的拉丁文基础教学法带来令人失望的结果：尽管尽了最大的努力，孩子毕业时，对这个语言的认识既贫乏又不完整。耶稣会士邦迪拉（Bandiera）由自己的经验证实（他在18世纪中叶曾于意大利半岛好几所中学任教），学生没有能力理解拉丁文作品，更别说用这个语言写作。美国初宣布独立时，反对古典语言的人士高唱的论述是，付出七到十年的时间学习，结果只得到极其肤浅的知识（"只懂得死语言的一点皮毛"）。到了19世纪，英国的情况并无改善。一项针对中等学校的研究报告于结论中指出："大多数男孩子从未达到流畅阅读文学作品的标准，尽管他们学习多年，毕业后不久还想得出来的句子并不多。"英国学者达文波特·希尔（Davenport Hill）注意到，上过一般拉丁文训练课程的男孩子，"三人中不到两人能流畅阅读即使是最简单的古典作品"。就连下很多功夫耕耘的拉丁诗，成效也和苦修不成比例。自有大量学童致力于写诗以来，"公学"每年只产生"约十二名优秀的作家"。至于其他学童,"在投入大量时间写诗并修改作品后,他们最终连写一行平淡无奇、不合韵律,而又不犯两三个错误的诗句都办不到"。在美国,古典教育的成功率或许令人彻底气馁,认为拉丁文和希腊文在优良教育中"必不可少"的美国前总统约翰·亚当斯承认:"在中小学和大学研习这两种语言的学生,一万人中不到一人曾有很大的进步。"1917年,在普林斯顿大学举办的一场研讨会上(探讨强调精神、脑力训练,而非技术的博雅教育中"古典学科的价值"),演讲人不得不与反对意见交战(反对者的理由是,这些片段的知识要付上极大的代价才学到,而且很快就忘记)。实际上,1924年的一份调查研究揭露,1000名从中学开始学拉丁文的孩子,在完成一年的学业后,只有6人有能力阅读一点点拉丁文。虽然这份报告并未附上数据,在20世纪50年代,一位比利时教师对古典学科的评价,却透露同样悲观的看法。这些学科"不再结出任何我们有理由期待的果实"。他写道,接着他抛出危机、衰落、彻底失败等字眼。在意大利(古典中学在法西斯时代结束后不久仍保有首要地位),哲学家卡洛杰罗(Guido Calogero)强烈抨击在祖国盛行而毫无成效的"泛拉丁语风":

> 按照学校课程,意大利年轻人……学拉丁文的时间长达3年、5年、8年、12年不等,倘若因为拉丁文考试屡屡失败,而成了文学院的延毕生,修业期往往超过12年。然而,这类学生就算受过加强训练,一旦有拉丁文出现眼前(我说的可不是贺拉斯或维吉尔的文章,而是《圣经》经文或在教堂里看到的某句简单铭文),他们也极少能读得出来,更别说以任何优秀的旅馆接待生在理解说英、法语的观光客时,那种恰如其分的速度来理解拉丁文。

1995年，另一位罗马大学教授伤心地指出，初级中学甚至高级中学的学生，今后连一篇简单的原文也"懂不了十行"。不过，他承认自己那一代（三十年前念高级中学的人），"也没有比较熟练拉丁文"。在他看来，要找到能流畅阅读拉丁文的人，得追溯到20世纪初。但这样的人很可能只有少数几位。事实上，在1893年，就有一个官方委员会负责研究初级中学和高级中学"拉丁文教学成效很差"的原因，并设法改善这些弊病。

在思索学生做了多少努力的同时，老师难免想到"程度"的问题。这里我们只谈法国的例子（法国自20世纪初就有很多人提出这方面的问题）。普遍的结论是程度下降。1900年左右，大家在讨论中等教育改革且一致认为学生的成绩很差时，有很多教师认为"三十年来，古典学科急速衰落"。1913年，语言学家马鲁佐以巴黎大学为主，分析古典学科的危机。他指出，这个危机"几代以来几乎不曾停止肆虐"，但自近来中等和高等教育改革以后（分别在1902年和1907年），它变得"更猖獗了"。1951年，国家教育总督学克鲁泽（Paul Crouzet）承认："我们年幼的六年级生，程度比不上昔日同年级的学生。"1954年，在一份以古典文科教师为对象的大规模调查研究进行期间，有老师坦承："我们的学生几乎不再懂拉丁文了……他们显然再也没有能力阅读拉丁语作家的著作。成绩最好的学生也只能勉强在一本厚重字典的辅助下，正确翻译一篇不太难的文章。"1960年，《法国教育实用百科全书》证实，学生的拉丁文程度在20世纪上半叶不断下降。别忘了，1925年的训令就曾指出"拉丁文水平降低"，1959年，传授拉丁文多年的现任教师一致承认，再也不能把三十年前的习题拿出来用。在他们看来，大多数学生中学毕业时，几乎只有三年级的程度。而其中大多数人都不具备课程大纲要求三年级生应有的语法知识。中学毕业会考的成绩进一步肯定这些悲观的看法。

所有拉丁文译文的阅卷者证实,唯有抱着极大的宽容,才能让四分之一以上的考生及格(20分给10分)。120份考卷中,有二十来份以上应得零分是常有的事。这些考卷不过是连篇无意义的句子,既和原文无关,也和其他任何文章扯不上关系。

像这样"程度"下降,有可能是始于19世纪末的一种近代现象吗?错!否定此看法的人,早在1900年探讨教育改革期间,就认为"学生的能力差,不比过去严重"。1954年,一位指出拉丁文学科的成效"不佳,甚至完全没有"的中学教师发表同样的见解,他认为:"看来情况始终如此。"习作的演变似乎证实了这些评论。前文提过,在18世纪期间,"把拉丁文译成法文的练习"逐渐抢走"法译拉丁文练习"(也就是拉丁文散文写作)的首要地位。到了19世纪下半叶,好几项古典课程特有的练习也一一遭到废除。1872年,拉丁诗被取消。1880年,拉丁文作文和拉丁文演讲,分别从中学毕业会考和中学优等生会考消失。继而在1902年它退出了公立中学的课程。法译拉丁文的练习早已没落,"把拉丁文译成法文"变成主要试题,最后成为学拉丁语的中学生唯一要面对的测验。这种演变证实这些练习的成效很差,并朝降低要求的方向走。

学生的"程度"究竟如何?在这点上,我们不可能有肯定的答案。因为有数据的研究资料不多,而且很多应该列入考虑的因素已随时间改变。这个问题涉及学习期限、学校人口、老师的要求。此外,大家对程度最好和最差的学生,一定比对一般生认识得多,而且很可能被优等生的成就冲昏头,又不堪忍受能力差的学生。不过，根据教师的评语和学生表现出来的成绩，来评价整体的"程度"或许从来就没有很高，似乎是合理的。由习作的演变，来判断这同一个"程度"已随着时间下降，而且单就拉丁文"作为必修课程"的最后几年而言（也就是1968年以前），学生懂的拉丁文不比20世纪初的学生懂得多，这也是合理的。这么说来，难道和雨果、拉马丁（Lamartine）同时代的人，拉丁文造诣比不上和伏尔泰、狄德罗同时代的人吗？就我个人而言，我不会如此断言。

孩子背负的十字架

虽然成绩普遍不理想，孩子还是受了不少苦和折磨，正如许多提到拉丁文修业期的回忆、自传和其他叙事资料所呈现："这是我最难熬的学科，也是我从未有多大进步的科目……我花了很多时间做很多练习，才好不容易能流畅阅读拉丁语作家的著作，但我从未学会使用这个语言讲话或写作。"卢梭的这番"忏悔"，其他孩子或许也按自己的方式说过。有些孩子可能还附带提到，他们一离开学校就差不多全忘光了。

拉丁文的基础课程显得困难重重，一开始就得熟记一大堆规则，首先是决定名词的词尾变化和动词变位的规则。拉丁文的词尾变化，甚至考验那些自己的母语也有词尾变化的学生。德国抒情诗人海涅因为记不住音节数目不变的名词第三组词尾变化的例外，而归纳出拉丁文极其复杂，并推断"要是罗马人先学好拉丁文，他们大概剩不了多少时间去征服世界"。不规则动词"令人生畏的难度"，让他更坚信自己的诠释。就连后来成了优秀拉丁语学家的歌德，起先也抗拒拉丁文文法，在他看来，那只是"一套反复无常的法则；我认为这些规则很荒谬，因为它们常被无数我必须分开来学的例外推翻。如果没有《给拉丁文新手——押韵版》（*Latiniste commençant, mis en rimes*）这本书，我可能学得很不顺利"。怪不得学基础知识对某些孩子而言是很艰难的工作，因为记性不好常使他们精疲力竭，甚至有危害健康之虞。"这些字在我脑海中没有留下半点印象，"法国作家马蒙泰尔（Marmontel）写道，

> 要把它们记在脑子里，简直就像在流沙上写字一样难。我坚持靠努力用功来弥补大脑的不足。但这项工作超出我这个年龄的承受力，以致我神经紧张。我变得好像得了梦游症似的。夜里，在熟睡中，我会突然坐起，半睁着眼睛，大声背诵学过的课文。"再不让他脱离这令人不幸的拉丁文，"父亲对母亲说道，"他会疯掉的。"于是我中断了这门课业。

一旦克服最初的障碍，年幼的拉丁语学生又会在这条看似十字架道路的途中，遇到其他更可怕的难关。只要读一读乌纳穆诺的回忆录就能理解这点。发现 *rosa* 时那最初的狂喜，很快就抵不过把不规则动词"没完没了的变位表"熟记在心的"极端痛苦"。但这孩子还是忍下这种痛苦，以及"把这个转为被动式"、"把那个变成副动词"的语法分析，因为他满心期待次年就能读到老师赞为"精致优美"的拉丁文古典作品。然而，

> 拉丁文的二级课程比初级更难、更枯燥乏味。我不知得忍受多少遍"先写好主词及其相关字眼，再来写动词和副词"等等。有多少美丽的午后，我都浪费在反复翻阅这本大得像"铺路石"一样的《米盖尔词典》，直到丧失视力。友人马利欧和我都在这本该死的字典上耗尽心力。对每一个拉丁字，这本厚重的书都提供大量的卡斯提尔用语，有4个、6个、10个或

12个,既未按词源或合乎逻辑的顺序排列,也没有附上任何解释。我们把所有单字集中起来,却完全看不懂这篇待译文章……有人告诉我们,应该先构思再翻译,这种话大致上毫无意义可言……

我们平常翻译的文章(尼波斯、撒鲁斯特、凯撒的作品),对孩子来说,简直枯燥乏味到难以忍受。在所有译过的内容中,我只记得那头懂得感恩的狮子。

这一切迫使我对拉丁语作家产生一种怪异的想法。我想象他们写作不拐弯抹角,采用和我们一样的语序表达自己的看法,然后再以拆句子自娱,把和谐的复合句分解,并用一种变幻莫测的词序倒置,把单字分散在这里、那里,为的只是要让我们这些未来世世代代的孩子,感到厌倦,并迫使我们反复思考……而这一切,我相信,是为了听人谈论自然的语序、合乎逻辑的语序、反向思考的语序和其他文体上的小细节,而不用想象有任何人可能以另一种语序(像我表达想法的方式)来抒发己见。

读这段文字,让我们稍稍体会学生(即便有天分的学生)面对拉丁文时,所遭受的困难,并了解为什么过去常有人用酷刑、奴役、折磨等字眼形容拉丁文课业。在乌纳穆诺幼时的印象中,许多孩子忍受的痛苦,往往因面对一个本身把人难倒的语言时,内心深感困惑而加剧。"不懂"和"牢记"是形容拉丁文学科的惯用语,这就是司汤达昵称的"傻傻地背起来"。以下几个例子将说明这种修业期的实况。英国政治家丘吉尔7岁开始学拉丁文,第一天上课,老师没有作任何解释,就递给他一本文法书,要他学"以诗句格式排列的单字",其实就是第一组词尾变化,呈现如下:

Mensa	a table（主格）	
Mensa	o table（呼格）	
Mensam	a table（宾格，即直接受格）	
Mensae	of a table（所有格）	
Mensae	to or for a table（与格，即间接受格）	
Mensa	by, with or from a table（夺格，即副格）	

这东西究竟是什么意思？意义何在？在我看来，这纯粹是冗长单调的叙述。不过，有件事我总能做：我可以把它背起来。于是，我就自己所能承受的愁苦极限内，开始默记老师给我的这份状似藏头诗的作业。

半小时后，这孩子终于背得出这段文字，并因为自己表现不错，而鼓起勇气要求老师解释。首先令他困惑的是，*Mensa* 为什么同时指 a table（一张桌子）和 o table（桌子啊）。词尾变化和"格"解释起来很烦琐。于是，老师为了简明扼要，便说：

"当你对着一张桌子讲话、祈求一张桌子保佑时，就会用到'桌子啊'这个词。"看我听不懂他的话，又说："你对一张桌子说话时会用到它。"

"可是，我从未做过这种事。"着实讶异的我不禁脱口而出。

"你要这么不礼貌，当心我处罚你，我可警告你，是重重惩罚你。"这是他最终的回答。

丘吉尔从未把拉丁文学好，他三次投考桑赫斯特军校，拉丁文都考不及格，而且越考越差。

也有很多孩子规规矩矩地做老师给的习题，却对内容不大理解，例如英国历史学家吉本（Gibbon）9岁时，他必须翻译其不大领悟个中含义的费德鲁斯和尼波斯的作品。这种构句练习往往让翻译新手用尽全身力气，代价是牺牲对原文含义的理解，更不必说对作品产生文学兴趣，诚如马尔堡学校的一位教师对学生的观察："他们千辛万苦搭设鹰架，却从未盖出房子。"还有学生一味查字典，而不花点时间试图理解："你在字典的各页之间寻找出路，"法国小说家比托尔（Michel Buter）在著作《程度》中写道，"在你看来，原文毫无连贯性，不过是一串单字，而且个个都要你查到疲惫不堪。"

既然习作犹如又难又不合逻辑的拼图游戏和累人的工作，孩子只好运用各式各样的策略来应付，首先是求助于他人。前述克劳德·西蒙的著作提醒我们，有些孩子会请父亲帮忙做功课，偶尔也有父亲因为厌烦或被激怒，索性自己译完整份作业。司汤达最早的拉丁诗习作，得到祖父的热情赞助。他"看起来像在帮我，其实是在替我写诗"。有些劣等生则依赖成绩好的学生，必要时还胁迫他们，阿尔菲里曾自述如何同时在被打两个耳光的威胁和得到两颗弹珠的承诺下，帮一位比他年长且强壮的同学写作业。同样地，在英国"公学"，"一些又懒又粗鲁的大男生"强迫资优生帮忙写拉丁诗，否则就把他们狠狠地揍一顿。

孩子也借充分运用手边的教科书来拓展资源。在瓦莱斯的小说《童年》中，主角雅各无论在拉丁诗或拉丁文演讲都表现优异；他坦承，这些全是从拉丁语作家的著作和字典抄来的，他从这里、那里借来只言片语和措辞，然后将它们首尾相接拼凑起来：

我在《帕纳森拉丁诗韵词典》中找副词和形容词，我只抄袭在《亚历山大》找到的文句……我因为备受不应得的称赞而痛苦万分，别人以为我能力很强，其实我只是一个平凡的骗子。我到处剽窃，搜集书本角落的句首字（指在跨行诗句中紧接上行的首字）。

借这段引文，我们除了看到学校完全容许学生使用《帕纳森拉丁诗韵词典》和一些工具书之外，还看到一个很不"合法"的行为：仿效和作弊。英国"公学"学生在拉丁诗方面的成就，部分应归功于某项"传统"（就这个词最原始的意思而言），这正是英国小说家休斯（Thomas Hughes）在《汤姆·布朗的学生时代》这本儿童文学的经典中，所描述的鲁格比公学传统。由于老师给的写作题目数量有限，有些孩子会把自己的作品保存在作文本子里，而这些本子又代代相传，于是人缘最好的男学生（手上握有好几本）早就准备好应付一切。唯一危险的是"可能搞混移花接木的顺序"，以及不同学生写出同样的作品。但只要使用得当，多少能抵销这个风险。因此，"继承"了其中两本的布朗"这里挑一行诗，那里挑一个词尾"，然后把这些"片段"放在一起，接着在《帕纳森拉丁诗韵词典》的辅助下，创作出符合最低标准的八行哀诗，完成前再加两行从其中一本作文本子完全照抄的道德诗。同样地，英译拉丁文的练习也有"解答"（例如马修·阿诺德的《拉丁文作文》中提供的习题"正解"）。另外，直到近代，还有方便翻译新手做习题的"译文小抄"（提供老师常指定为拉丁文翻译题的英文解答）。在法国，学童虽然没有这种"译文小抄"，他们的做法同样是抄袭可自由参考的译文，并小心翼翼在上面点缀几个错字。法国作家帕尼奥尔（Marcel Pagnol）曾叙述自己念五年级时，多亏同学拉诺，他才拥有附拉丁文原文（印在页面底端）的《凯撒纪事》法译本，这本小书：

即将带给我们的好处,就好比楼梯的扶手。

我必须骄傲地说,我很善于使用它。

找出本周的拉丁文翻译题摘自哪个章节后,我重抄这部分的译文。不过,为避免引起齐奇(拉丁文老师的绰号)病态的猜疑,我借几个错误提升我们作业的可信度。

拉诺的译文加了两个误译、两个词义上的误解、两个"不恰当的措辞";至于我,则加了一个词义上的误解、一个把与格当成夺格的错误、三个"不恰当的措辞"。

虽然这些做法有助于减轻学校生活的艰苦,很多孩子对拉丁文修业期仍未留下最愉快的回忆。如果把乌纳穆诺体会到的愁闷,和其他孩子表现出来的负面反应相对照,前者的感受算是很有分寸的。"无聊",阿尔菲里用这个字形容拉丁文初级课程,以下是他的解释:

我们翻译尼波斯写的传记,但我们当中没有人,或许包括老师,知道译文中的这些人物是谁,我们既不知道他们的国家在哪里,也不知道他们生活在哪个时代、受哪一个政体统治,甚至连政体是什么也不知道。所有的观念不是有限,就是有误或不清不楚。教的人毫无计划,学的人毫无兴趣。

拉维斯二年级和拉丁诗搏斗时也有同感,他还记得有位老师"很懒、毫无学识且装模作样"。同样地,丹麦语言学家耶斯佩森(Otto Jespersen)也觉得,他当时受的教育只重视"翻译及正确使用文法和格律学的规则"。

有些孩子万念俱灰,还流下无数泪水在翻译习作和拉丁文作文本子上。因此,法国考古学家雷纳克(Salomon Reinach)把著作定名为《科内丽雅或没有眼泪的拉丁文》(1914)，不是没有道理的。英国词典编纂家约翰逊（Samuel Johnsen）还记得自己在鞭子和责打的威胁下，学动词变位时的焦虑不安，"眼泪静悄悄地"流了下来。吉本在"付出很多泪水和一点点血的代价"后，才熟练拉丁文句法。古代语言和体罚终于在孩子的想象中融为一体。例如，年幼的约翰（斯特林堡的小说《女佣之子》中的主人公），自7岁起便把"拉丁文"和"藤条"联想在一起。而"年纪稍长后，他略过书上所有谈及学校回忆的段落，并回避一切探讨这个主题的书籍"。如果不是鞭子和棍子导致孩子憎恶古代语言，那么就是罚抄拉丁文作业。法国作家杜康（Du Camp）9岁时，曾被关在路易大帝中学的禁闭室，而且被迫在一天之内抄写1500至1800行拉丁诗。他评论说："老师把这么累人的惩罚加在孩子身上，却没有料到自己是在鼓励孩子厌恶本应学会赞赏的诗。"有些孩子被学习上的困难搞得灰心丧志，再加上害怕不时出现的惩罚威胁，终于转而向上天求救。塔利弗（英国小说家艾略特的著作《弗洛斯河上的磨坊》中的主人公）几乎对抽象概念没什么兴趣。因此，学文法的基础知识也成了一种可怕的考验。由于记不住第三组动词变位的动名词，这个小男孩决定祈求上主帮助，他在晚祷中悄悄加入以下祷告："主啊！求你帮助我时时记得我的拉丁文。"

无聊、痛苦、恐惧和失望，孕育出极端反应。有些孩子甚至怪罪"折磨"他们的工具，像是《吉尔·布拉斯传》（法国小说家勒萨的著作）中的少年斯卡潘：

> 我坐在大路旁的一棵树下，在那里，为了消磨时间，我掏出口袋里的拉丁文入门书，边开玩笑边翻阅，后来，我无意中想到它害我被打手心和鞭打，于是我撕了几页，生气地说：

"啊！该死的书，你再也不能让我流泪了！"我把词尾变化和动词变位撒得到处都是，以报仇雪恨。

其他孩子的反应是嘲讽，面对拉丁文演讲（法国教学法的一项专门知识），《童年》一书的主人公雅各讽刺地说：

> 有一天，老师给我们的题目是：雅典将军特米斯托克洛斯（Thémistocle）对希腊人发表谈话……"我希望这是个好题目，哎！"老师说道……"你们要站在特米斯托克洛斯的角度想。"他们老说要设身处地为这人想、为那人想……永远都是将军、国王、皇后！但我才14岁，我哪知道该让汉尼拔（迦太基将军）、卡拉卡拉（罗马皇帝）或托卡塔斯（罗马将军）讲什么话。

约翰（斯特林堡笔下的人物）则是躲进缄默中。这个10岁的孩子认为学校采用的教学法很"荒谬"。

> 我们花半年的时间，解释尼波斯笔下一位将军的生平。老师就是有办法把这件事复杂化，方法是要求学生要能够指出句子的结构。但老师从未解释到底该怎么做。事实上，老师的意思，好像是要我们按照某种顺序念出文中的字眼，但要依哪一种顺序呢？从来没有人念得出来，这并不符合瑞典文翻译。在几次试着了解如何保持句型完整，但未成功之后，这男孩试着保持沉默。

兰波对古代语言的厌恶更是激烈，说"为什么要学拉丁文"？

"又没有人讲这种语言"。接着他把自己的看法推到近乎荒谬:"谁知道拉丁人是否存在?搞不好拉丁文只是虚构的语言。"

在这些偶尔由拉丁文引起的厌恶和憎恨感中,我们最好注意到学生对过去领受的教育还有一个更全面的评价。别忘了这些"反抗者"中,有些人(以兰波为首)在中学曾是非常优秀的拉丁语学生,而其他人[如福楼拜、意大利政治家乔大尼(Giordani)、英国小说家特罗洛普(Trollope)]在重拾求学时代所憎恶的拉丁文时,都在其中发现极大的乐趣。尽管如此,拉丁文(更确切地说,学拉丁文的方式和学校规定的习作)似乎还是超出大部分孩子能力可及的范围。这就是为什么保罗·瓦莱里会作出以下结论:"拉丁文、希腊文——要40岁的人才懂得欣赏。"

把拉丁文变简单

有教学经验而且曾是学生的老师,都看得出孩子的困难。他们也认为拉丁文基础课程很难,没什么成效又太常注定失败。这是自17世纪起,教育文献中常见的评论。法国作家迪泰尔特(Du Tertre)于1650年写道:

> 对一个为了最美丽伟大的事物而生的心灵而言,让它背负重担,过度负荷一堆乱七八糟、比女预言家传递的神谕更晦涩难解的野蛮规则,是何等的苦难和折磨啊!到底需要多少贝乌特(Béhourt)的评论、字里行间的评注,还有反复讲述、应用和解释,才能发现这难以理解的外国话最基本的含义啊!它只会让孩子灰心、厌恶学习、浪费宝贵的青春、回忆中塞满了可能被视为诅咒和憎恶之物的蹩脚诗句。再说,这些诗句在学科的应用上毫无用处,因为大多数人全忘光了。

痛苦、不懂和厌恶：这些字眼及其同义词，从此成了形容拉丁文学科及其成效的惯用语。在1775年狄德罗应俄国女皇凯瑟琳二世之邀，所拟定的教育计划中，也有类似的说法；他以法国中学的教学成效为依据，把拉丁文学科推延到最后一年才上：

> 年幼的学生对学校不时传授的希腊文和拉丁文都不懂……能力最好的学生毕业后就得重学，否则可能终生不懂这些语言。而在解释维吉尔的作品时所忍受的痛苦、把贺拉斯有趣的讽刺诗浸到湿透的泪水里，都让他们对这些作家的作品厌恶到一个地步——只要看到它们就发抖。

同样的谈话也出现在19世纪的英国。"浪费了多少年的光阴学拉丁文啊！"达文波特·希尔写道，"孩子忍受了多少劳累、痛苦和束缚啊！……有多少对文学的厌恶感因此产生啊！……总之，拉丁文教学与研习，过去、现在和将来制造多少不幸啊！"这可悲的预言将在下一个世纪得到证实：那时世人以类似的谈话描述"拉丁文的危机"。学校课程本应以循序渐进的方式，引导孩子正确认识古典语言和文化，但对大多数人来说，事实却和这犹如田园诗般的计划背道而驰。成效不佳（无论就所学到的知识，或更广泛地，就才智方面的获益而言），正如中学毕业会考的考卷呈现的结果。"是什么样混杂难懂的文章，"帕耶（P. Paillet）于1954年写道：

> 什么样没有条理的炼金术，会产生如此笨拙扭曲的句子：句与句之间的串连，不但连最基本的逻辑都没有，而且是借助字典拼凑而成的，这些句子往往叫阅卷者惊愕而想，一个心智健全的个体怎会毫不迟疑地写下这样的句子？事实上，这一切

第五章 书面语

的发生就好比面对拉丁文作品时，思维规律自动消失，仿佛所有的妄想都变得合法……此外，还要加上对拉丁文学和文化一无所知……一旦考试结束，青少年就合上拉丁文书籍，永不翻开，而且十之八九将永远不想再阅读，即使是翻译作品。

或许直到20世纪60年代末期，都还有人用同样的说法形容学生的态度和成绩。

在教育界的决策阶层中，自18世纪起，就常有人把原因归咎于让孩子过早开始学拉丁文，以及某些孩子（甚至大多数孩子）的能力不足。但大家尤其抨击学究式的教学方式（指长久以来用拉丁文授课，亦即"以未知的事物"解释"未知的事物"），让正在与枯燥乏味的作品和超出能力范围的习作搏斗的孩子，处境更加艰难。为因应这个评断，有人提出补救办法，口号是简单、迅速：教学法和教科书必须使基础课程易于学习，并因此确保以较低成本取得较大成效；单就这个口号至今仍一再重复，就知道实效始终不理想。

文法是所有批评的核心。实际上，学文法耗掉孩子绝大部分的时间和精力，这在旧制度期间尤其真实，并因自19世纪下半叶开始，受德国语文学长期影响，而一直持续到不久前。文法和文法规则向来被评为可怕的障碍：考验孩子、让他们失去努力的勇气、害他们中断学习、永远厌恶这门学科。从文艺复兴时期至今，教育文献都发出类似的责难。这里只谈几个例子。伊拉斯谟声明反对花太长的时间学文法规则，而过度且徒然延迟阅读古代作家的著作。在英国，早在1531年，作家埃利奥特（Thomas Elyot）就在著作《治人者》中，抨击这种基础课程"削弱初学者的勇气"，以致当他们开始接触作品本身时，"热切渴望学习的火花，早已被文法的重担扑灭，就好比火很快就被一大堆小树枝弄熄，因为它从未延烧到本应长久在悦人的烈火中燃烧的粗大木柴"。夸美纽斯在著作《语言入门》（1631）中，以较白话的说法，为青少年背负的"第一个十字架"悲叹：他们"被普遍冗长、错综复杂或晦涩难懂，且绝大部分毫无用处的文法规则耽误，更确切地说是折磨多年"。几百年后，意大利语文学家法西欧拉提（Facciolati）指责语法学家和他们造成的不幸：

> 这些人堆砌那么多的规则、附录、评注，以致单看这一切就吓坏年幼的孩子，而它们庞大的分量也让孩子仍脆弱的心灵不堪负荷。这就是为什么孩子厌恶学习、装病、迫不及待地放假，为逃避上课并满足自己偷懒和对无所事事的热爱，而花招百出。

狄德罗抨击文法这项科目，对八九岁的孩子来说太抽象了。"你如何期待他注意形容词在性、数、格三方面都要配合名词？他连想都想不到。所有这些烦琐的名称只会吓坏他、让他陷入绝望。"拉丁文文法经常被比喻为"幽暗森林"，而在意大利，有人自然而然把它和"但丁笔下的地狱景象中那荒凉、崎岖而茂密的森林"联想在一起，也有人更进一步以常见的比喻"迷宫"（前面再加上"代达罗斯的"这几个字，并明确指出"没有阿里阿德涅线"）①来描绘。19世纪意大利教育家托马塞欧（Niccolò Tommaseo）在一篇演说中，猛烈抨击文法规则是"用来摧毁人的记忆力，而非锻炼记忆力的工具；是一大群鹦鹉的教师；是迷宫、地牢、地下矿

---

① 在希腊神话中，代达罗斯是为克里特国王米诺斯建造迷宫的建筑师；阿里阿德涅则是米诺斯的女儿，她用小线团帮助忒修斯逃出迷宫，"阿里阿德涅线"比喻能帮助解决复杂问题的办法。

务工作；是嘴巴被封住的孩子必须套着跑的麻布袋，而且他们若不直直向前跑，就会被狠狠鞭打。"英国也传出类似的谴责。伊顿中学的三大文法规则（*Propriae quae maribus*、*Quae genus*、*As in praesenti*），被喻为"比希腊神话中，守冥界大门的恶狗刻耳柏洛斯更凶恶的三头怪物"，而含有"一长串例外"的教科书，则被指控为"比暴君尼禄、法国大革命领袖罗伯斯庇尔或人类其他所有敌人，制造更多人间痛苦"。在20世纪60年代，当教师纷纷抨击拉丁文教学法"文法过度膨胀"的同时，也为学生的"文法能力衰退"感叹。此外，这么差的成效还伴随一种双重感受："厌倦"（因不断重复同样的规则，而对上课厌烦至极）和"隐约的恐惧"（源自害怕"这种状态永远没完没了"，总有新形式、新规则要学，而且永远有新的陷阱要躲避）。

这些批评（不过是同样的怨言在四个世纪中的不同说法）以两种方式具体呈现，编写简化的教科书，提出精简文法甚至减少其分量的教学法。很早就有人出版意图简化拉丁文学科的著作。此愿望甚至印在书籍的书名页上，这还不包括那些缀以神奇字眼，如"简单""容易""迅速"及其同义词的标题（就好像要保证拉丁文基础课程易学且成效佳）。著名的波尔罗亚尔语法书《拉丁文快易学的新方法》（1644），在所有直到今日仍保证易学速成的大量教科书中，只是一个杰出的例子。

事实上，用来使拉丁文易于学习的方法变化最多，包括使用本地语言、借改写成诗方便熟记文法规则、以表格的形式讲解。这一切似乎能有效帮助学生学到一点拉丁文，像是20世纪50年代的"性、数、格变化表"，含有"一套订在书页边供翻阅的标牌、框框、箭头标志、括弧、纸上圆盘，把不同颜色的信号显示出来"，以帮助学生弄清楚词尾变化和动词变位。然而，这些方法并非总是如预期般有效。按照波尔罗亚尔社团教师（尤其是尼科尔）的说法，图表和其他图解只会增加学习的困难："因为用来连接词与词之间的颜色，并非一种自然的连线，既不能减轻记忆的负担，也不会持久留在脑海中。如果只有两件事要记，或许这个办法还有用；但当数量非常庞大时，思想就会变得混乱、迷惑。"

因为简单易懂而身价大涨的文法教科书，并非总是履行承诺。梅兰希通曾希望他的文法书（1525）能成为一个工具，让人迅速学会写一手好拉丁文；这点促使他拒绝采用术语，但随之而来的结果是，有些规则的意思变得含糊不清，像是以下这样的陈述方式 *Substantiuum cum* substantiuo genitiuo casu iungitur：对此，后来成为丹麦里伯主教的泽西努斯（Jersinus）坦承，他搞不懂其中的两个名词，究竟哪一个应加上所有格。特别以批评德波泰尔（Despalltère）的语法书为出发点的波尔罗亚尔语法书，自许为一本用浅显易懂的方式阐述语法规则的"小书"。"在德波泰尔的国家，一切都惹孩子讨厌。"法国语法学家朗瑟洛（Lancelot）写这番话，以强调他要"把使人厌烦的黑暗变为令人愉悦的光芒，让孩子在先前只见荆棘之处采花"的决心。一个世纪过后，勒谢瓦利埃（Le Chevalier）教士在著作《拉丁文诗律学》（1773）中，嘲弄波尔罗亚尔语法书用诗句表示规则的做法，简直不清不楚且令人讨厌，例如：

> La voyelle longue s'ordonne
> Lorsqu'après suit double consonnes
> （后面接双重子音时
> 要用长母音）

他并以简单、清楚的散文体与前者相对照："后面接双重子音的母音是长母音。"一位图卢兹柏立中学的教师，在回应英国当时盛行的"文法无政府状态"时指出，语法学家肯尼迪（Kennedy）的《公学拉丁文入门书》(1866)，也是这种意图声明与实际成果之间有差距的绝佳范例。这本书虽然很快就畅销且历久不衰，却仍遭到强烈反弹。肯尼迪宣称自己向来关心"如何使年轻学子轻易学到扎实的拉丁文知识"，为此，他采用特定的专有名词，"一些把文法当作一门学科而专属它的术语"。然而，也是这些术语引来最苛刻的批评。trajective、prolative和factitive是最常沦为箭靶的三个词。至于肯尼迪放在书末的术语汇编，则被抨击为附加的混乱来源。例如，一位哈洛中学的教师指出：

> 第98页写着："trajective带有与格"。翻到术语汇编查询trajective，我看到这个"明白易懂"的解释："*Trajectiva*（*trajicere*，转置），指带有与格的动词和形容词。纯'转置'动词（动词*cui*）只有一个与格；及物'转置'动词（动词*cui-quid*）带有宾格和与格。"（见第162页）我可以举出上百个类似的例子，内容不外乎没必要且含糊不清的规则、什么都没有解释到的解释、一点也不明确的定义。

接着，回过头来谈书上采用的词汇（"稀奇古怪的专有名词"）时，这位教师表示，令他愤慨的是"十二三岁天真无邪的孩子，必须熟悉使役动词（factitive，或说动词*quid-quale*）、及物转置动词、补助叙述的关系、叙述状况的关系、所有者和接收者的关系、间接补语、接收者补语、次间接句，以及天知道是什么的规则"。即使在20世纪50年代，毫无起色的学习成效迫使文法教学非简单易学不可，贝桑松大学教授库森（Jean Cousin）仍抨击中学通用的文法书

"自命不凡"，尽是"塞满二手伪科学论述的厚重书本，而且还用不适合16岁以下的孩子阅读的小字印刷"，其中每项规则的陈述都有发展成论文的趋势，想要做到巨细靡遗，时刻烦恼不够完整，反而导致例外倍增、学生不堪负荷。

让学生历经艰苦的修业过程，成效却不佳的拉丁文，常被教师和其他教育理论家拿来和母语或某个活语言的简单易学且成效佳相对照。这是自17世纪下半叶起常见的看法，英国经验主义哲学家洛克在著作《教育论》（1693）中也曾提及不需要老师、规则或文法书，单单听人讲，孩子就能学好英文。一个英国少女能在一两年内，从和她说法语的法国女老师身上学会法文。同样的方法也适用于拉丁文，最好的解决办法是，聘一位能对孩子说拉丁语的老师，没有的话，不妨从一本有趣的书（如《伊索寓言》）开始。我们可以"写一行英文的译文（尽可能直译），然后在上面另写一行对应这每一个英文字的拉丁字。把这个拿给孩子每天一读再读，直到他完全理解拉丁文，之后再换另一则寓言"。在阅读的同时，孩子也学到在其他地方仍屡次要的文法基础知识。这篇文章引出一个学习方法（习惯）和一个技术手法（行间书写），两者在18世纪皆大受欢迎。

虽然有些人不赞同这种做法（波尔罗亚尔社团的教师认为，它让人同一件事学好几遍），而其他人（如弗勒里或罗兰）仍继续使用文法书，但对规则日益不信任，却引人鼓吹一种自然而然学会拉丁文的学习法，也就是通过习惯，而不是靠推理的方式学到语言，由此产生法国语法学家迪马塞（Du Marsais）的"惯例说"与普吕什（Pluche）的"机械论"。迪马塞推广这种教学法和行间书写的手法（坦白说，后者对当代人而言并不陌生）。他用不同性质和大小的印刷铅字，把要研读的作品以四个层次呈现出来。首先是拉丁文原文，其次是按合乎逻辑的句法结构（也就是法文的顺序）呈现的拉丁文，再是直译，最后是"纯正的法文"。实例如下：

Veneris mater Dione fuit, filius, Cupido…
Dione fuit mater Veneris, Cupido fuit filius ejus…
Dione fut la mère de Vèuns, Cupidon fut fils d'elle…
（迪奥内是维纳斯的母亲，丘比特是她的儿子……）
Vénus était fille de Dione et mére de Cupidon…
（维纳斯是迪奥内之女、丘比特之母……）

初学者只使用"句法结构和直译这两行"，因为"他只要会读就好，没有必要知道如何做词尾变化或动词变位"。在阅读同时，孩子也学到了词汇，而在不知不觉开始接触句法之前，他们已经准备好学习词尾变化和动词变位。迪马塞强调："这些逐行对照的译文，主要的目的是用来导向写在最上方的纯原文，但我们不该让孩子先从第一行读起，免得他们因对拉丁文的倒装法感到困惑而气馁。最好让他们出于好奇和自负，在不自觉间习惯这种句法。"此方法大受欢迎，而且持续到19世纪初。一开始，它还是引起反对声浪，特别是无法接受重组拉丁字的人（如普吕什或熊普雷）。熊普雷（Chompré）甚至抨击所谓的"构句"其实是"毁坏"，他要求让这些拉丁字恢复它们原先在正文中的顺序。他自己的译法如下：

Urbem Romam a principio reges habuere
La ville de Rome au commencement des rois eurent.
（起初，王拥有罗马城）

虽然，继承波尔罗亚尔社团传统的"《百科全书》编纂者"[例如迪马塞、博泽（Beauzée）]反对普吕什和熊普雷的看法，认为有必要利用分析型的句法结构（即按合理的顺序，多少有点是法语的顺序来构句），却意见分歧。博泽反对迪马塞赋予"惯例"（也就是凭直觉学拉丁文）的角色和地位，他确信一开始就诉诸"惯例"并无好处，甚至会危害思想训练。适当的做法是，一开始就赋予语法逻辑优越的地位，因为它无论对拉丁文教学或对任何语言教学而言，都是不可或缺的合理基础。

这场"规则"与"习惯"之争，还有好长的路要走。在20世纪50年代，当自19世纪传承下来的文法教学在公立中学盛行之际，很多人抨击这种教学法成效不彰。有人谴责这是为了有利于"某种从作品中研习的经验文法"，而"有系统地预先学习理论文法"；有人鼓吹阅读古典作家的作品；有人建议课堂上应优先重视即席译讲的练习。"现代拉丁文"运动，强调通过口语练习和阅读作家的著作学到词汇，这意味着原本赋予文法的分量减少。不过巴耶（Bayet）的介入（由巴耶领导的委员会，负责设计一本简易合理的教科书，有人称之为《13页文法书》），还是让古典拉丁文的支持者放心不少。事实上，他们当中有些人对于以"全面理解"正文为由，要求学生在读过第一遍并尝试分析之前就翻译的做法，持非常保留甚至反对的态度。他们谴责这种"凭直觉习得的拉丁文"，理由是成效不佳而且可能危害思想训练。他们反对过度强调直觉（甚至"预知"）的做法，鼓吹恢复推理、分析……以及文法。这场延续数百年的"规则"与"习惯"之争，难道没有在近代教学法中（为了"挽救"拉丁文，而牺牲语言知识并赋予文化重要地位）找到解决之道吗？语言的表现不再是重点。

大多数被送去学拉丁文的孩子，从未达到很高的程度。不是他们努力不够,也不是老师不尽心或缺乏创造性。各种技巧老师都试过,而采用"娱乐的"方法也不比将本国语和拉丁文互译的传统练习有效果。难道成功真的是望尘莫及吗?早在1686年,弗勒里就不抱任何幻想:"我们应纠正'世人能完全学会拉丁文或其他任何死语言'这种谬见。"到了下一个世纪,达朗贝尔以嘲笑的口吻说:"拉丁文是一种几乎所有微妙之处都被人遗忘的死语言,今日我们视为拉丁文写得最好的人,说不定写得很糟。"这种"着重现实"和嘲讽的态度并不令人讶异,因为早在人文主义极盛时期,维罗纳和勒托的学生就觉得跟不上老师(把老师在课堂上说的话写错且错误百出);其中一名学生把 *Phatniticum*(尼罗河口)写成 *pannicum* 的例子,除了强有力地证明这名学生当时很慌乱之外,不也象征着拉丁文的学习过程或许从来就不是易事,而且成就似乎始终有限吗?

第六章
口　语

16世纪中叶，法国博物学家贝隆（Pierre Belon）强调指出讲拉丁语的好处，他以熟练这个古代语言所创造的条件，对照农夫封闭的世界和学者无边无际的宇宙。"一个乡下人团体，"他在著作《鸟、动物、蛇等的画像》中写道，"其中有不列塔尼人、巴斯克人、苏格兰人。他们因不认识彼此的语言，而无法互相了解。但如果他们是文人，而且都讲自己在宗教生活中使用的文化语言，那么他们各人就会听懂彼此的言论。由此看来，文人比劳工强多了！"拉丁文勾勒出无知者的巴别塔和学者的一元化社会之间的分野。不过，这些听懂彼此言论的人（套用贝隆的话），拉丁语究竟讲得如何？他们真的完全理解对方的话吗？

除了声明拉丁文具备某种固有的沟通效能外，似乎也有必要检视世人使用口语拉丁文的情况。有两个问题引起我们注意：口语的品质如何？理解到什么程度？本书提供的答案必定不完整（这并不令人意外，毕竟我们是以回顾的方式，研究某一种语言在口语方面被理解的情形）。此外，口语的资料来源也比书面语的部分少很多，探索起来既困难又冒险；有关这个主题的参考书目寥寥，就是最好的证明。

一、讲拉丁语

　　如果我们愿意回想拉丁文在学校、教会、学术界、政治和外交实务中曾经拥有的地位，就不难发现长久以来，世人有很多机会讲这个语言。直到18世纪（包括该世纪在内），世人仍很需要认识口语拉丁文。然而，同样真实的是，自17世纪起，种种要求师生遵守讲拉丁语的规定，显示出在下一个世纪开始将本地语言引进教学，且口语练习不及书面语练习之前，口语拉丁文在学校界已有衰微的趋势。基础教育的这种转变必然带来影响，而与此同时，本地语言也逐渐在口语交流中占上风。从此大家愈来愈少讲拉丁语。在这方面，印成书的著作自相矛盾地成了最显著的指标。在16世纪，活版印刷术为突显拉丁文文献而引进符号，借闭口音符（尖音符）、开口音符（钝音符）、长音符或分音符，来区分同音异义词和同形异义词，并因此确定发音。然而，这些用来指出音长和重音位置的区分符号，却在1701年至1725年间消失，不但沦为一套复杂没有条理的系统遭批判的牺牲品，也在拉丁文无可挽回地朝书面和阅读语言的地位发展之际，逐渐失去了用处。

　　尽管如此，口语拉丁文仍凭着"思想交流的语言"这个功能，在启蒙运动时代中期，甚至在积极提倡本地语言的人士中，找到捍卫者。狄德罗在耶稣会遭解散后不久，提出的一项教育计划中，对拉丁文基础教育作了以下建议：

　　　　重点是理解拉丁文，不是为了拉丁文本身，而是为了以这个语言写成的可用资源。其次是，讲拉丁语，不是为了成为总督或领事，而是为了让一心想了解我们的外国人听懂我们的谈话。因此，最好是从10到11岁的学童开始训练，并强迫他们彼此间及与老师交谈时，都要讲拉丁语。

另一方面，天主教会直到近代，仍把拉丁文当作她的"活语言""和全世界交流的工具"来使用。要证明这点，只要想想两次梵蒂冈大公会议都以拉丁文举行，以及教宗保禄六世创设的罗马阿尔蒂欧里斯拉丁语言学院的学生直到1970年仍讲拉丁语。最后，偶尔会有人因不懂彼此的语言，而用拉丁文开启一段对话。虽然这方面的逸事不少，我们宁可举意大利小说家莱维（Primo Levi）感人的例子。从奥斯维辛集中营获释后，莱维待在克拉科夫且生活极其贫困，为了找给穷人喝汤的施汤站，他向一位神父问路（虽然对方看起来和蔼可亲，却不懂法文、德文或意大利文）。于是，"这是我毕业后，第一次也是唯一一次使用学习多年的古典学科，我用拉丁文进行一段最荒谬且杂乱无章的谈话"。以下就是他的开场白：*Pater optime, ubi est mensa pauperorum*？由此可见，情况紧急会促使人求助于古代语言。例如，1807年怀特洛克（Whitelocke）将军所领导的英国军队，在袭击布宜诺斯艾利斯期间败给西班牙人时，就是用拉丁语和战胜的一方谈判降书，因为两边阵营的军官都不懂敌方的语言。

虽然过去有很长的时间非讲拉丁语不可，而且使用这语言的机会也很多，但原始资料却很少提供口语拉丁文品质如何的详情细节，例如，19世纪40年代，在匈牙利国会发表演说的人，拉丁语水平如何？一般人都期待大学教授和外交官（至少直到18世纪中叶）、天主教会的高级教士（直到近代）具有某种程度的语言能力。但他们究竟用什么样的拉丁语授课、谈判或咨商？有些传记作者强调他们撰述的主人公讲拉丁语，但讲得怎么样呢？一些名人提到自己曾使用拉丁文,却没有提供进一步的细节,如果可以,我们倒想知道笛卡儿在布列达和贝克曼会面时,是用怎样的拉丁文和他交谈。有时候,的确有一些文件满足我们的期待。根据威尼斯使节的记载,西班牙国王腓力二世"代表某位王侯,讲得一口流利的拉丁语"。较常因德语作家之名而才华备受颂赞的歌德,无论写拉丁文或"滔滔不绝地说"这个语言,都表现出超乎常人的"流畅",而在《回忆录》中回顾斯特拉斯堡大学的时光时,他描述自己当时拉丁语说得"很流利"。这类颂扬的记载很少见,通常原始资料都是引证讲拉丁语的人用词不当、笨拙、荒谬可笑,并描述一些近似沟通、难以沟通甚至无法沟通的情况。有点卓越才能的人都不会把最显著的印象(即表现很差的部分)重新拿出来讨论。

因此,莱维在克拉科夫向神父问路时,所用的口语形式(以*pauperorum*取代*pauperum*)并不怎么古雅。像这种不大有西塞罗风格的拉丁文,我们不乏更早期的例子。布罗斯(Brosses)主席曾在热纳亚不得不用古代语言和学识渊博的法拉利(Feraari)神父交谈。当时他对自己谈话内容的品质不抱任何幻想,他写道:"听我在这里讲话真是可笑至极,就像是Merlin Coccaïe,一种用拉丁语和加了拉丁词尾的意大利语、法语混合而成的胡言乱语。"拜伦在里斯本也有类似经历。他"跟听得懂他讲话的修道士讲一口破拉丁语,因为彼此半斤八两"。英国作家沃波尔(Horace Walpole)承认,有一两次他不得不说的拉丁语,其实是(至少就动词而言)"加上罗马语词尾的意大利语"。检视教会界和学校界时(我们原以为这两个领域一定有很多拉丁语讲得顶呱呱的人),上述几个例子给人的负面印象还会增强。

前文提过,天主教神职人员并不全是拉丁文造诣很高的人,虽然阿洛斯堂区神父或许是一个极端的例子,"他拉丁文懂很少,讲得更糟"。由于神学院中使用的语言几乎没有人研究，因此认为这个圈子的拉丁文普遍为布雷东（Stanislas Breton）神父在回忆录中提到的"非常拙劣"且"生硬"，并不会不合理。怪不得即使在教会最上层人士中，也有拉丁文能力奇差无比的人。1869年参加梵蒂冈第一届大公会议（简称梵一大公会议）的七百多名高级教士，绝非个个一流的拉丁语演说家："并非每个人都说得很流利。"近代高级教士德翁（Léon Dehon）写道（拥有速记员的资质，使他格外注意与会者的语言表现）。即使以非常精通古代语言著称的意大利和匈牙利高级教士，在这方面也不是完美无缺。例如伊科尼欧（Iconio）大主教帕撒瓦利（Passavalli）在第一场会议开始时，所发表的演说被评为"令人满意"；尽管他的"拉丁语风格有点时好时坏"，有些地方还露出"（语言转换的）接合点"。更严重的例子是，三名起初被选来担任大会主席的意大利枢机主教，没有一个有能力用拉丁语即席发言。在来自其他国家的高级教士中，法国人的拉丁语显得相当平庸。"他们并没有因为拉丁语表现得优美简洁或正确而引人注目。"德翁在提到自己的同胞时写道，接着他又举了两个例子："沙凡纳（Savannah）传教士主教韦罗（Mgr Vérot）和康坦斯主教布拉瓦（Mgr Bravard），毫无顾忌地光说蛮语。"之后德翁又回过头来评论这两位高级教士，他指出前者讲的是"蹩脚的拉丁文"，而后者表现出"拙劣的"拉丁文，"充满不纯正的语词和句法错误。"曾积极为教学中使用古典语言辩护的法国高级教士迪邦路（Mgr Dupanloup），有人形容他拉丁语讲得"马马虎虎"，也有人形容"很破"，"激动时，还会脱口说出几个法语字"。梵二大公会议时，情况似乎没有改善（从与会者的答辩中，可以感觉到他们的拉丁语并不流畅）；孔加尔神父承认自己当时在罗马的一场讨论会上很尴尬："我用拉丁语谈普世教会合一运动。在表达细微差别时，拉丁文带给我很大的不便，它不适合用在这里，即使那些比我懂拉丁文的人来用也一样。"在拉丁文即将衰落之际，有人指出教会最上层人士这方面能力不足的事实，在好几个世纪前已如此。当时虽有杰出的人文学者，但也有拉丁文造诣很差的人，如斐迪南一世。在成为多托斯卡纳大公之前，这位王侯曾是罗马教会的枢机主教。当时他才13岁，对文科不怎么感兴趣：要他念书，并反复教导他主教身份必备的拉丁文，简直比登天还难，学了10年，他的拉丁文知识仍极度贫乏。然而，他的老师已经用尽各种办法，包括利用四轮马车旅行，好用拉丁语和他交谈。

学校的光景也没有多好。在18世纪，有人〔例如法国历史学家多诺（Daunou）〕抨击"学校讲半拉丁文的混杂语"；有人〔例如夸耶教士〕非常严肃看待中学让孩子花"10到12年的时间学讲很糟的⋯⋯拉丁语"；也有人（例如狄德罗）指出，学生讲得不好，往往起源于老师讲"不纯正的拉丁语"。然而，这类评价（或许有人认为这是有意改革教育的人偏颇的说法）并非第一次出现。早在1650年，一位名叫迪泰特的法国教师就强调指出，一些18到20岁的青年，从修辞班毕业时，只会"讲很差的拉丁语，而且对这个优美的语言毫无健全、由衷的兴趣"。这类评论并非法国特有。在英国，"文法学校"自16世纪起，就以教导孩子讲拉丁语为首要目标，结果却令人失望。英国学者阿沙姆〔（Roger Ascham），名著《校长》的作者〕指出，即使最好的学校"在用字遣词上，也不大留意选择正确的字眼、用词不当、引起混乱、在年轻的心灵中孕育粗俗，以致他们后来不但失去讲拉丁语的兴致，判断力也受损"。在波兰，18世纪末教学波兰语化宣告失败后，学校恢复口语拉丁文，但对表现出来的品质几乎不抱希望。教育委员会基于"拉丁文,即使文理欠通,在法律事务中和对法律界人士而言都不可或缺",允许课堂上讲拉丁语,并让学生"像在使用活语言一样",练习讲并理解这个语言,即使"用较不纯正的方式表达"。

就算不看学校界,而看最上层的知识领域,也会发现自17世纪起,有些学者并未"如愿拥有用拉丁文抒发己见的才能"。为了证明这点,法国作家帕坦(Guy Patin)提出意大利古典文学研究者弗拉卡斯特(Fracastor)和历史学家西戈尼乌斯(Sigonius)的名字,"虽然这两位皆是'博学者',"他补充说道:

> 很多人都说,法国历史学家德图(M. de Thou)用拉丁文写了五册很棒的历史书,也很有学问。但据说有德国人和英国人在他家听到他拉丁语讲得这么烂,quaerebant Thuanum in Thuano(在德图里面寻找德图),都不敢相信这么出色的著作出自他的文笔。今日大家也常说里戈(M. Rigaut)和索梅斯(M. de Saumaise)……

同样在17世纪,索邦神学院里再也听不到西塞罗式的拉丁文:"古典文学研究者卡索邦(Casaubon)曾出席一场论文答辩……过程中他听到很激烈的争辩,但这些却是用很不纯正、让人听不大懂的语言表达。因此他离开会场时忍不住说:我从来没有听了这么多拉丁语,却一句也没听懂。"同一时期,据一位外国观察家说,帕多瓦大学也不再是人文主义的堡垒:"除费拉里(Ferrari)之外,几乎每位教授讲的拉丁语都有句法错误。"马谢蒂(Marchetti)甚至在用拉丁语讲课时掺入意大利文。在蒙波利埃,医学院的拉丁文表达能力也好不到哪里去。洛克在1676年2月26日参加一场辩论后,在日记中写道:"很多法语,艰涩的拉丁语,没什么逻辑和论证。"

一个世纪后，情况依旧。"拉丁语国家"，据梅西耶看来，"充满了蠢话和句法错误"。举了几个例子后，他继续说道："的确，我们的大学教授懂的拉丁文，不会比对自己母语认识得多。"即使到了19世纪，巴黎大学每当有拉丁文论文答辩时，校内仍充满极其拙劣难懂的话。试图在教授甄试中保留拉丁文口试的法学院，因为"听众的嘲笑"，不得不放弃这项规定。以拉丁文进行口试的哲学教师甄试，制造了许多生动的景象，诚如1827年一位教授在考核时写下的评语："以拉丁语开始的句子，不止一句突然以法语结束。"他举一位把两种语言混在一起的应试者为例，后者宣称："*in hac urbe où je professe*（我'在这个城市'任教）。"

这么差的口语表现，引来各界反应。在18世纪期间，德语地区的大学界人士对口语拉丁文的贫乏（不够流利且错误百出）甚感担忧。为补救这种情况，有两个拉丁文协会分别设立于耶拿（1734年）和哈雷（1736年），会员（大多数是大学教授）不但要讲拉丁语，而且要用纯正的拉丁语，在耶拿，协会甚至严格规定只能用西塞罗式的拉丁文。

其他早在17世纪就提出的解决方案，更是野心勃勃创设拉丁城。这些计划的发起人都有共同的双重体认。一方面，经过冗长艰困的学习，对拉丁文的认识还是很少；另一方面，置身于陌生环境中的孩子，很快就学会讲当地语言。1621年，赖伐尔（Antoine de Laval）建议法王"为王太子、所有王公贵族和其他名门子弟创设一个拉丁语殖民地"：只说拉丁语加上采用"有趣的"教学法，将保证完全、迅速掌握口语拉丁文。弗雷（Frey）提出的计划较适中但源自相同的灵感，他提议创立一所让孩子两岁就入学的拉丁文中学。在这里，孩子和老师、佣人只能用拉丁语交谈和玩耍。因此，到五岁时，他们将比在学校度过十年痛苦岁月的孩子，讲"更多拉丁语，而且更具典雅语风"。莫奥夫认为，要设立一个连工匠都会讲拉丁语的拉丁城，大概二十年就能实现。一开始，只须挑选六七名精通拉丁文的人，请他们教穷人家的子女拉丁文就够了，以后这些受教者将学习一技之长，届时就轮到他们用拉丁语培养学徒，像这样，一个拉丁语社会将逐渐成形。在18世纪中叶，法国天文学家莫佩尔蒂（Maupertuis）坚决主张要有拉丁文大学，但他也强调在口语实践中，拉丁文会特别出现"死语言"的特性。"我们肯定能讲得好，"他指出，"只要我们全用古代作家的句子，一偏离这些，我们就建构一种成分不同的混杂语，只有无知才让人感受不到它的滑稽可笑。"不过，他认为要让这个语言重生应该不难：

> 只需把全国讲拉丁语的人都集中在一个城市，下令只能用拉丁语讲道和进行诉讼。我深信他们在这里讲的拉丁语，程度不会好到像奥古斯都的宫廷所用的语言，但也不会糟到像波兰人讲的拉丁语。而从欧洲各国来到这个城市的青年，一年内在这里学到的拉丁文，将比他们花五六年在中学学到的还要多。

同一时期，法国博物学家拉孔达米纳（La Condamine）在批评中学的教育制度之后，提出一个通过活用来学习拉丁文的基础教学法，和近代外语基础教育类似。他还说："我如果提议创设一个只能讲拉丁语，而且很快就有来自欧洲各民族的人居住其中的城市，有些人大概会觉得这个计划荒诞可笑，或许这是我能提出来支持新教学法的最佳理由。"甚至在19世纪维也纳会议后不久，还有一位被派至图卢兹的西班牙神父奥尔莫（M. M. Olmo），建议重获和平的欧洲执政者，共同建立一个拉丁城，并取名叫 *Roma Tullia*。住在城中的居民（来自各国，起初至少有10位）都要讲拉丁语，而且各人要照自己的能力和情况，竭力使拉丁文重新成为国际交流的工具。虽然这些计划（还有其他类似的计划）看来都没有实现，而且近乎乌托邦，它们仍然（而且从很早期开始）表达了传统教学彻底失败的看法：绝大多数的学童经过多年艰苦的努力，仍无法流畅地说出正确的拉丁语。

二、理　解

1678年，20岁的方丹（Jacques Fontaine）进入波尔多吉耶讷中学读哲学班。他的回忆录记载了当时的慌乱："那里只讲拉丁语……例如在逻辑学课，每一章都互有关联，但无论是课程内容或讲解，我完全听不懂，而且只能勉强讲出三个拉丁字。我在班上就像是半聋的哑巴。"借这段引文，我们可以来衡量存在于拉丁文口语实践问题的另一面：理解。如果要流畅正确地讲拉丁语都很困难，那么要理解似乎也不会比较容易。

这点说明了苏格兰改革家梅尔维尔（James Melville）年少时，为什么会痛苦万分（他一到格拉斯哥大学就想打道回府）："没有非常扎实的文法基础，又未达到自己判断和推理的年龄，我陷入悲伤和绝望中，因为不懂（老师的）语言，在他的课堂上我只能悲叹落泪。"这点证明了长年学习绝非一种保证。在耶稣会都灵中学就读期间，拉丁文程度好到可以帮同学写作业的阿尔菲里，进了大学才发现自己毫无实力。对于"本身很乏味且笼罩在拉丁文中"的哲学，他一窍不通。次年的物理课对他而言，也没有比较明白易懂，以致他必须与缠绕他的这个语言搏斗。

因此，我们可以理解为什么强制以拉丁文授课的时代，老师仍不得不提供本地语言讲解。17世纪末，在那不勒斯，著名的法学教授奥立西欧（Domeico Aulisio）先用拉丁文在讲台上授课，然后再步下讲台，在学生当中走来走去，用那不勒斯方言进一步说明并回答问题。同一时期在比萨大学也有类似做法：教授以拉丁文"口述"之后，会走出大厅并进到庭院，靠在一根圆柱上（因此有"靠着圆柱反复讲述"的说法），用托斯卡纳方言"讲解"。事实上，一个世纪后，若想灌输学生一些知识，这种做法绝对免不了。戈齐提到在帕多瓦大学，教授一致认为几乎不到一成的学生（大概三百人中有三十人），"勉强懂拉丁文"。这么说来，学生如何跟得上用他们听不懂的语言讲授的课呢？"这是真的，"戈齐答道，"上完课，学生就会到私立学校听讲解。"

怪不得在18世纪末，大学改革者强烈抨击以拉丁文授课的惯例。法国评论家拉阿普在（La Harpe）在1791年的一项研究计划中，提到哲学课，他炮声连连地说："再也不要有这种用不纯正的拉丁文写的逻辑学、形而上学和伦理学练习本。这种错误应用的拙劣拉丁文，把学校中说而不被理解的有害习惯永远传下去。"同样不足为奇的是，在与会人士不只是学生的正式典礼上，也有人（即使在旧制度统治下）改用本地语言发言：1706年，当洛桑学院教授克鲁萨（Crousaz）在入学典礼中致词时，他放弃用拉丁文而改采法文。理由是，为城里的高尚爵爷着想，讲得更明确些，因为"绝大多数的与会者完全听不懂拉丁文"。

三、发　音

多种发音的隐患

虽然听不懂拉丁文，往往源自对这个古代语言一知半解，但也可能是不同发音增加混淆,导致话语本身难以理解。关于这点,我们很适合从一篇明确点出问题所在的文选开始谈起(附带一提,这段文字很有名)。这是摘自伊拉斯谟的著作《论正统拉丁希腊语发音》(初版:1528年),诚如书名所示,这部作品主要探讨拉丁语应有的正确发音(这里我们撇开希腊语不谈)。既是"正确"发音,想必也是独一无二的,作者意在借它驳斥当时盛行的多种发音和随之而来的混乱。为了证明自己这么做有充分理由(如果需要的话),这位荷兰人文学者通过书中主角莱奥的见证,呈现一幕发生在神圣罗马帝国皇帝马克西米利安一世宫中的滑稽景象。

莱奥:我告诉你。不久前,我偶然目睹四位雄辩家参见皇帝马克西米利安一世,这种事有时是出于传统,而不是发自内心。其中一位雄辩家是法国人,生于勒曼……他发表一篇演说,我想是意大利人写的,内容并非以很糟的拉丁语写成,但演说者带着很重的法语腔,以至在场的几位意大利学者相信他讲的是法语而非拉丁语……他一讲完(不是没有困难,因为致辞到一半时他思路中断,我猜是被听众的笑声给打乱),大家开始寻找另一位雄辩家按照惯例给予即席回应。结果推出一位宫廷学者来完成这项任务……他的开场白如下:*Caesarea Maghestas pene caudet fidere fos, et horationem festram lipenter audifit, etc.*〔原注:应该是 *Caesarea Majestas bnne gaudet videre vos, et orationem vestram libenter audiuit*(皇上,很高兴见到您,听您演说很愉快。)〕,他那种呼吸声和德语腔,就算任何人用通俗语言讲话,都不可能有比他还重的德语口音。大家对他报以更大的笑声。下一位演说家讲起话来好像苏格兰人(特别令人想到这个民族的发音),但其实他来自丹麦,回应他的是一位吉兰人（荷兰）。很可能有人发誓，这两人讲的都不是拉丁语。

然而，这种把皇帝逗得很乐的滑稽景象并非绝无仅有，在整个近代史上，有很多类似的例子。奇怪的拉丁语发音常令英格兰人、爱尔兰人和苏格兰人惹人注目，因为这使他们变得难以理解或滑稽可笑；帕坦指出：

这些爱尔兰人，这些有逻辑头脑的人，他们发拉丁语的方式常令我发笑。我从未一次听懂他们在说什么，他们的-ous发音总让我产生各式各样的想象。当小斯卡利杰（他肯定比我机灵）听人讲这种拉丁语时，同样感到很困窘。某日他专心听完一位爱尔兰人用拉丁语称赞他之后，他相信对方是用爱尔兰语对他说话。这就是为什么他答说他完全听不懂，因为他不懂爱尔兰话。

同样在17世纪中叶，索尔比耶（Samuel Soubière）在他的英国纪行中，感叹自己无法从英国学者的谈话中获益："因为（他们）过着非常隐居的生活，又很少与陌生人交谈，除了不愿讲法语外（虽然讲得很流利），他们还用拉丁文表达己见，而且是带着某种腔调，以及使他们讲的拉丁语和自己的语言一样难懂的发音，"同样地，我们不知道17世纪末在莱登大学求学的大学生，究竟能从来自苏格兰的医学教授皮特凯恩（Pitcairn）身上学到什么。他讲拉丁语时，那种口音几乎没人听得懂。相对地，外国人在英国也没有比较容易得到理解。法国学者博沙尔（Samuel Bochart）于1621年旅居牛津时，曾有这种体验：当时他用拉丁语邀请一位大学讲师参加博士学位典礼,结果对方听不懂他的话,又见他衣着不像本地人,还以为他是居无定所的神职人员来要盘缠和食粮。约一百三十年后,情况依旧,诚如科尔西尼王族的旅游日志所记载:"应该讲拉丁语,但在英国,发音方式的不同造成当地人很少得到理解,也很少听懂别人的话。"英国人很清楚自己的拉丁语发音与众不同。1661年,日记作者埃弗兰(John Evelyn)谴责威斯敏斯特学校传授的拉丁语"发音很奇怪",因为"除英国外,没有一个民族听得懂或受得了"。这种评价在18世纪末并19世纪初的"绅士杂志"中重现。1866年9月13日,《泰晤士报》刊登的一篇文章也提出同样看法,威尔金森在该文叙述了这方面的亲身经历。1837年他以剑桥大学"游学生"的身份,到匈牙利和希腊旅行。在第一个国家,他发现自己常置身于"大家都讲拉丁语"的环境中,但"只因为奇怪的发音,要听懂别人的话并得到理解,简直难如登天"。在希腊也一样,有天晚上他和十位来自九个不同国家的学者共处,当下他只能选择"大家多少懂一点"的拉丁文做为共同语言。"从各种不同的发音方式看来,这完全是个失败,我必须说,"他强调指出,"我们英国的发音最奇怪,和其他国家完全不同,让人完全听不懂。"

虽然英国人因为独特的拉丁语发音惹人注目,其他民族也免不了赋予这个古典语言一个"民族"腔的色彩。根据文法学家西欧皮尤斯(Scioppius)的著作《论拉丁字母正确发音》,这是全世界的通病,例如中国人没有R这个音,所以发L音来取代。日本人则反其道而行。有很多例子可供参考,但都大同小异。这里我们只谈一则趣闻,主角是常被拿来和法国散文作联想的知名人士:圣西门(Saint-Simon)公爵。1722年他到西班牙旅行时,因身份特殊而在托雷多受到大主教和他的外甥殷勤接待。"我们以拉丁语交谈,"圣西门在《回忆录》中写道,"最年长的那位(外甥),尽管位居宗教裁判所的法官，却以为我讲的是另一种他听不懂的语言，还特别请我用拉丁语和他谈话。"圣西门评论道："这是因为我们外人（法国人）的拉丁语发音，完全不同于西班牙人、意大利人和德国人。"

在仍盛行大量方言的近代欧洲，地方口音也是影响拉丁语发音的因素。法国人文学者托里（Geoffroy Tory）在著作《花田记事——字母真实比例的艺术与学问》中，按每一个字母指出在法国各地可感受到的发音差异。例如，就字母R来说，他注意到：

> 有三个地区R字发音很差：勒曼人（Les Manceaux）、布列敦人和洛林人。勒曼人在R后面加S，因为当他们想说 *Pater noster* 或 *Tu es magister noster* 时，他们会念成 *Paters nosters, Tu es magisters nosters*。有两个R时，布列敦人只发一个R的音；反之，只有一个R时，洛林人会发两个R的音。

如果卡塞留（Casellius）的话属实，在德语地区，混乱的情形似乎一样糟。根据这位教师所讲，单单字母A就有至少三种不同的发音方式。英国学者该犹（John Caius）也指出，在英国北部和苏格兰有一种拉丁语发音，他称之为"北方腔"或"苏格兰腔"。他并进一步指出：

> 本来应发 *sibi*、*tibi*、*vita* 和 *ita* 的音，这些人都念成 *saibai*、*taibai*、*vaita* 和 *aita*。虽然英国南部人普遍诋毁这种发音……使用者却坚决不改，倒不是基于理性，而是基于固执和怪脾气。这种说话方式是未受教育，或没有学过发音规则的民众的特征。

最后这项评论，引导我们思考另一个影响拉丁语发音的因素：不懂或至少对这个语言认识不足。这点从世人吟诵拉丁文歌曲的情形得到证实（一般教育程度对这部分不无影响）。"教士或学生团体愈是才疏学浅"，拉农（Patricia Ranum）提到17世纪时指出，"就愈没有人发子音，也愈多人擅自加字母，好让拉丁字看似与它对应的法文字。"参加巴黎耶稣会圣路易教堂大型礼仪庆典的歌剧"演员"，情况也一样。"拉丁文并非他们熟悉的语言，他们并不太熟悉教会语言。"勒塞德拉·维耶维尔（Le Cerf de La Viéville）于18世纪初写道。接着他又感叹道："这些人发音糟透了，他们用一种滑稽可笑的方式断字、读错字、扭曲字，听到他们制造的怪异错字和可笑的混杂话，要忍住不笑实在很难。"

虽然无知者糟蹋了拉丁语发音，有些学者却是因个人的矫揉造作导致发音走样，这种情况当然较不严重，但仍会妨碍别人轻易理解谈话，尤其他们当中有些人凭着个人权威自创学派，更是造成令人遗憾的后果。例如，小斯卡利杰（Scaliger）提到"荷兰的法兰德斯人"时指出，"他们把sed说成zed，也就是利普斯的读法，人人都想模仿利普斯的恶习"。同样地，在16世纪初，法国人那种没有抑扬顿挫的拉丁语发音，也成了追求时尚的外国人模仿的目标。在英国，对身份和区别的高度关注，导致学校采用并维持特殊的发音法，而且一直持续到20世纪初："你会发现有些学校……至少大概有两到六种不同的发音。"1905年古典协会就这个主题进行讨论时，一位与会者说道："男学生到了中等学校，必须忘掉在先修班学过的发音……无论在牛津或剑桥，或者单单在一所中学内部，都没有一个统一的发音系统占优势，甚至没有一个在逻辑上有误。"

无论起因是什么，这么多种发音终究是混淆和无法理解的根源。极端的例子是，说者双方毫无察觉彼此用的是同一种语言。较常见的情况是，同一个字母发不同音而搞乱了沟通。托里在《花田记事》中举了好几个这方面的例子。他指出：

> 勃艮第和福雷兹地区的拉丁语发音，以字母L发音最差，当地人常把L发成R的音。例如，我在巴黎大学授课的学院中，常看到或听到很多来自上述地区的年轻学子如此发音：他们不说 *mel*、*fel*、*animal*、*aldus* 或 *albus*、和其他很多类似的发音，而说 *mer*、*fer*、*animer*、*ardus* 或 *arbus*。这是滥用应有的正确发音，不但常造成意思混淆，也往往把意思弄反了。

漫长艰辛的统一过程

怪不得老早就有人致力于发音改革。关于这点，我们最好回过头来谈伊拉斯谟和他的著作《论正统拉丁希腊语发音》。意大利人文学者曾竭力终止由中世纪流传下来的拉丁文拼写法乱七八糟的现象。他们引进一种改革过的拼写法（以铭文、古代货币和古代语法学家的教导为基础）。从西班牙人内布里加（Nebeija）、卢万教授德波泰尔（Despautére）、或在蒂宾根大学任教的倍贝尔（Bebel）等人的著作看来，并不是只有意大利人关心这个问题。内布里加和倍贝尔甚至在著作中，呼吁改革发音以配合新的拼写法。伊拉斯谟的著作就是在这股潮流影响下诞生的，只是他的声望和成功使前人相形失色。

为应付语言的这种混乱局面（在马克西米利安一世宫中的那段情节，只是一个生动的例子），以及拉丁语发音普遍不纯正的情形，伊拉斯谟努力找回已随着时间走样的原始发音。在他看来（从大规模旅行的亲身经历得到的结论），发音走样的情形以罗马最轻微，法国最严重，德国和英国则介于两极之间。这种看法在当时极为普遍，从16世纪初，阿梅巴赫给在巴黎求学的儿子布鲁诺和巴西尔的提醒就可得知：

> 我绝不许你们学法国人的发音，也不准你们习惯这种发音，因为他们很不会发重音，不但粗俗地延长短母音，还把长母音缩短……无论在德国或在文人荟萃的意大利，这种发音都被视为拙劣、荒诞、可笑，凡用这种方式讲拉丁语的人，都成了当地人眼中的傻子。

不过，伊拉斯谟并不认为意大利的发音方式就是正统发音，只不过它走样的程度比较小而已。至于他提出的正确（"正统"）发音，是依据和前人一样的来源，即赋予著名的拉丁语雄辩家昆帝连（Quintilien）极大的地位。由于伊拉斯谟这部作品的背景不属于语文学，我们无须逐一检阅他的拉丁语发音改革，因为这部分的成就和希腊语发音改革的境遇不同，与普遍预期的结果相差甚远：英、法两国为了引进这套发音法而做的尝试，已充分显示这点。

在法国（自13世纪起，拉丁文无论在词汇或在句法上皆已衰落），拉丁语发音和法语发音很像。因此，u发ü的音，而放在词尾的um则发on的音；有时，酷似法语字也会导致读音相同。例如，dictum的发音和dicton一样。正如阿梅巴赫给儿子的提醒，长、短母音不是没人理会，就是被混淆，而重音是法国式的，也就是说，落在最后一个有发音的音节上。在16世纪，人文学者竭力恢复古代发音法（配合拼写法和句法的改革），他们首先向意大利取经。托里在《花田记事》中阐述的就是意大利式发音，而当时传授的也是这种发音法。后来，大家把目标转向伊拉斯谟，他的《论正统拉丁希腊语发音》在巴黎再版同时，也在巴塞尔出版。这本书激发出另一部标题几乎类似的著作（或许有人觉得有点多余）：《论正统拉丁语发音》[埃蒂安纳（Charles Estienne）著，1538年出版]。因此，早在拉米斯[（Ramus）人称法国改革运动始祖]之前，就有人开始矫正发音了。然而，根深柢固的习惯，加上人文学者很难对古代人的发音方式有共识，导致改革受挫。唯一成功的革新是，所有子音（包括双重子音）、子音群中最先出现的子音、放在字尾的子音（以前这部分和法语一样不发音）都要发音，但各子音的个别发音维持不变。至于母音，仍沿用法语式发音。重音依然落在最后一个音节上，因为没有人能边发音边修正母音的音长。因此，文艺复兴的改革运动，只带来一个介于先前的发音和古典发音之间的折中物，实际上这纯粹是因循守旧的发音法，来源有三：回归古代文化、意大利的影响和源自法语的积习。

在英国（根据伊拉斯谟的说法，这里的拉丁语发音比法国好），改革过的发音法约在1540年，由两位年轻的剑桥教师史密斯（Thomas Smith）和奇克（John Cheke）引进。但在1542年，大学训导长却以一项行政命令禁用新的发音法。有一段时间，改革者在争论中获胜；但在1554年，新的行政命令重申禁令。之后，拉丁语发音背离伊拉斯谟的改革，随着英国语音学变化，而且愈跟愈紧。虽然密尔顿于1644年还在著作《教育论》中，推荐"意大利式"发音法（即母音特别清楚），几年后他却在自己发表的一本拉丁文文法书中，公开承认先前的建议徒劳无益："因为很少人会被说服采用英语以外的方式说拉丁语。"

发音的多样性和统一失败，引人提出折中办法。一些和教师卡塞留、题材多变的作家西欧皮尤斯或大学训导长罗兰一样与众不同的作家，发表一些简单的规则，希望一方面能避免非常明显的错误，另一方面能促进交流。然而，实际上似乎毫无改变。在天主教会规定用意大利式发音、大学指定用所谓的古典或复古式发音之前（执行上不是没有困难），拉丁文根本就没有共同的发音标准。

从上述参考的著作看来，基本原因之一在于种族特性。密尔顿请同胞清楚发拉丁语的音，特别是母音系统时，他用极富想象力的词汇解释，还说："因为我们英国人身处遥远的北方，我们不会在寒冷的空气中，把嘴巴张大到足以接受南方的语言。但其他民族都认为我们用一种极度闭音和不清楚的方式讲话，以至用英国人的嘴含糊不清地说拉丁语，就像用法语讲法律一样让人听不懂。"

更严重的是，学者对拉丁语发音很难有共识。在16世纪，字母 *u* 在法国是两组人士争论的起源（一组确信罗马人发ü的音，另一组坚持发ou的音）。人文学者佩尔蒂埃（Peletier）认为，应该还有一个音介于ü和ou之间。然而在后来的发展中，这位作者似乎和许多同胞一样，认为拉丁语的*u*应该发法语ü的音。伊拉斯谟本人倾向发ü的音，但他也承认，除了必须发ou音的长音字母*u*之外，还有一个音长较短的*u*近似法语的ü。这些争论和犹豫源自没有人知道古代人究竟如何发音。虽然语文学家梅纳热（Si Ménage）在争论"*KisKis*和*Kankan*"时，断然自命为罗马人的权威，认定西塞罗和他同时代的人"都说*ki*、*kae*、*kod*，而非*qui*、*quae*、*quod*"，实际情况却很不确定。从法国作家佩罗（Charles Perrault）的著作《关于艺术科学的古今看法对照》，就可看出这种不确定性和几分混乱。书中，有位对话者断言："可以肯定的是，我们根本不知道拉丁语该如何发音……"之后他提出各种例子，说明近代发音根本不同于罗马人的发音！至于西欧皮尤斯，他非常清楚原因何在，拉丁文是死语言，它从一千多年前就开始衰落，而且和各式各样的当地方言混合，以至于"我们甚至无法猜想哪一种才是它的正确发音"。他还提到，如果西塞罗重返人世，他的谈话不会比假设他讲阿拉伯语更得到理解，而他也会完全听不懂别人的拉丁语，就算与他交谈的是当代拉丁语泰斗西昂波利（Ciovanni Ciampoli）。西欧皮尤斯和他的同胞卡塞留都认为，我们能改革并统一近代的发音方式，但无法完整重现古代的发音。

这样的统一工作更因每个民族都确信自己的发音最好，至少是最正确的而加倍困难。西欧皮尤斯就是基于这种看法，而着手写《论拉丁字母正确发音》，他也提到没有任何理由或权威能动摇此信念。从1776年伊韦尔东出版的《百科全书》中，德费利瑟（De Felice）提到拉丁文的类似谈话，可见上述评论的正当性："每个民族都按自己的方言和清楚读出每个字母的方式讲拉丁语，每个民族都自认他们的发音最标准。"因此，没有人肯向别人屈服。

除了确信自己拥有真正的（至少是最好的）发音方式外，还有惯例、习得的技巧和根深柢固的习惯。因此，最后让密尔顿屈服的其实是同胞的习惯。但面对任何改革和统一发音的企图时习惯也有可能提升为名副其实的防卫系统，这点从该犹的著作《论希腊拉丁语发音手册》强烈反对伊拉斯谟的改革，可见一斑。虽然从他的改革起源于回归古代原始资料（指文学和具纪念价值的数据）来看，它有激励人坚决仿古的作用，该犹却抨击它是有害的新产品，因为它打乱了既定的秩序，即"民族的习俗"。该犹就是以传统的名义（这里的"传统"是指现行惯例的成果），加上大量借助古典著作语录，来反对前人将"新式"发音引进剑桥。这种发音法除英国外，在其他任何地方都没有人使用，更何况只在一个城市。因此，若迁就这个新模式，而放弃英国各地固有的习惯，将招来双重危险，同时得不到自己的同胞和外国人理解。最好还是维持"旧的发音方式，因为它丝毫不妨碍我们正确说话并在世界各地得到理解"。此外，该犹提出的习惯，也反映某种社会规范，厌恶所有可能引起反感之事。在他看来，新式发音违反谐音原则，给人留下不舒服的印象。"因为这种说话方式既粗俗又难看，不够文雅，不大高尚，要笨拙地通过某种矫揉造作才学得会，不适合用学者的嘴来表达，大大伤害了有教养人士的耳，显然不大吸引人，而且除了那些热衷于新事的人外，到处都惹人厌。"就触犯礼节而言，这种新式发音也应受谴责：它使非常体面的字眼，如 *ascitum*（被录取的人）和 *asciscunt*（录取）变得不堪入耳。该犹继续说道："因为按照新式发音，把前者的c发成ch的音，而后者的c发成k的音，这些字听起来会带着某种猥亵的意味，要我解释这点，我实在难以启齿。"因此，伊拉斯谟的发音法和伴随它的人文学识，最后落得损害礼节文化的罪名。就这样，各种发音仍继续存在，无论该犹怎么说，它们都有损完美的沟通。同样是英国人，但在年代上和该犹相隔甚远的约翰逊非常清楚这点，他在社交礼节所创造的条件下，提出一个同时保留民族特性和达到理解谈话的折中办法："旅行的人如果说拉丁语，应能很快学会当地人赋予这个语言的发音方式，而无须做行前准备；如果外国人来访，就轮到他们有义务适应我们的发音法，正如他们期待我们在他们国家这么做一样。"

因此，在整个旧制度期间，甚至到了19世纪，拉丁语发音离统一还远得很，因为它仍带有民族口音（甚至地方口音）、矫揉造作和时尚等标志。对古代发音的不确定，成了各民族有权利随己意发音的依据。当时最具影响力的是习惯。勒塞德拉·维耶维尔指出，意大利人把 *fluvius*（河）念成 *flouvious* 是理所当然的，因为"这才是活语言的发音法（在活语言中，我们说 *vi tou*，而非 *virtu*）……如果念成 *fluvius*，那些习惯活语言发音的人听了会很刺耳"。同理，这样的发音可能"在法国人听来很刺耳"，因为在法国的"自然语言"中，u的发音和写法一样：法国人说 *vertu* 而不说 *vertou*，所以

在法国说 *fluvius* 最合适。结论不言而喻："我们应尽可能遵循最普遍的发音方式，它是对的，除非我们发错了音。"这个事实具有法律效力。因此，在十七八世纪，拉丁语发音既不是古拉丁语的发音（原因很明显），也不是当时的法语发音，而是"一种介于已死的拉丁语发音，和过时的法语发音之间的奇妙折中物"。

无论在法国或在其他地方，如果19世纪语言学的出现，加上语文学家和语法学家的努力，没有促使拉丁语古典发音（指公元前1世纪罗马有学问阶层的发音方式）重建的话，事情可能维持原状。自19世纪70年代起，除了在理论上辩论这个主题外，也有人具体提出如何在教学中采用这套新系统。但进度缓慢，而且遇到各式各样的阻力。

在法国，自19世纪最后十年起，将"复古式"发音引进公立中学的尝试，不但遭到惯例阻挠，甚至在改革阵营中都成了意见分歧的主因。当时彼此对立的意见包括：有人想要普遍推广这种发音法，有人希望仅限于公立中学的高年级使用，有人同意让现任教师继续使用他们自己的发音方式，有人想要以理服人，而有人却要诉诸公权力。有人不只争论这种"复古式"发音的方式，也争论它的内容，更确切地说，就是重音（或者应该说是不同重音）的主要问题。古典拉丁语有两种重音（抑扬顿挫和大小声），这对讲法语的人而言（他们习惯把重音放在最后一个有发音的音节上），困难度很高。不用说，那些一开始就提议放弃的人、坚持只强调大小声的人、希望两者兼顾的人之间，又少不了一番争辩。罗曼语专家也说出他们的见解。他们指出，所谓的古典发音不可能应用在中世纪拉丁文，而不犯时代上的错误，因此他们建议只用传统发音就好。此外，不知是基于对学术的关心，还是想要挫败改革，他们（如法拉尔）极力主张必须标明重音。有一事件使局势变得更复杂。在20世纪10—30年代,绝大多数的法国神职人员都放弃拉丁语的法式发音,改采罗曼语式发音。后果有两方面:旧式发音的残渣犹存;一些抵制行动出现。1929年,"法式拉丁语发音之友"协会在外交部支持下,于巴黎成立。外交部甚至发表一项正式声明,大意是"在全法国境内,拉丁语常用发音的问题,是民族和政治面的问题,直接涉及公权力"。诚如反对意大利式发音的马塞(Alcide Macé,他也是最积极拥护"复古式"发音的人)更直接的说法,我们没有必要"采用意大利语"。因此,支持"以科学方式重建发音"的人(分为"温和派"和"激进派"),有两组反对者,而这两组人士又彼此对立:一组支持在教会中常听到的意大利式发音,另一组支持根本不可能从教室里消失的法式发音。怪不得改革虽有明显进展,却总是拖拖拉拉,而出自法国学童口中的拉丁语发音往往很吓人(因为混合了三种"风格")。事实上,在20世纪50年代末期,六年级学生的文法课本上写着:"在法国,拉丁语有三种发音方式:一是传统发音,有强烈的法语风格;二是教会采用的发音,具意大利语风格;三是复古式发音,可能最接近古代的发音方式。"建议特别将第三种发音法用于拉丁诗。1960年,一份政府公告规定学校采用"复古式"发音,但拉丁文学科的衰落限制了它的功效。

在英国,古典发音于1870年左右引进大学,过程中并未遇到太多阻力;虽然免不了下列情况:学术上的争论、有人同时使用两种发音系统、在20世纪20年代还有英语式发音的支持者。因有上文提过的本位主义和传统,改革很慢才深入学校。争论持续了半个世纪(约从1870年至1920年),而且充满了美学和道德方面的考量。一开始,拉丁文v的新发音w就引起激烈的争论。有些人认为这种发音很可笑,甚至"令人反感",其他人则辩称,w音绝非"粗俗、完全不合规范的音"。相反地,它是英文诗最爱用的音。论战一直持续到20世纪50年代初期,当时有些人坚称vigeat一字用新式发音wigeat表达,会失去说服力和雄浑的气势。在"改革过的发音法"取得优势前,学校考虑了很多折中办法:两种发音都教;教学生用传统发音读散文作品,用新式发音读诗;最后,最受欢迎也最多人采用的解决办法是,把新式发音留给"六年级"(即最高年级),其他年级继续使用英语式发音。据剑桥大学比较语文学教授艾伦说,在20世纪60年代,新的发音系统到处占优势。尽管如此,还是有很多人(包括"大多数学者")犯了发音上的错误。对外来音的"民族恐惧症",导致他们把拉丁语字母和音节,化为相等的英语字母和音节:例如在agger(斜坡)一字的习惯发音中,没有任何成分接近最基本的修订版发音。a被错念成 [œ],双重子音未被明显读出,e被错念成 [a],而r的音则完全省略。此外,在20世纪30年代,当意大利式发音传入英国天主教会时,也遇到类似出现在法国的阻力:虽然反对声浪较小,但同样都为传统发音在历史上的合法地位辩护,并强烈抨击所谓的罗马发音普世论。

在意大利,拉丁语发音长期维持意大利式的发音(学校和教会皆是),直到20世纪60年代,才真正有人争论古典发音(即上述"复古式""合乎科学"或"改革过的"发音法)。在实际应用上,只有少数人支持古典发音,大多数人仍赞成意大利学校(尤其"中学")保留传统发音。有人提出古典发音的几个不确定因素,以及有关音长和重音的问题,但特别的是,有人强调某些字的新式发音完全脱离现在的发音习惯,以至于听起来很可笑,例如*Cicero*("西塞罗")一字,不念*Chichero*而念*Kikero*,这种发音令人想到鸟叫声(*Kikirki*),而不是罗马演说家崇高的名字。也有人坚决主张意大利式发音的正当性,理由是从佩特拉克到帕斯科里,讲拉丁语的人都延续这个传统。这里同样有人指出,采用改革过的发音,会导致学生两种发音都得学并应用，古典发音用于古代作品，意大利式发音用于人文学者的文献。当时大家普遍赞同以下的折中办法，在大学传授古典发音，但"中学"仅限于传统发音。不过，随着拉丁文学科面临危机，这个问题很快就失去急迫性，自20世纪70年代起，可以说再也没有人争论这个问题了。

虽说是活语言，这种"经过修复的"拉丁语并没有唯一的标准发音，或许也不可能有。即使像天主教会这么具有一致性的团体，也达不到这个目标。因此，当梵一大公会议于1869年召开时，想到与会高级教士的人数和出身（将近七百人，其中约一百二十人说英语），就可预知发音的多样性势必造成问题。为此，大会在一位来自都灵的神父马尔凯斯（V. Marchese）（前意大利参议院速记员）监督下，召集了二十三名来自不同民族的神学生，组成一个习惯各种拉丁语发音的秘书团，以借此确保辩论的内容抄写无误。虽然当时这个速记系统"相当复杂"，而且"效果平庸"，它还是回应了现实的需要，诚如其中一位抄写员德翁所强调："发音中有许多细微差别，最初几天我们常看到意大利主教或枢机主教严肃的脸上露出一抹微笑，尤其当他们听到有人用他们听不大习惯的音调变化讲西塞罗的语言……"他并具体指出："英国人的发音最令人受不了。"但不是只有英国人才这样。吕基大主教阿里戈尼（Mgr Arrigoni）对尼科西亚主教的演说评论如下："大家完全听不懂，因为他似乎在讲自己的语言，而不是拉丁语。"另一位意大利高级教士蒂扎尼（Mgr Tizzani）概括指出，"发音多样化"有损对于话语的理解，他并以吕松主教和阿尔比大主教的情形为例。虽然，诚如德翁（L. Dehon）所说："没关系，大家还是可以彼此理解。"而马尔凯斯也强调，绝大多数的演讲人在格列高利大学致辞时，"不只说古罗马式的拉丁语，有时也说门塔纳广场上的罗马式方言。"但在1870年1

月2日，还是有人以拉丁文写了一封信给教宗，要求在全体会议前，应先召开依"民族"分组（把语言相同的高级教士聚在一起）的特殊会议，因为"发音多样化"产生的困难，会导致某些人更难用拉丁文探讨既棘手又专门的问题。因此，就连原本应盛行统一发音的场合，都充满了各种不同的口音，完全推翻了万国通用拉丁语的说法。

在更接近我们的时代，"现代拉丁文"运动为使这个古代语言恢复普世媒介语言的作用，而采用复古式发音。尽管如此，意大利式发音的支持者仍坚持己见，而捍卫"复古式"发音的人也仍在不知不觉间，赋予自己的拉丁语发音强烈的民族口音。因此，想要在现代拉丁文协会筹备的讨论会上，听懂某些与会人士的发言，往往得先认识英、美语音学。

事实上，只有当拉丁文失去用途时，才非要有一个通用发音不可，而且也不见得没有地方上的争论或发音上的调整。今后，重点不再是和同时代的人说拉丁语；只要会读昔日作家的著作就好了。这就是一个无法起死回生的死语言最终的命运，而且它的口语表现在近代几乎不曾超越平庸的程度。

第三部分

拉丁文的寓意

引 言

从文艺复兴时期到20世纪中叶,西方文化史可说是在拉丁文的影响下写成的。这个语言曾在学校中占主导地位,在教会里(至少在天主教国家)不绝于耳,而且直到18世纪仍以各种博学形式,担任传递知识的主要工具。即使逐渐失去重要性(例如,20世纪50年代在学校里),拉丁文在各地依然是重点。这是本书第一部分的教导。

虽然在这五个世纪期间,西方人长时间大量学习拉丁文,但在说、写两方面却不如原先预期般流利顺畅。虽然有些人的拉丁文造诣臻于完美(特别在接近17世纪的时期),但在文学界鼎盛期或在天主教会中,能力始终不如历史文献留给人的印象。至于学生整体的表现,则完全不符合老师的教导,虽然期待成效能达到"课程目标"未免太过天真,但理想和现实之间的差距始终很大。这是本书第二部得到的结论。

不仅成果大体上显得很不理想,还有人断言,拉丁文对大多数学这个语言的人而言毫无用处。这是自1730年起广泛流传的看法,源自德国语法学家诺尔特纽斯(Fredricus Noltenius)的观点(他反对学拉丁文,并强调指出有些人虽不懂拉丁文,也曾擢升到极其显要的职位)。下一代的看法雷同。拉夏洛泰(La Chalotais)在著作《国民教育论》(1763)中,一开始就指出:"100名大学生中,不到50人非学拉丁文不可。"接着又说:"几乎不到四五人,说、写拉丁文后来对他们可能有益。"狄德罗在1775年为凯瑟琳二世拟订的"大学计划"中,也持相同的看法:那些花六七年学拉丁文的人,

> 后来成了商人、军人……或从事法官、律师等职业,也就是说,20人中有19人一辈子没有读过一部拉丁文作家的作品,也忘了曾经苦学的一切……此外,我很好奇这些古代语言究竟对谁有绝对的益处。我几乎敢说,一个人也没有。除了诗人、演说家、博学者和其他专搞文学的人;换句话说,就是社会最不需要的行业。

有人认为上述二人对拉丁文不友善,但其实他们只是道出实情:在18世纪中叶,各地几乎都少不了本地语言,从此拉丁文只对少数人(指将来打算投入修道生活和几个职业的人)有用。意大利人戈齐(Gasparro Gozzi)和美国当时许多争论教育问题的人,也都持同样观点。拉什(Benjamin Rush)更进一步表示:"目前在美国,"他在1789年写道,"除了方便记忆某些不必懂拉丁文和希腊文也能记住的专有名词外,我看不出认识这些语言对法学家、医生或神学家有什么益处。"

另一方面,古典作品自16世纪起出现大量译本,套句狄德罗的话就是:"译了又译,不下上百次。"这点不仅对欧洲而言是事实,对拉丁美洲和北美也是(在北美,曾有当代人士称18世纪是"翻译

时代")。既然这样，今后何必耗费多年学习已逐渐失去诸多用途的拉丁文呢？爱尔维修（Selon Helvétius）认为，"在翻译作品的辅助下"，我们可以"在两三个月内"学到同样的知识。没有人会放弃这种好事。18世纪的美国人视古代史为"经验之灯"，但他们当中大多数人都是从英译本学到这门宝贵的学问。到了下个世纪，声明赞成古典教育并拒绝"法语中学"的巴黎资产阶级，他们的书房只有拉丁语作品的法文版。

随着拉丁文知识失去实际用途，而译本也让人不再非学拉丁文不可，说、读、写拉丁文逐渐不再是学习重点。1959年，盖埃诺（Jean Guéhenno）断言："今后我们学拉丁文，不是为了认识这个语言。有人会明明白白告诉你，学拉丁文不是为了认识这个语言，而是因为这是绝佳的智能训练。这是当然的，可以预先承认的是，你学不会，也不可能学会。"在当时，这种评论并非首创。早在1886年，法朗士（Analole France）在反驳那些认为"为了懂这么一点点拉丁文，而学这个语言真是徒劳无益"的人时，就曾说过，在中学学拉丁文不是为了认识这个语言，而是为了学习如何思考。因此，学拉丁文不再是为了获得语言能力。至少，这点不输法朗士和盖埃诺让人隐约看见的其他目标。有关这点的证明是，当时很少人认为自己学拉丁文，只是为了学到一个能使他们接触某种文学和文化的语言。举一个例子就够了。1969年，《古典学报》公布了一份调查结果，内容是美国名人（以尼克松总统为首）如何看待拉丁文的实用性与文化价值。政治家洛克菲勒（Nelson Rockefeller）的回答（他提到拉丁文令他想起"文化的乐趣……用原文阅读世上最伟大的诗和散文作品"），在某些人看来是可预期且平庸的，但事实上，这个答案是特例。

到目前为止，我们只把拉丁文视为用来说、读、写的语言，也就是和当时欧洲盛行的活语言类似的语言。然而，由前面几章的评论可得知，学拉丁文不但没有让所有人都产生语言能力（这能力已随着时间失去实际用途），甚至这点不一定是首要目标。一个明显的问题成形：学拉丁文，做什么用呢？如果精通拉丁文不再是唯一目标，又何必继续长时间学这个语言？世人对这件事有什么期待，如何为它辩解？除了拉丁文教学造成的影响外，这个古代语言在近代社会中被赋予什么角色？简言之，在功用和存在的理由之间、实践和空谈之间、现实和描述之间，拉丁文今后的合法性何在？"拉丁文的问题"，你我都知道，并不是争论教学法就解决得了。在这一点上，我们若想完全领会拉丁文在西方世界中的寓意，最好是改变观点。

第七章
培育全人

我们不得不回到历史的起点，重新置身于拉丁文重获新生的那个时代，也就是15世纪的意大利。意大利人文学者以被视为一切教育源头的古代大作家为文化核心。因此，用历史批判法直接阅读古代著作，不仅是训练（指学习古典拉丁文、希腊文，获取"科学"知识）的基础，也是教育（就这个词完整的意义而言）的基础。诚如加林（Comme Garin）所强调，维罗纳和他的竞争对手除了志在"使学生精通某种技巧外，还要帮助他们对人生有所准备，不是为从事这个或那个职务（即使很高的职务）做准备，而是单单为某一项职务，一个独一无二的行业——也就是做人，打好根基"。古典拉丁文学科也以同样的原则（即阅读古代著作的原则）为依据，并遵守同样的要求。没有语言，就无法理解社会、人类和人类史，想要深入了解人的内心、著作和时代的内情，以便从中获取道德、人文方面的好处，就一定得严谨、扎实地学习语言。因此，这绝不是一种形式上、卖弄学问式的语言学习。"你说我读了那么多西塞罗的作品，也无法像他一样表达己见，"意大利人文学者波利天（Politien）答复一位质问他的人，"但我，我不是西塞罗。多亏了西塞罗，我才学会做自己。"虽然对意大利人文学者而言，研究拉丁文和古典世界，具有和原始的血统关系密切联系的特殊价值〔针对这点，瓦拉（Lorenzo Valla）曾经洋洋洒洒写了好几页〕，但对其他任何民族而言，这点同样具有根本的重要性。它使人"在文化的共同起源中、与神父交谈中，意识到一个共同的文化……"同时"认识自己是一个独一无二的城市的居民"。一个因具有双重霸权的文化模式而建立起来的：一方面，它包含全人培育（以训练和教育为目标）；另一方面，由于建立在与大师（众所公认的人类典型）对话的基础上，它一开始就具有普世永恒的价值。

正如我们从人文学者的著作中所见，该模式是一种理想，但现实是另一回事。就像格拉夫顿（Graften）和雅尔迪内（Lisa Jardine）所说，在维罗纳的学校，大多数学生的拉丁文能力早就达到肯定使现代教师满意的程度，但这种成果却赔上了全人培育。每日的学校生活尽是写笔记、默背、反复练习和仿效。虽然老师偶尔会讲些道德上的评语，但这类评论"对讲究推理的伦理哲学而言，绝非严密的贡献"。把研究延伸到16世纪和意大利以外的地区后，这两位作者强调指出，人文主义主要表现在产生古代语言方面的人才（在这点上，拉丁文多于希腊文）。至于被理论作品视为教学重心的目标（"为人生做准备"），就实际结果而言，或许很不明显。由拉穆斯孕育出的"实用人文主义"，可以说早就注意到这种情势。为有利于整体实际考量（指帮助人为未来的职务、从事公职和法官职务做好准备），只好舍弃教育的道德内容。虽然人文主义沦为人文学科，人文主义教育的理想（即相信这种教育能培育出人文主义者的精神和道德）几乎仍存留至今。这种持久性让格拉夫顿和雅尔迪内不得不断定，有一个"博雅教育的骗局"遍布整个西方世界。

在确定这点以前，我们最好先看看这个文化模式在长达五个世纪的历史期间有什么功用，并回顾世人对它的诠释、它所经历的转变，以及世人使用它的方式。简言之，就是理解一个传统如何形成且历久不衰（在此传统中，拉丁文始终占领中心地位，即使对这个语言的实际认识，不再如同过去在人文主义学校中一样，是最重要的结果）。

一、西方教育中的常数

既然拉丁文是从事某些职业的必备条件（更确切地说，既然不精通拉丁文，就无法从事这些职业），有关拉丁文在教学上的安排，自然不成问题，除非涉及如何让学生以较少的代价和最大的成就获得语言能力。但当拉丁文不再被视为日常生活中的必需品，换句话说，当日常生活中应具备的知识，再也不需要以认识古代语言为前提时，情况就改变了。于是大家开始问，学拉丁文的意义何在，这种质疑反而引出一些正当理由。有意思的是，这种现象不是发生在18世纪以前，更有意思的是，表现得最明显之处，是过去几乎没什么影响力的地方，也就是新大陆。

在美洲殖民地创办的中小学和大学，大都模仿英国的教育模式，赋予"古典教育"极大的分量。尽管如此，古代语言的优势（实际上往往单指拉丁文），在特别容易于美洲殖民地发展的各种思潮（从培根的功利主义到贵格会的教义）影响下，很快就遭到质疑。渴望社会平等与关心国家建设，导致在绝大多数人眼中强调精英主义且毫无用处的传统学校课程，被实际且立即有用的知识比下去。

捍卫现行制度的人和支持引进"现代"题材的人之间的争论，在18世纪下半叶变得格外激烈。双方非但不限于专家之间单纯的唇枪舌战，还间接利用报上文章，发动更大规模的舆论。反对拉丁文的人士列出大量特别令人印象深刻的论据。除了批评学生的语言表现平庸之外，他们更常抨击一般认为拉丁文会带给学习者的有利影响。他们认为，拉丁文既未提供训练，也未给人教育，它什么都没教，因为一切都有译本可读。它对熟练母语没有帮助，反而制造一种矫揉造作的风格，抑制文学创作；它根本没有塑造出极其文明的君子，反而制造学究和自命不凡的人；它不教人推理，反倒阻碍思考、扼杀一切天赋才能；它对年轻人的基督教教育和道德教育没有贡献，反倒在他们心中散播不纯洁、不敬虔的思想；最后，它鼓动一些和新兴国家必备的合理情操（即民主精神、爱国心和拥护共和政体）背道而驰的思想。这种种不满在拉什笔下处处可见，他坚决反对古典学科，甚至认为希腊文、拉丁文"和黑奴制、酒精一样，是妨碍美国道德、知识和宗教进步的不利因素。虽然"，他明确指出，"（古典语言）程度较小"。尽管承认古代语言或许是某些职业的必备条件，他仍强调它们对近代世界的需要毫无用处。因此，他有一个极端的愿望："如果所有拉丁文和希腊文书籍（《新约圣经》除外）都在一场大火中烧毁，这个世界就会变得更有智慧、更美好。"他还说："毁灭，罗马的语言必须毁灭，应是世界各地发自理性、自由和人道的呼声。"

　　古典教育的支持者也以同样坚决的态度反击，并证明学习古代语言（更确切地说，学拉丁文）的益处和必要性：它是从事某些职业的基本条件，而且有助于了解工艺美术的专有名词。它对学习以英语为首的近代语言很有帮助，能使人在语言的使用上养成力求精确的习惯，并铭记万用的文法规则。它训练头脑、锻炼记忆力、发展思考力和判断力。它培养兴趣，提供各种体裁的文学范例。它借作品中的箴言和典范，建立一套崇高的道德教育课程。它通过提供爱国的典范和领导国家的准则，来教育人民和政治家。虽然最后这项"好处"也可以借阅读译本得到，但其余种种却需要直接接触原著才能得着。

在古老的欧洲，论战完全没有这种规模。前文说过，当18世纪下半叶，批评拉丁文的声浪格外激烈时，最多也只是要求降低古代语言在学校课程中的地位，以利母语发展。的确，有些批评不以此为限，而是质疑拉丁文学科的教育成效。早在1726年，罗兰（他并不反对拉丁文，还曾为适度使用这个语言辩护）就承认，这种做法"使年轻人处于无法自由表达己见的困境和束缚中，几乎是窄化他们的思想"。爱尔维修的态度显得激进多了。1755年，当提到"国民教育"中必不可少的"改造"时，他强烈反对耗费"8到10年的时间学一个毕业后随即忘掉的死语言，因为它在我们人生过程中几乎毫无用处"。对此，他不得不提出论点来驳斥支持现行制度的人。

> 没有用的，他们会告诉你，把年轻人留在中学这么长的时间，不是为了教他们拉丁文，而是要让他们在这里养成努力用功的习惯。然而，要孩子养成这种习惯，难道就不能选一个成效较佳、较不令人讨厌的科目吗？难道没有人担心孩子里面那天生的好奇心，那在少年时期使我们燃起学习欲望的好奇心，会消失或减弱吗？如果在人还不会为强烈的情感分心的年龄，就有物理、历史、数学、伦理学、诗等学科，取代乏味的文字学习，他的学习欲望怎么可能不增强呢？或许他们会反驳你，学习死语言在某种程度上就能达到这个目标，它使年轻学子服从翻译和解释古代著作的需要。因此，它以古代最好的作品中所含有的一切思想观点，充实他们的头脑。但我的回答是，耗费数年来记住几个通过译本就能在两三个月内牢记的事实或观

念，还有什么比这更滑稽可笑？

1775年，狄德罗（他在为俄罗斯一所大学拟订的教育计划中，把拉丁文基础课程延至最后一年才上）声明反对"历代各国约定俗成的教学顺序"，也就是把希腊文和拉丁文学科放在"一切教育的首位"。在他看来，依传统提出的理由（这是锻炼记忆力的学科，是唯一适合青少年培养这种能力的方式）几乎无法令人信服。记忆力可以用别种更愉快、更有成效的方式训练，孩子能胜任诉诸理性的学习。此外，狄德罗也抨击某些古代作家和著作，让青少年面临道德危险。所谓危险，是指"在纯真无邪的眼前"呈现普劳图斯或泰伦斯剧本中的某些情节、卡图卢斯或奥维德的某些诗作。1785年，戈瑟兰（Pour Gosselin）于著作中提到，过去他所受的拉丁文教育完全偏离目标（在监狱般的中学里，做一些荒谬的习作，并接受"无赖"或"和自己要照顾的学生一样懂得不多的学究"指导）：

> 这就是所谓的传授人文学科啊！好奇怪的人文学科！这跟把孩子送到野蛮人那里，好叫他们知书达礼没什么两样。然而，有人会告诉你，他们（孩子）可以和古代所有伟人往来，永久和这些人交流。事实是，学校让学生捧着他们根本看不懂的名著，等到中学毕业，他们对这些著作早已深恶痛绝，以致余生再也不屑看它们一眼。

诚如前面提到的论点所证实，敌对阵营也为自己的立场辩护。在改革家为采用法语的教学法据理力争之际，有人反驳惯用的教学法已被法语取代，甚至有助于法语学习。因此，1777年，勒鲁瓦（Le Roy）教士指出（他是巴黎拉马尔什中学的名誉教授，曾指责本笃会修士在索雷兹寄宿学校实施近代教育），老师可以在课堂上不断地比较这两种语言，更何况不学古代语言，就不可能知道"母语的根基。因为我们若不知道拉丁文，甚至不知道将它与希腊文的结构本质以资比较，又怎能自信完全懂得法文及其结构的本质呢"？担任神职人员大会发言人的普鲁瓦亚尔（Proyart）教士，在著作《论国民教育》(1785)中，驳斥那些删除拉丁文课程，或大量缩减其分量的"新教育投机分子"："他们大概不晓得，学生从阅读拉丁语作品中学讲法语。"1791年，拉阿普（La Harpe）强调："不可将拉丁文学科和博雅教育分割，而且理当如此。"直接接触古代著作（附带一提，有人抨击译本"大都很不完整，而且一概比不上"原著），不但使人向广大的知识敞开，而且有助于实现一个更高的目标："以各种方式、在各方面塑造年轻学生的心思、理性和兴趣。"

因此，还不到18世纪末，就有很多支持或反对拉丁文的论据产生，但这些论据都不是针对学拉丁文可能得到的语言能力，而是围绕着拉丁文（至少拉丁文学科）可能在智力和道德方面具备的固有效能。最早出现的这些论据几乎不曾改变，即使在20世纪中期，到处都有人用同样的理由为学拉丁文辩护。

1924年，美国古典联盟在对拉丁文教师和学生进行大规模调查后，确定下拉丁文学科应达到的目标；到了1943年，这些目标仍维持不变。内容如下：

（一）增加对从拉丁语派生的英语基本知识的理解；（二）增强用英语说、读、写的能力，以及使用母语作为思想工具的效能；（三）增强学习其他外语的能力；（四）培养正确的心理习惯；（五）培养文史知识；（六）培养面对社会形势的正确态度；（七）培养文学鉴赏力；（八）对语言结构的通则和基础原则有基本认识；（九）改善学生书面英语的文学品质。

在20世纪80年代初期，该联盟根据"当代的挑战"，重新制定上述目标，说明如下：

（一）增强使用母语的能力；（二）建立学习近代外语（特别是罗曼语族语言）的稳固基础；（三）增进对文明和希腊罗马文化的理解，作为了解自己的入门；（四）把拉丁文当作语言如何发挥作用的范例，有系统地熟悉拉丁语的功用，并培养精通这个语言的能力。

法国也盛行过类似的目标。我刚上六年级时，拉丁文文法书有篇引言，标题是《为什么学拉丁文？》，答案是：

学拉丁文，是为了……追溯好几种近代语言（尤其是我国语言）的起源；为了让我们的词汇和文体锻炼得更扎实；为了使我们能更理解国内许多深具拉丁特色的作家。从更广泛的角度来说（或许从更实用的角度来说），学拉丁文，是为了在持续的冲突中（指不断比较两个相似但性质如此相异的语言），迫使我们的智能接受锻炼，而培养出观察和敏锐的特质，进而培养科学精神和文学精神。最后，学拉丁文能使人同时得到道德和知识上的好处。学拉丁文，是为了学习认识人类的一种典范。这典范诠释了有教养人士的基本特性：守法、渴望受教的活力、敏感于同胞的苦难。

同时期在意大利（20世纪60年代），面对有人正式讨论降低拉

丁文在教学中的地位,罗曼语研究学院发表了一篇声明,为古代语言辩护。该文郑重重申:

(一)拉丁文学科的重要性(作为一种方法,使新世代直接接触古典世界和罗马文化永恒、无可取代的基本价值);(二)拉丁文教育的价值(作为绝佳的训练和工具,使学生自幼便加强、发展推理能力和智力,并更确实认识基本的概念纲要和表达方法);(三)无私的人文教育机会(作为教育和人格发展的方法,没有任何时代比朝向技术专业化和……追求物质福祉的今日,更需要这部分)。

1980年,科隆大学教授沃尔芬(Peter Wülfing)概述德国、中欧和南欧人士(尤其德国),所提出为学拉丁文辩护的论据。这些论点分属三类主旨:"起源的主旨",指的是"身为欧洲社会的成员,我们理应知道自己从何而来";"文化遗产的主旨",指的是"古代艺术和文学作品,过去、现在都存在于从古流传至今的作品中。因此,认识这些原著必使人获益匪浅";"实用的主旨",这部分"包括八项论证":拉丁文有助于学习罗曼语族语言;它有助于了解外文词汇和专有名词;它是取得某些才能的条件;它有助于学习母语(借由对照两种语言);它是绝佳的心智训练;它是西方文化的柱石;在追求物质享受和技术的时代,它象征一个受保护的小岛;它是公民教育的途径。沃尔芬还提到,有些人"承认以上列举的优点,没有一项本身是充足的,他们也强调没有任何学科能同时具备这么多优点",这就是拉丁文具有"多重价值"或"多重用途"的原因。最后,面对这么多提出来使拉丁文学科合法化的论据,沃尔芬总结说,我们几乎可以说"在拉丁文教育中,除拉丁文本身以外,一切都很重要"。

从18世纪至今,对学拉丁文有利的理由几乎不曾改变,很早就有大量已建立的论据供人自由取用。尽管如此,随着时间和在论战过程中的用法,这些论据吸收了额外的深度,并在历史上的不同时刻,得到创新的色彩;但它们总是直接或间接地,联结十五六世纪成形的人文主义模式(当时就有人在古代语言的基础教学中,看到"博雅"教育特有的方法)。在大量重复提出的论据中,我们将只谈几个似乎具有代表性的例子。

二、论据宝库

学拉丁文……也是学法文

诚如前文所述,很早就有人以"习得的知识不止于认识古代语言"的名义,为拉丁文学科的正当性辩解(虽然这一切皆属语言范畴)。拉丁文提供罗曼语族语言的词源,以及"被引进"撒克逊语言的基本要素,无论在任何地方,它都有助于理解大部分的专有名词和科学用语。这类词汇学上的论证总是颇受欢迎,或许在舆论中比在教师当中更甚。原本这类论证是特别针对"科学家"(尤指医生)提出的。反之,医生也制造了大量这方面的论证。

不过,在语言学方面,与18世纪起公认拉丁文在学习母语(无论是否罗曼语族语言)中的根本角色相比,这个词源学的功能几乎无足轻重。这里我们只谈法文的例子。这是对古代语言有利的重要论点,而且沿用至今。在六年级取消拉丁文课程后不久,有人发出以下的警语:"不懂拉丁文而讲法语的人,在语言学上是'捡来的孩子'。单靠法语教育学习法文是有危险的。"1976年,面对压制古代语言的新威胁,有巴黎大学的人士强调拉丁文在法语学习中的作用,并提醒大家勿忘"唯有借助拉丁文,才能正确理解法文"。就在不久前,《世界报》(1998年2月15日、16日)刊载一篇文章,标题为《精通中学法文:正确的选择》。该文出自文学研究保护协会,开头如下:"五年级学生踊跃选修拉丁文(显然自1997年开学期间起),显示很多家长和学生已了解到,这是保证精通法文、使智力充分发展的最佳途径。"

怪不得有人把"法语危机"和拉丁文课程缩水联想在一起,也有人把拉丁文当作法语程度下降的补救办法。今日的情况(文学研究保护协会的资料很具说服力),和1902年改革(缩减古代语言在中等教育中的分量)后不久并无二致。当时有些人谴责这项措施加速了"法语危机",并坚决主张拉丁文是精通法文的先决条件。1911年,法语文化协会成立,并递交一份请愿书给当时的教育部长,内文如下:

> 有感于一些杰出的才智之士不久前才明确揭示,一般文化有愈来愈差的趋势,并和他们一样确信,学习古代语言与法语特征的持久密切相关,我们很荣幸提醒您,1902年制定的中等教育课程有必要修正,因为它们几乎废除公立中学的拉丁文学科,同时可悲地削弱了法语学科。

为了支持这点,有心人士往往提出历史因素(指法语源自拉丁文),并借此强调拉丁文学科的好处(使人更理解、熟练法文的词汇和文法)。偶尔也有人搞不清楚,法文文法和拉丁文文法究竟是谁在帮谁。在一本很有趣的拉丁文入门书中,作者克鲁泽(P. Crouzet)和贝尔特(G. Berther)如此告诉初学者(见第3页):"你确定自己的法文文法有小学修业证书或七年级的程度吗?……这是最重要的。没有法文文法，你的拉丁文不可能有任何进步；有了它，你已经会一点拉丁文了。"但在第21页，作者又解释，"……拉丁文文法的第一个好处，就是教你认识法文文法……"接着又特别为肯定有点困惑的孩子补上一句"至少让你不得不牢记法文文法"。用来支持学法文必须具备拉丁文能力的三种理由（词源学、文法和文学），已被提出无数次，而且用来佐证的例子都极富创意。然而，这类论证最早的说服力，难道不是来自今日已遗忘，但在19世纪中叶仍通行的教学法吗？（根据当时的做法，学校并未直接传授书面法语，而是间接通过把拉丁文译成法文的练习和模仿古代作家的模式写作。）

全面的心智教育

除了语言方面的收获，拉丁文学科还被视为对孩子的智能、记忆力和理性的发展极其有益。这点解释了为什么语言教学侧重文法，并且赋予把外文译成本国语的练习以重要地位（诚如有人常用称赞的字眼重申，这项练习同时应用到分析与综合的能力）。学校作业最终往往简化为机械式地学习拉丁文规则和耐心辨读短篇文章。这些熟记和译解的艰辛过程，并不能促使人速读拉丁文文选。这实在不令人意外，因为重点不在于教导流利阅读拉丁文的技巧，而是要借由仔细分析、甚至剖析几行拉丁文，使学生得到脑力训练。此外，这种"心智锻炼"（套句惯用语）的效果，因着所谓"训练的转移"，对其他学科也有益处。因此，拉丁文《圣经》在19世纪期间极受重视，而各地也都公认拉丁文具有教育价值。

法国在法兰西第一帝国时期，文学委员会（负责教学大纲，并实施因1802年教育改组而产生的措施）为驳斥贬低死语言的人，而以下面这段话强调翻译拉丁文的效能："翻译时，我们不断比较，而每个比较都是判断,这项工作(我们有伟人的例子为证)似乎最适合在青少年时期,将力量、积极性和规则灌注给所有的心智能力。"这是整个19世纪,在教学法的演说中固定出现的词句。随着1890年教改而产生的"训令",对希腊文和拉丁文教育有更明确的说明:"重点不在于培育专职的拉丁语或古希腊语学者,我们只要求希腊文和拉丁文对全面的心智教育有所贡献。"从这个观点来看,"优美简洁的法译拉丁文"不比"精确的法译拉丁文"重要(后者不但"强迫学生详细察考词汇和思想观点",而且成了"要求清楚、精确的老师");加上把拉丁文译成法文的练习,这两种练习形成一道"要学生明确思考的命令"。1887年,西卡尔(Sicard)教士以强有力的辩护词,总结一部探讨法国大革命前古典学科的著作。尤其翻译外文,是促进孩子智力发展的一流训练方式,能赋予他尽力而为的观念,养成有条理、精确和清楚的习惯。总之,以"真正循序渐进的逻辑课程"来描述拉丁文教育更为准确。虽然这被视为拉丁文属性的心智训练作用,正如林格(Fritz Ringer)所说,成了19世纪80年代的主要论点(在法国比在德国明显),但早在19世纪初,它的价值便已展露,并于第三共和政体统治期间,持续在中等教育的重大改革中被引用。

在英国,高知名度的"中小学校长"都十分强调拉丁文的教育价值。鲁格比学校校长阿诺德(Thomas Arnold)如此解释这种现象,"语言学科,"他说道,"在我看来,可以说本来就是用来训练青少年的智力;希腊语和拉丁语……似乎就是使这个明确的目标得以实现的工具。"著名的《拉丁文入门书》作者肯尼迪强调,自然科学"无法为教育提供任何基础",因为它们"不够综合,不足以成为基础教育"。这种综合能力,只有古典语言在对学生反复进行"心智训练"时才能提供。拉丁文在训练智能的同时,也有助于培养弹性思考。这种益处在维多利亚时代的"公学"备受重视,当时学校的目标主要是培育公仆,有助于灵活思考的拉丁文学科,显然是最佳的准备工作,能赋予孩子在他们未来的职务上不可少的"适应力"。

其他地方的论证都大同小异。1866年,洛桑大学的拉丁文教授博尼(Max Bonnet)在就职演说中,强调拉丁文的培育功能。他明确指出:

> 重点不在于学到古代知识,而是得到学习的技巧……也就是说,培养善于思考、有系统地研究、解决科学问题的头脑……有什么比学习一种和他们(年轻人)习惯学的语言不同,但又和它有关,而且以各种方式互相启发的语言,更能实现这个目标呢?

拉丁文就这样被视为一个无与伦比的心智锻炼工具,以致1885年有位布鲁塞尔的教授声明:"我怀疑世人从未发现(甚至在遥远的未来也不会)一个更有益健康、更振奋人心的精神粮食,提到拉丁文,我敢说,如果它不存在,我们就必须创造它。"

这几段引文使我们多少了解到,当时对拉丁文具有教育价值的信念是何等根深柢固。这点解释了20世纪20年代来自美国的种种批评,即使很强烈,也无力根除这个信念。起源于新教育哲学(以杜威主导的实用主义为依据)的这些评论,反对一切建基于训练和记忆力的教学。拉丁文及其锻炼智力的价值受到质疑,其中最大的抨击来自美国教育家弗莱斯纳(Abraham Flexner)(他后来成为普林斯顿高等研究院首席院长)。1916年,他出版一部题为《现代学校》的著作。书中,他根据新的教育学和心理学理论,提出既没有希腊文也没有拉丁文的学校。他推翻所有常用来支持拉丁文的论证,尤

其是"有关训练的论点"。他认为,这点毫无价值,因为

> 心智训练称不上是一个真正的目标。再者,它是构成很多人反对,而非赞成学习拉丁文的因素。在解决拉丁文作文的困难时,学生得到的不是有系统的练习,而是猜测、摸索、私下接受帮助,或盲目吸收老师的嘱咐和文法。因此,这类学生从古典学科得到的唯一训练,是不按牌理出牌。

辩方的反击和攻方旗鼓相当,我们后面再回过头来谈这一点。

同时期在另一处,拉丁文以同样的名义(指具有心智训练的价值),遭到更彻底的反对,因为当地(也就是前苏联)取消了拉丁文学科。布尔什维克不但从此视拉丁文为"无用",还抨击它的教育功能,认为它反而"阻塞孩子的脑袋"。此外,还有人解释:"那是用来哄骗完全不需要文法,将来可能忘了拉丁文,以及必须乖乖服从、聆听并读取命令的人。"总之,拉丁文并未启发智力,而是培养了资产阶层的奴隶。这种推论并不纯粹是偶然的。俄罗斯在沙皇统治期间,拉丁文教育有时呈现强迫顺从的样貌,特别是1860年以后,为了反制在都市青少年当中发展的虚无主义运动,以及被视为前者后果的科学观念吸收不足(这点至少在"领导人"身上看得到)。当时,教育部长托尔斯泰伯爵加强古典教育,仿佛它对于防止年轻人的思想普遍错误失当特别有效。因此,对1871年的新中学法令(赋予古典学科极重的分量,且几乎完全除去自然学科),他的解释是:"在学古代语言的过程中,以及偶尔在学数学的过程中,所有传授给学生的知识,都受到持续的监控且不会有任何差错,这可以制止任何独立的言论形成。"附带一提,俄罗斯的古典教育自1848年以后,变得非常以文法主导:当时发生在西欧的革命运动,

已使人联想到古代著作潜藏着拥护共和政体的危险。

布尔什维克的措施，反而增强欧洲其他国家对拉丁文的热爱，而大西洋彼岸的新教育学理论，也几乎动摇不了深信古代语言具有训练价值的信念。即使在美国本地，1924年的"古典研究"，也把"培养正确的心理习惯"列为学拉丁文的目标。到处都见得到这套论证的各种版本：1937年，德国有人描述拉丁文就像是"正确思考和心智训练的工具"。同时期在意大利，拉丁文被视为"理性的语言"，而且"特别适合用来培养青少年的判断力"。20世纪50年代，拉丁文学科在比利时具有"思想学校"的价值，能同时促进直觉、分析和综合的能力，确实建立"一套思考的艺术"和一种"简洁的学派"。1962年，在西班牙，人文主义教育和伴随它的拉丁文，被视为能在"功利主义"时代，带给人"敏捷""速度"和"深思熟虑的伟大精神"。另外在昔日的法属殖民地，如桑格尔总统领导的塞内加尔，有人提出拉丁文赋予人"稳重""条理""逻辑活力"，总而言之，也就是"心理秩序"。

锻炼智力向来是对拉丁文有利的论证常数，怪不得在法国，当学校取消六年级的拉丁文课程后不久，这项论证会被大量采用。有人指出："这门学科本质上对培养严密精确的思想而言，就是一个宝贵的训练。"迪科（Ducos）在国民议会中声明，拉丁文"不是用来给专家研究的，它是装备其他人的一门学科"。事实上，教育部长富尔的措施之所以遭到坚决反对，也是基于拉丁文这项公认的教育价值。唯有提早学习，拉丁文才能发挥这种作用；延后拉丁文的基础课程，很可能失去如此有益的效果。"要拉丁文学科结出所有的果实，"曾任教于亨利四世中学的拉克鲁瓦解释道，

就不应容许初级课程延缓，以致削弱它的作用。11至13岁

之间,是本国语和外文互译的练习,最能有效训练逻辑头脑的时期。这个年龄层的孩子接受能力特别强……如果把初级课程延后到四年级才上,也就是学生面临青春期之际,他们的理解力和精神都会变差。

现今,虽然拉丁文在各地急剧衰落,有关拉丁文学科具有训练能力的论证仍保持着整个气势。常有人引用这类论证,至于发表哪一种版本并不重要:法国强调古代语言训练推理能力,德国则强调它们有助于"培养"(Bildung)分析与综合的思考能力。这类论证也说明了为什么有些教师反对翻译作品。虽然"学拉丁文和希腊文,不只是为了理解原著的意思",但如果学生都读译本,他们很可能失去从语言学习中得到锻炼的好处。

塑造性格

除了被视为能发展孩子的智能,引导他精准、正确地思考外,拉丁文学科还被赋予一个额外的功效:让孩子从艰困的学习过程中产生智慧和刚强的性格。事实上,在与拉丁文作品"搏斗"的过程中(一种具有男子气概的看法),孩子变得更坚强,也为日后迎战成人生活中可能遇到的困难做好准备。因此,减少拉丁文的分量(如19世纪下半叶某些人的提议),按照迪邦路(Mgr Dupanloup)教士的警告,将直接导致"普遍懒散""有组织的怠惰"和"性格衰弱"。

同样的看法在英国也很流行。史密斯(Stydney Smith)曾对古代语言可能具备的这种效能,提出无懈可击的论证。"古代语言使孩子耐得住思想上的艰难,"他写道,"并使年轻学生的生活成为应有的样式,即非常勤勉地生活。"虽然他承认,并不是只有拉丁文和希腊文才有这种功效,却仍补充说道:"就算别的一事无成,至少它们让孩子在生命中的某一个阶段（这阶段实际上对其他任何阶段都有影响），过着非常努力学习的生活。"从更广泛的角度来说，在英国的"公学"（自维多利亚时代到近代），始终有人坚决主张拉丁文及其艰困的课业，作用犹如塑造性格的工具。在这点上，清教徒伦理学也有它的影响。曾有人指出，在当时的教育学文献中，"'性格'一词与拉丁文一起出现的频率，几乎和它与宗教一起出现的频率一样高"。尽管如此，诚如天主教国家（如法国）的类似论述所强调，拉丁文还是有它本身的功效。即便有心理学理论家提出见解（孩子应在快乐中学习，并强调困难和恐惧的负面效果），拉丁文这方面的功效依然存在，甚至在20世纪50至60年代，英、法两国都有教师形容这个难学的语言，是"培养刚强性格、勇气和耐力的方法"。

心灵补给品

如果说，拉丁文能发展智力、磨炼性格，那么它当然也能造就心灵，这个作用随着学校课程引进自然科学而增强。在19世纪，法国"古典人文主义"和"科学人文主义"两边的支持者从未停止争论。1837年，天文学家暨数学家阿拉戈（Arago）和作家拉马丁（Lamartine）于众议院交锋争论时，曾明确提出这些事情。在讨论一项中等教育法案时，阿拉戈主张市镇中学没有必要传授古代语言，只要高等学校教就好了。他驳斥所谓只有古代语言才能赋予"真正的思想和心灵文化"这种论证："我并不是说，"他清楚地指出，"拉丁文和希腊文不能培养兴趣……我要说的只是，它们并非必不可少。"至于古代语言的空缺，阿拉戈提议引进法语、另一个活语言和自然科学等教育。关于最后这项学科，他不得不驳斥萨得（M. de Sade）的论点。后者曾在众议院的论坛上宣称："过早且过度深入研习自然科学,会扭曲人的思想,使人心胸狭窄""使心肠变得冷酷无情"且"想象力变差"。为反驳这种断言,阿拉戈除了强调个人信念外,还大力推举笛卡儿和帕斯卡尔的例子。翌日(3月24日),拉马丁加入争论。他赞同阿拉戈提议的科学教育(包括在市镇中学实施),条件是要先施行"道德与文学"教育。如果要他选择,他宁可牺牲前者,因为"人若错过所有的数学原理,工业界、物质世界或许会遭受极大的损失及巨大的伤害,但人若单单错过一项由文科传递的道德真理,灭亡的将会是人本身,甚至全人类"。他也抨击所谓"只传授专业、科学、数学的教育",在他看来,这是"把18世纪的唯物论用在教育上"。

具"人文主义"功能的拉丁文,和可能使人变得冷酷无情的自然科学之间的对立,在几近现代且利害关系截然不同的争论中再现。这次争论的焦点是,报考巴黎综合工科学校的考生,是否一定要通过中学毕业会考。直到1840年,绝大多数的考生都宁可专攻在考试中占优势的数学,而在三年级放弃拉丁文,因为后者虽赋予他们足够的基础知识应付拉丁文翻译考题,却会因此挡住他们取得业士学位的路。1841年,国民教育部(常以业士文凭作为安顿、整治社会的方法)表明反对这种做法,提议报考巴黎综合工科学校的考生必须具备业士学位。有人指出,未通过高等院校入学考试的年轻人找不到工作,因为他们缺乏必不可少的窍门。这正是令他们的家人悲痛的原因,但有许许多多心怀不满的年轻人,更是整个社会的危难。还有人提到,即使对那些通过入学考试的人而言,损失也很大。大量的"定理、解法和公式"对心理造成严重损害:使有才智的人变得冷漠、不切实际,无法理解不属于数学定律的事物,因而对社会上政治、宗教和家庭的现实事物充满偏见。1842年,国防部部长强制规定自1844年起,报考高等院校的考生必须具备业士学位。在这段插曲后,有关未来工程师是否有必要以"一般学养和不可或缺的心灵补充教育"之名学拉丁文的争论,仍持续整个19世纪。类似的推论也出现在19世纪末的德国。在这里,有人描述放弃拉丁文和希腊文是国难,有人举"思想狭隘且有勇无谋的人"为例,"在这些人身上,过早培养的自然科学知识损坏了智力,甚至部分扼杀了道德官能"。

当自然科学终于在20世纪的改革中,于教学上取得一个与其在社会中的角色相称的地位时,仍有人不遗余力提出对拉丁文有利的论证(指拉丁文或许能补救科学教育的某些负面影响)。随着拉丁文丧失昔日霸权,甚至分量被缩减到极少的地步(从当时的口令"少一个精通拉丁文的人,就多一个工程师"来看,拉丁文至少遭受激烈的竞争),很多支持者公开为调和这古老的语言与数学(被认定从此位居优势的老对手)辩护。拉丁文学科不但能发展某些智能,进而使数学更容易学习,还能补足学生在精神上的缺乏,这在新的教育制度中更不可少。于是,有人描述拉丁文是"人文主义和技术之间的调和剂"。法国在教育部废除六年级的拉丁文课程后,专业期刊和国民议会的论坛上都有人重申这点:拉丁文和数学并非仇敌。相反地,"它们的结合",能产生"组织完全的头脑,使每一位业士为迎接他的高等学科做好万全准备"。

拉丁文不只是自然科学(更确切地说,自然科学的流毒)的解毒剂,它更广泛地保护学生免于近代世界和某些意识形态的危害。早在1837年,拉马丁就提到他担心万一教育舍弃人文学科,17世纪的唯物论会卷土重来。1852年,当标示拉丁文衰退的"分科"制度设立时,面对这种"物质利益势必且即将打败道德利益的趋势",一些人纷纷发出警告。这类论证大受欢迎,而且以无数版本被反复提出直到如今。

过去也曾有人抨击古典学科（尤其是拉丁文）缺乏道德价值，而且充满唯物论思想。这是自由经济学家的论点，这些在19世纪50年代，主张现代教育（以自然科学、近代语言和经济学为中心）的人，当然反对传统教育。其中一位代表人物巴师夏（Frédéric Bastiat），曾在著作《业士学位与社会主义》（1850）中指出，拉丁文不但毫无用处（现在它不再是知识的入门），更是有害。拉丁文学科导致孩子"过分吸收、充满且沉浸在一大群盗贼和奴隶（也就是罗马人）的感想和见解中"。所以，它毫无价值和道德功效。更糟的是，它促进纯粹的物质利益发展，因为它提供"一个憎恶、蔑视工作的民族作为典范。这个民族以连续掠夺所有邻近的民族和蓄奴，作为自己一切生活来源的基础"。由此产生一个对古典教育的决断性批评：古典教育的果实没有别的，只有"人称之为社会主义或共产主义的颠覆性学说"，也就是引发1848年运动的学说。

可以预料的是，这种论述是个例外；相反地，拉丁文更常被描述为抵御唯物论思想的保证。当意大利在法西斯政体统治下兴起泛拉丁语风运动时，拉丁文特别显得像是抵御马克思主义的巨大壁垒。"拉丁文是反马克思主义的，"教师帕德拉罗于1939年写道：

> 一个接受过贺拉斯《颂歌集》预防接种的人，很难沦为马克思主义流行病的受害者……为了精通古典著作的某一段落，而辛苦得来的心智锻炼，能赋予人高尚的理性尊严，使他不至于陷入群众非理性且往往残暴的情感中。马克思主义怎么可能不反对拉丁文——人类无限传统的继承者、人类最崇高作品的促进者和保护者？普及化的马克思主义神秘论，怎么可能不敌对一个汇集科学、文化、思想的一般概念，以探索其表达形式的语言？

根据哲学家卡洛热罗（Guido Calogero）的说法，这个移归拉丁文的作用，并未随着法西斯政体衰落而终止。20世纪50年代，在谈论学校改革时，仍有拉丁语学者将这个古代语言视为抵御共产主义的壁垒，而为它辩护。在法国，随着六年级拉丁文课程取消而引发的抗议声中（1968—1969），也有类似的反应。一些化名为"有识之士"（Epistémon）的高等教育老师，认为这项措施是向"马克思主义文化革命"敞开大门。他们解释道："对于愈是缺乏扎实的智力训练和价值观的年轻人、教养差且欠缺智慧遗产的孤儿、无产阶级者，马克思主义的洗脑效果愈好。"一位文科教师更进一步认为，舍弃拉丁文无非是"没有文化者和野蛮人所策划的阴谋，因为他们了解古代语言是抵御来自东方死亡学说的终极堡垒。事实上，他们不希望有人拥有正确、公正的判断力，因为他们要的是世上只剩下一种人，即不会思考、省思或讨论的人"。

也有来自西方国家的危害，第二次世界大战后，无论在意大利或在法国，都有人认为拉丁文能预防"美国化""美国的假文化"或"粗浅的美国化"，以及随之而来的"科技狂""功利主义""科技社会"的疏离，甚至"具毁灭性的现代思想"。对这另一种物质主义而言，拉丁文的功能同样像是解毒剂，而且率先在一个失去精神基准的世界中，提供"心灵补给品"。

在这种情况下，任何废除拉丁文的措施，都会对整个社会产生致命的影响。巴黎大学教授格里马尔（Pierre Grimal）认为，富尔（Edgar Faure）采取的措施（减少拉丁文学生的人数），可能助长

> 两种心境和思想。其中一种（占大多数）变得只擅长我们所谓的技术，把一切事物都简化为算术，缺乏任何真正的心灵要素，沉迷于最庸俗的声色之娱或专为这种生活设计的邪恶场

所，或者如前文多次提到的，心中压抑对某一更高理想的渴望与遗憾，活得不耐烦，不断想为自己（更糟的是，为国家）寻求改变。另一种类型受教于传统文化，懂得如何区别真伪，拥有过去人类的经验，能根据真理判断人类的事。第一种类型的人无法不受制于事物；第二种类型的人拥有真正的自由，不受命运束缚，平易近人，讨人喜欢，拒绝任何改变的空想，不过度依恋自己的财富，相信外在事物有时虽有益处，却绝非人类幸福所不可或缺。

因此，这个"恶毒的"措施，可能产生彼此无法理解的"两种人类"，甚至最后引起"纷争"；这对于不再由"已认识到自由真谛的人"统治，以致暴露在极端险境的国家而言，真是巨大的威胁。

生活在古代最伟大优美的文化产物中

在这极端的表述底下，还是一个公认为拉丁文精神价值的普遍信念。这个信念也源自孩子通过这古老的语言接触古代名著。1803年的法国文学委员会（前文提过，该委员会强调拉丁文学科使人得到智力训练）补充说道："……看看生活在古代最伟大、优美的文化产物中，想象力会变得多丰富啊！"英国至少到19世纪最后十年为止，都有人使用这类美学论证，来作为学拉丁文的正当理由，而且有人提出证据。例如，鲁格比"公学"校长杰克斯–布莱克（Thomas Jex-Blake）认为，获得教育界古典学科最高学位的人身上，都有"一种思想上的完善、简洁和优美……是我所遇见任何其他类型的人没有的……"

在法国，同样的论证似乎流行更久，而且具有独特的色彩。拉丁文培养审美观，而审美观是法国独有的财产。1853年，在"分科"制度设立后不久成立的委员会中出现一些声音，强调古典语言和文学在审美观（"我们文化的装饰品，制造业的巨大资本"）养成过程中的重要性。有人再三请求："让我们为祖国保存这个特有且适用于一切的敏锐的审美本能，让我们细心保存这项本能，因为它相当于英国的煤、美国或俄罗斯的重要自然资源。"古典学科（尤指拉丁文）和审美观终于形成一个二项式，成为法国独有的特征。1923年，哲学家柏格森在一篇大获好评的评论中［该文论及贝拉尔（Bérard）再度把拉丁文引进中学各年级的改革措施］，重申古典学科有助于发展次序、比例、估量、准确度和灵活度等品质。这一切在法国都有卓越的表现，而且在各方面塑造法国的声誉，包括在经济领域。事实上，法国在要求品位和雅致的奢侈品工业上出类拔萃。"总的来说，"柏格森继续说道，"我们的产品以制作精密完善闻名。"他承认，我们的工人是没有学过拉丁文，但他们却在一个受过希腊罗马文化洗礼的社会中工作。拉丁文（讲得更远些，古典主义）和审美观组成的这个二项式，在第一次世界大战期间，甚至战前，是法国和德国无论在文化上或政治上形成对比的一点。因此，塔尔德（Alfred de Tarde）和马西斯（Henri Massis）才以笔名阿加顿（Agathon）（雅典悲剧诗人），抨击朗松（Lanson）将巴黎大学"德国化"：引进德国渊博的"科学"方法，后果将是杜绝一切与"重要名著充满生命力的资源"接触的机会（所谓重要名著，是指以朗松和布鲁诺坚决反对的拉丁文作品为首的著作）。这对法国文化是严重的危害，因此有篇题为《朗松先生反对人文学科》的文章，借以下这个严正的警告总结："捍卫拉丁文，也就是在外国人面前，为自己国家的利益效力。"

这套有利于拉丁文的美学暨精神论证，远远比不上一个更广泛、以认识古代文化为主的文化论证。不过，这种借阅读古典作品得到心灵教育的信念，我们偶尔还是听得到。例如，法国历史学家罗米莉（Jacqueline de Romilly）认为："这些昔日的诗句仍带有最初的感动……您有勇气想，"她以直接询问学生家长的口气写道，"您的孩子无法感受他们先前诸多世代的人明显感受到的事吗？"避开随着时间产生改变的异议，她继续说道："这并不妨碍世世代代从接触这些作品中吸收多一点理解，不仅理解著作，也理解人和人生，或许还理解一点这些伟大的典范本身所具有，而我们如此缺乏的高尚德行。"

你将感到超越别人

同样出自上述罗米莉的著作，作者在前面几页还写道："学希腊文和拉丁文，时刻都对熟练法文有帮助；阅读拉丁文和希腊文（这段修业期的成果），则有助于造就人。"事实上，这正是拉丁文的基本重点，智力和道德功效之所以常与拉丁文学科联结，也是基于这个启发。

通过这个信念，罗米莉加入一个存在已久的思想传统（早在19世纪初就根深柢固的传统）。1840年，法国哲学家库辛（Victor Cousin）在短暂担任教育部长期间，曾发出一系列通告（内容是借由设置连续教学，解决人文学科和自然学科的棘手问题）：首先应传授古典学科，"这类学科之所以如此适合称作人文学科，"他解释道，"是因为它们造就人，因为它们同时培养记忆力、想象力、智力和心性。"1873年，当教育部长朱尔·西蒙的措施遭到反对时，有一个委员会（高级教士迪邦路占其中一席）表示赞成继续将古代语言视为"一切博雅教育的基础"，该决议的理由如下："希腊罗马文化是最完美的人类心智发展的形式，而且……我们不能放弃用它们本身的语言来研习它们，也不能放弃直接从这么多无与伦比的教师身上,接受最高等的艺术、伦理和逻辑课程。"在俄罗斯,托尔斯泰伯爵(前文提过,他用拉丁文是为了政治教育)也相信古代语言具有高度教育价值。"古典教育系统本质上不培育公务员或官吏,它培育人,这就是为什么这个系统被称为人文主义系统"。在这里,这位部长的推论显然受到西方模式的影响,普鲁士的"古典中学"、法国的公立中学或英国的"公学",都把培训人视为古典学科(尤指拉丁文)的功能。20世纪的教育文献在为古代语言辩护时,也大量采用这个论证。

拉丁文既有培育人的作用,被列入非"职业导向的"中等教育也是必然的。它不是为培养拉丁语学者或训练专家而设,前面提出的好几段引文已表明这点。拉丁文属于"无利害关系的教育",它提供"一般学养",这点从大家把它和自然科学并活语言加以区分清楚可见。

在整个19世纪期间,提议让自然学科在学校课程中占更多分量的"现代派人士",始终遭到古典学科捍卫者反对。后者除了寸步不让之外(在这里,我们不得不说,拉丁文教师在对手面前死硬到底),背后还有一个与古代语言有关的"高傲"想法在推动。他们认为,自然学科提供次等教育(因为它只求实利)。这点解释了在英国"公学"(提供公开的"非职业"教育),古典学科被视为抵御庸俗功利主义的壁垒。除了纯理论学科(尤指数学、代数和几何学)外,自然学科在这类学校中几乎不受重视。法国的情况也一样。19世纪末,捍卫公立中学内"一般学养"的人士,批评自然学科提供实用且次等的知识,看重"资讯的量"更甚于"思想的质",且导致"某种智力的畸形"。反之,纯理论学科基于非只求实利的特性,而逃过这种咒骂。

这个非职业导向的中等教育概念,也说明了为什么在同一时期，拉丁文比活语言得到更多优惠待遇。有些赞成语言学习能带给学生"心智锻炼"的人，极力主张以活语言取代拉丁文，他们强调这么做有双重好处：锻炼心智并认识一种近代方言。这就是"取得文科和活语言教师资格"的迪埃兹（H. Dietz）于1886年重新提出的理念。考虑到社会的新需要，他为近代中等教育（指由活语言扮演昔日移归古代语言的教育角色）辩护，并把被描述为"一种现代拉丁文"的英文放首位。他对于耗费十年学一个死语言深感遗憾；尽管知道"最重要的或许是锻炼本身，即外文翻译的锻炼"，他仍驳斥这么做代价太高，"要锻炼身体、增强体力，根本不需要用到豪华单杠……无论材质是白木还是紫檀木，效用都一样"。这在当时是很大胆的要求，因为活语言教学在公立中学尚未有什么发展，而且成效很差。此外，以德文为例，课堂上的讲解仍以拉丁文和希腊文为主。不用说，迪埃兹并未打赢这场论战。在捍卫拉丁文的人看来，近代语言不配扮演同样的教育角色。"以不断随着习惯改变的活语言取代死语言妥当吗？"西卡尔（Sicard）教士强调自己认为导致主要的近代语言不适用的弱点写道，"英文没有文法；德文的句法结构很怪且错综复杂；南欧的语言可能使我们的文体变得枯燥乏味且软弱无力"。怪不得当时是相反的信念（拉丁文有助于学习活语言）占优势且持续很久，甚至1983年还有人说："优秀的拉丁语学家必能成为优秀的德语专家。"1968年后，面对活语言（尤其是德文）的公开竞争，拉丁文捍卫者在有关心智训练的论据中，再补上一个新论点："就算它（指德语）有同样的教育价值……它绝对没有同样的文化和开化的价值……虽然德语的语言和文化遗产，看起来和罗马的语言和文化遗产一样丰富，但前者至少有一点比不上后者：普世性。"

在法国，依然有人以同样"博雅"教育的名义，强烈批评德国人文主义及其语文学方法，反对声浪在1870年至1914年德法战争期间特别强。1871年法国战败，使一些和勒南（Renan）、巴斯德（Pasteur）一样杰出的学者相信，德国在战场上的优势，是在中等学校和大学锻炼出来的。因此，应借改革法国教育制度并采用德国的做法来寻求复兴。巴黎大学大大盛行莱茵地（德国莱茵河西岸地区）的"科学"方法，而学校界则有人赋予拉丁文教学法强烈的文法导向。不过，这种热情并不普遍。有人抨击那是一种枯燥乏味的科技学识：只培养"专家"而不培养"君子"；漠视一切道德教育；不培养兴趣，反倒使人变得贫乏；不但完全没有锻炼心智以孕育宏观，反而使人变得心胸狭隘、满腹鸡毛蒜皮的学究气。

教育、一般学养、造就人、拉丁文，这一切终于合为一体。从这个观点来看，"近代人文学科"简直无意义，也是万不得已的选择。有鉴于此，有人设计一种专为没选修古代语言的孩子预备的教学法，即特别借助译本，传授"古典信息的精髓"给这些学生。这种教学法虽然效果不错（"近代组"往往比"古典组"同学更认识古代文化），却仍逃不掉由这种教育形式而来的不信任。

不朽的人

以古典学科为支柱且没有利害关系的教育，也从陪衬它的普世、永恒的价值中汲取力量。学古代语言使人和古代、和已臻高度卓越且为欧洲起源的文化完美结合，这套遗产理论自19世纪至今受到广泛引用，也曾有人带着极大的偏见使用它。例如，在第一次世界大战期间，法国巴黎大学利用这个论点（指共同的拉丁文过去、具有高度道德与公民价值的宝库），动员"拉丁"民族反抗德国。更广泛来说，各地都有人强调不仅要认识、保存这宝贵的遗产，还要使它带出成效。取消拉丁文，将会是同时与传统决裂，并弃绝一个丰富的源泉。这是在19世纪期间，每当拉丁文受威胁时，反复出现的警告。或许这一切永远比不上富尔的措施引发的声明。我们通过拉丁文的教育作用，隶属一个既溯及经典的古代文化，又使整个欧洲围绕一个人类典范（"不朽的人"）结合在一起的传统。"古典学科最大的益处，"一群化名为"有识之士"的大学教授指出：

> 就是一些智慧、一些相对性的观念、一些参照系统。它比学校教育更好，它是心思意念的教育，能帮助我们探索过去——我们的过去、遗产、文化、共有资产，而不是什么与印度、中国或印加王国一样年代久远的奇怪古物……废除六年级的拉丁文课程和四年级的希腊文课程，就是终止古典教育、终止人文学科、终止一个文化——我们的文化，希腊、罗马文化。

因此，结论是："弃绝拉丁文，就是弃绝全欧洲人共有的整个文化经历。""野蛮"正在窥伺我们。

虽然古典学科已大大衰退，而可怕的新竞争对手（社会科学）也已出现，始终有人拿古代遗产的论点（欧洲统一的起因），来支持孩子的一般教育和正在建造中的欧洲。一个非常具体的例子是，1993年由德国南部的拉丁文教师独创，标题为《拉丁文：2000年》的海报：从欧洲的古典神话得到启示的这张海报，强调结合拉丁文和欧洲的传统联系，并重申无论过去或未来，拉丁文都如同标语和图像清楚表明的，是"欧洲文化的关键"。因此，无论以劲头十足的方式，或以怀旧的方式，这套论据在近几年支持人文学科的著作中，已成了陈词滥调。

三、从坚信到使人信服

因此，从18世纪末至今，用来支持拉丁文学科的论点，除了勉强迫于形势而遭到少许修改外，几乎没什么改变。的确，要用这个或那个论点，需视情况而定，而拉丁文捍卫者也有自己偏爱的论述。尽管如此，相同的论证几乎无形中彼此串连，形成近乎完整的一套说法，也是很常见的事。即使论述的顺序近似本书阐述的方向，事实上也不是不可变动，大体上，都是从"功利主义"（学另一种语言的益处）出发，谈到"没有利害关系"的层面（培育人）。

这套论据似乎不大受事情的真相影响。因此，在探索古代世界的文化动机和拉丁文教育（如法国中学提供的教学方式）之间，有一道鸿沟。"老师介绍任何作家给我们的时候，从未提到他的时代背景、天空的颜色、生前和哪些人交谈，"拉维斯（Lavisse）在《回忆录》中说："他们就像影子在无声无色的环境中滑动……古希腊和古罗马在我们这些无知的人面前纠结在一起。我们几乎不知道希腊人和罗马人谁先存在，而且我们绝对有理由相信伯里克利（雅典将军）和西塞罗是同时代的人。"有些公立中学的老师认为，即使在20世纪50年代（此时拉丁文课程常简化为译解几行原文和解释文法规则），同样的判断依然有效。尽管如此，始终有人颂扬拉丁文学科的文化价值。

这套论据也不会因为拉丁文捍卫者本身在表达上偶尔有所保留，而比较站不住脚。偶尔也有人为了替自己看重的理由作更好的辩解，而表达"严肃的质问"，甚至说出他们的怀疑。例如，科隆大学教授沃尔芬指出，一般提出来支持拉丁文的各种论证，没有一个具有"必然性"，但他并不就此断定应该废除拉丁文学科。一方面,他注意到"和其他学科对照,应该不是对我们如此不利";另一方面,在推翻所有批评(往往也是拉丁文反对者的评论)之后,他用一个对他而言是主要且"不可或缺"的论证总结:大量接触古代文化是"向全人类敞开"。

最后,许多根本无人证明的论据,并非总是可论证。1969年,现代拉丁文协会请一位心理学家针对"拉丁文是特有的心智锻炼,能加速儿童的智力发展、使他更有能力赢得其他挑战"的说法提供意见。其中一个常用来支持此论点的证据是,精通拉丁语的学生进入科学高等学校的成功率很高,但这位专家不接受这个近乎诡辩的论证。原因是没有理由能阻挡他人持相反的论证,也就是,因为这些学生有数学头脑,才会在拉丁文方面表现优异。这个问题只有一种科学研究能解决,就是对照智力相当且学习条件类似(确切地说,拉丁文除外)的两组学生。然而,撇开实验设计不谈(拉丁文究竟利用、发展了哪些天赋?是推理还是直觉?),主导这个实验的条件在技术上就使这个研究办不到,至少很难实现,更何况,这类研究从未在法国或其他国家实施过。深知自己的结论肯定不符合众人期待,这位专家特别强调他的结论不应成为"阻碍教师尝试与坚持"的理由。这点,拉丁文老师都很清楚。

或许论证或实验证明事实上对这些教师都不怎么重要,他们提出来支持拉丁文及其教育的论据,是建基于一个更强大的原动力,也就是内在的信念。此外,诚如其中一位老师所承认,这些论据难道不常是"为了支持我们确信的理由……但基于较不容易表达的缘故,就由果溯因的合理化结果吗"?由此看来,这套有利于拉丁文的论据,根本没有推理和论证的依据,而是先源自信念,并因形成一套前后一致的论述(以人和培育人为主旨),而充分发挥作用。由于不断重述,这套论述成了一个未经讨论就接受的信条。这点从

20世纪初，圣彼得堡大学教授吉林斯基（M. Zilinski）的谈话中清晰可见：

> 古代文化有什么教育价值？我完全不知道。但古典教育制度存在已久，也早就扩展到所有属于欧洲文化的民族，而且这些民族只通过它成为有教养的人，这些都是事实……即使在现代，一个民族愈严肃看待古典教育，它的开化能力也愈大，而那些少了古典教育的民族，无论它们在数量上有多大的威势、过去有多伟大的光荣事迹，在思想界都起不了任何作用。

因此我们可以理解，尽管现实往往与这些论据不符，仍有人继续接受并复述它们。我们也要指出，这些论据不仅是信念的产物，而且也产生影响，换句话说，我们还要描述这些论证如何说服人。拉丁文支持者的论述有三方面：辩护（对该学科遭到抨击予以辩解）、建议（邀请人学拉丁文）、赞颂（强调它高尚的特质）。"辩护词"和其他形式的"抗辩"在书面作品中占主要地位，怪不得这些作品常在紧张的气氛中（很多提到"威胁""挑衅""阴谋"等字眼）构思而成。不过，写给家长的话、赞美拉丁文"高尚"或具备"诸多效能"的颂词也不少。这些论述的推论基础是，对一些公认为拉丁文及其学科的价值深信不疑；它们往往采取断言的形式（"拉丁文，是……"），不提供论证作为支持，而是提出保证并运用权威人士的推荐。我们只举几个例子。

引用大人物的见解，是最多人使用的技巧，做法是请一些名人提供他们对拉丁文的看法（必须是有利的看法）。这种策略第一次用于美国，是在教育家弗莱斯纳严厉批判古典学科后不久，当时抗辩与抨击不相上下。1917年6月，弗莱明威（Fleming West）（普林斯顿大学拉丁文教授暨"研究所"所长)举办一场研讨会,探讨"博雅教育中的古典学科"。在开幕词中,他严正抨击弗莱斯纳提出的"现代学校",并指出面对当前局势(美国加入世界大战),古典学科极具重要性的原因。在我们比任何时候都更需要"人类心灵的优越力量"之际,拉丁文能培养必要的勇气、智慧和对自由的信念。这次会议的记录于同年出版,内容除了有研讨会上提出的学术报告外,还收录近三百个对古典学科有利的见证(由"内行的观察家描述现代生活的重要利益,并列出许多美国最杰出人士的姓名")。排名首位的是,当时在位的美国总统威尔逊和三位前总统(塔夫特、罗斯福和克利夫兰)。随后是政治、工商、教育、教会、法律、医学、科学等各界名人。他们全都表态支持古典教育。此外,过去没有"特权"接受这种教育的人,也分享他们的遗憾和因此遭受的"损失"。约五十年后,《古典学报》刊登美国名人对拉丁文的文化和实用价值的看法,这份名单汇集许多政界精英人士的姓名,从名列第一的尼克松总统到参议员肯尼迪,中间有美国联邦调查局局长胡佛、前阿拉巴马州州长华莱士、纽约市市长林塞,其他还有好几位前任部长、参议员、众议员和高级官员。罗米莉(Romilly)在著作《给父母的信》中,也应用同样但规模较小的策略,她在不同章节间穿插"名人"的见证:他们分属"杰出的科学家""大型企业的业主"和"一些在实际生活中享盛名,并从中获得不容置疑的经历的人"。

这些"见证人"大都不是专业的拉丁语学家。此外,在普林斯顿大学于1917年出版的手册中,那些意见偏颇、很可能削弱辩护论点的"古典学者",姓名都被断然从名单中除去。事实上,这些见证的价值,来自伴随名人的姓名和社会上重要职务而来的权威,更何况其中有些职务在一般人眼中,并未将拉丁文视为必备条件。美国早在1907年至1909年间，除了每年举办"古典研讨会"外，也曾在安亚伯（Ann Arbor）召开三场会议，分别探讨人文主义教育（尤其是古典教育）对于学法律、神学和商业究竟有何效益。一些与会的法学家、教会人士和企业主表示自己欠拉丁文一份情，讲得直白些，即叙述拉丁文和他们由这门学科所得到的成就，为他们的职业生涯带来哪些益处。基于相同的目标，有人找来科学家见证，恳请他们支持，并引述他们有利于拉丁文的谈话。从这所有的声明可得知，拉丁文学科始终通过特殊的智力和人文训练，为各行各业（包括位分最高的职业）做好万全准备。一些知名人士不但如此表示，也借卓越的成就作为证明。

另一种类似的保证，是从古罗马文化借用语录。为此，受到广泛使用的是泰伦斯的一句诗（摘自《自虐狂》，I，1，v.77）："我是人，凡关乎人道者，与我无不相宜。"（*Homo sum, humani nibil a me alienum puto*）自20世纪50年代起，这句谚语的使用率愈来愈高。当时"人类"（humain）、"人文主义"（humanisme）或"人性"（*humanitas*）几个词常引人联想这句话，因此有人用它来证明拉丁文具有高尚的人文特质。前文提到的拉丁文文法书中，那篇题为《为什么学拉丁文？》的引言，结论如下：

> 清楚的头脑、正直的良心、宽宏大量的心，这是罗马所有伟大的文学天才所呈现出来的三重典范；无论他们名叫西塞罗、维吉尔、贺拉斯或泰西塔斯，他们全都出现在泰伦斯笔下一名人物的宣言中："我是人，凡关乎人道者，与我无不相宜。"

由此可见拉丁文被赋予的教育作用。布瓦扬塞（Pierre Boyancé）

曾在一次题为《拉丁文——基础学科》（标题本身就极具说服力）的谈话中强调，在以"技术需要"为主的现代社会中，人类应比任何时候更提早接受"足以与之抗衡的文化"。不过，他继续说道："就我们人类的觉醒而言（即使是在1952年），任何学科无论有多好，都做不到古典学科所能做到的。"为了证明拉丁文化和文学具有"欢迎并赞同任何形式的人类文化"这个特色，他重申："'凡关乎人道者，与我无不相宜'是拉丁人说的。讲得再明确些，讲这句话的是拉丁人。"因此，这句在18世纪就被诠释为表达四海一家和人类休戚相关的诗，成了古典教育的工具。拉丁文捍卫者把它当作口号，大量使用它，因为对他们的辩论太有利了。就算被赋予现代意义，这句话还是可以从年代久远的特性和原作者的拉丁文出身吸取效力。因此，它就像一个有权威的论据，在泰伦斯肯定不曾想过的论战中发挥作用。

拉丁文支持者对群众说的这些论述的确有说服力。事实上，听到的人不但重述之，而且在内化的过程中加以简化。因此，美国有两份调查所得到的答复，大都是机械式地复述对拉丁文有利的"古典"论据。除了独特的个人经验谈外，它们事实上全是完全内化的信条。我们只谈四个从1969年的调查报告中选出的例子。尼克松总统在回忆拉丁文是他高中四年期间最爱的学科后，这么说："在我看来，这些课程对发展逻辑思考极其有用，而且使我对英文的文法结构有更好的理解。"拉丁文并非纽约市长林塞求学期间最爱的科目，但他也承认拉丁文具备同样有益的功效："现在回想起来，我觉得拉丁文提供宝贵的机会，让学生熟悉英语的派生结构。此外，拉丁文课程是绝佳的心智训练，而且能培养学校纪律。"参议员肯尼迪在强调过去学拉丁文的"特权"后，明确指出拉丁文学科的"永久"价值：

我们自己的英文有很多源自拉丁文，因此我们可以说，拉丁文其实是活语言。学拉丁文使我们熟悉一个重要且迷人的历史时期，一个我们应将大部分文化遗产归功于它的时期。

前文提过，很少人像洛克菲勒认为学拉丁文让他有机会接触伟大的文学，并从中得到乐趣。不仅如此，他还补充其他有利于这古老语言的理由：

如果你好好学拉丁文，它会提高你的智力程度……拉丁文是所有语言中最清楚、最简洁的。

对照同一段文字的拉丁文版和英文版，你会发现用拉丁文就能简单扼要地叙述句子，我们却要用更多字才能表达。此外，懂拉丁文的人较能掌握英文，因为我们的语言大都源自拉丁文。

同样的论据总是不断出现在各地：在法国，1956年针对巴黎公立中学学生家长进行的调查，以及罗米莉视为对古典学科有利而纳入"辩护词"的见证，都曾出现这些论点。难怪1969年在阿尔萨斯各校进行的一项问卷调查，会以下面这些话询问五年级的拉丁语学生：

你觉得自己曾经从拉丁文学科中获益吗？如果有，是以下哪一个？
——这门学科使我学会思考
——这门学科使我学会推理
——这门学科使我更理解法文

——这门学科使我更认识罗马人

比他们年长的四年级学生也被问到同样的问题，只是答案选项不同：

——使我在推理、演绎方面有进步
——充实我的一般学养
——以更有条理、更严格的方式训练我
——锻炼我的记忆力

在这里，我们看到结合古典论据，发挥复述并永久延续一套论述的机制。

在坚信与使人信服之间，这个对拉丁文有利的论述，自成一个最终被视为"神圣的"传统。由此导出极其悲观的预言（指关于任何偏差、更别说任何决裂可能引起的后果）：母语危机、怠惰至上的时期到来、失去道德方向、个体漂泊无根、社会瓦解，等等。此外，一切移归拉丁文的功能、一切公认它所具备的价值，都让人很难预料这个语言会有不得不被取代的一天。"要用具有等效的教导顺序，安排新学科或新的系列学科恐怕不容易，"意大利学者葛兰西（Antonio Gramsci）于著作《狱中笔记》中，在重申古代语言所发挥的教育功能后写道：

> 我们不是为了学拉丁文而学拉丁文。长久以来，按照文化与学校的传统……拉丁文是被当作一个理想的学校课程要素，也就是概括并满足所有教育学和心理学一连串要求的要素来学习的。

在详述拉丁文发挥的功能后,他继续说道:"这并不表示(若这么想就太蠢了),拉丁文和希腊文本身在教育领域中,具有魔术本质。这完全是文化传统(这点在学校以外也一样特别地存在),在既定环境中产生这样的结果。"接下来我们不得不检视,赋予拉丁文"魔术本质"的这个"文化传统"和"既定环境"。

第八章
阶级划分

1968年，富尔在取消六年级的拉丁文课程时，用以下这段话为这个措施辩解，古典教育

> 愈来愈不符合社会的需要。一方面……这种由固定知识（指由数世纪的传统提升为知识的传统）构成的教育，显得不大能革新。另一方面，所有社会学调查研究都显示，只有文化继承人（即承袭某种出身背景的人）才比较有机会接触这种教育。因此，古典教育阻碍民主化是毋庸置疑的……

这番话引发强烈的抗议，拉丁文支持者在国会和专业期刊中提出反驳，强调这项教改才是"反民主"。既然"关心平等"，就应保留六年级的拉丁文课程。古典教育并非"阶级教育"，有人举例证明家庭背景"极其卑微"的孩子，也接受古典教育，并在这方面"成就非凡"；还有人提出拉丁文发挥的"社会作用"：让出身低微或来自外国的孩子"有更灵活丰富的表达能力，以便与社会文化背景不同的同学相比时，可以及早（自四年级或三年级起）脱离不利

的地位"。拉丁文完全没有"资产阶级"的性质,它是"民主化和学习机会均等的实际要素"。然而(有人补充说道),富尔这项有害的措施却可能导致阶级观产生,把学拉丁文的特权,留给有钱念私立学校或接受个别辅导的富家子弟。早在几年前,拉丁文遭到多方批评时,巴黎大学教授布瓦扬塞就曾驳斥"资产阶级的偏见"(对某些人而言,这是拉丁文的附属品),虽然他承认,过去"资产阶级确实很看重借拉丁文化来突显自己",但他坚信该时代已经结束,现在既没有"资产阶级的拉丁文",也没有"资产阶级的物理或数学"。布瓦扬塞这么说绝对有理,无论如何,他还是承认拉丁文曾与资产阶级为伍。1968年当捍卫拉丁文的人士,抨击富尔的措施是"假平等主义"时,他们的谈话中也暗含这层意思:古典学科有**重新成为**阶级教育的危险。

这些在危机中发表的论证,都与一个公认为拉丁文特有的价值有关,无论是富尔使用的措辞(文化继承人),或是反对者提出的辩护词(平等主义),都毫不含糊地指出当时拉丁文的问题不在于教育,而在于社会。因此,我们要提出一个历史性的问题,拉丁文究竟如何发挥这种"区别"作用,如何在舆论中被视为名副其实的"资产阶级的保障"?要回答这个问题,得站在社会学的立场,并通过当代人士的观点和做法,重建拉丁文这个符号在近代社会中的功用。世人如何理解、使用甚至操纵拉丁文?有什么目的,要达到哪些效果?在这里,上述这段法国教改的插曲,只是充当更广泛讨论的引言。

一、体面的学问

起初(在15世纪文艺复兴时期),并没有人主张拉丁文可用来

"划分阶级"。的确,人文主义学校是给预备将来从事高级职务的儿童精英念的。它提供的纯"文学"教育所培养出来的才能,在当时具有公认的实用价值(使人成为使节或在行政部门担任秘书、从事律师职业或在教会中任职)。然而,这种教育具有其教学法本身固有的危险。对古代著作的评论很可能沦为对详情细节的技术批评,而作品(文本)则隐没在大量的学识中。事实上,这种情况不但发生在老师身上,也发生在学生身上。炫耀无根据的学问,自鸣得意地指出荷马和维吉尔犯的错,彼此间在细枝末节上激烈争论。一旦结合这种行为,拉丁文可能反倒让人"降低身份"。

同样在意大利,当宫廷文化开始出现时,我们看到同一群精英分子提出另一套伦理——教育学典型,也就是被视为欧洲财产的朝臣典型。意大利作家卡斯蒂利奥内(Castiglione)的著作《侍臣论》(1528),是一部卓绝的宫廷礼仪手册,探讨在宫中生活并任职的人必备的"技术"教育。这部作品教导朝臣应处处表现出sprezzatura(字面意义为"轻鄙且超然"),这字不容易解释,或许勉强可用法国人在17世纪使用的naturel("自然、不做作")一词表达。诚如卡斯蒂利奥内所写的:"'轻鄙且超然',就是隐藏所有人为做作,表现出言行举止毫无刻意且几乎未经思考。"反之,卖弄技艺"使人信誉尽失,以致不大受人敬重"。

从16世纪初起在意大利,继而在其他地方,有人开始抨击某种卖弄技艺的人物:学究。这号人物在很多喜剧中沦为笑柄,例如意大利作家贝罗(Francesco Belo)的《学究》(1529)、哲学家布鲁诺(Giordano Bruno)的《制烛商》(1582);英国作家哈维的*Pedantius*(1581);法国作家西拉诺(Cyrano)的《假学究》(1654)、莫里哀的《女学究》(1673)。这类讽刺作品不忘挖苦的一项特征,就是学究特别喜欢滥用拉丁文,像是在本地语言谈话中引用拉丁文词汇、措辞和句子，表现出偏爱罕见或从非古典语言借用的词语，使用拉丁文的句法结构（如独立夺格句）。这种癖好结合了强烈想要卖弄学问的念头，后者特别由滥用引文（当然，以拉丁语录为主）表现出来。舞台上嘲讽的事，词典里面也免不了一番抨击。在词典中，学究的定义是"因希腊文和拉丁文而败坏"、乐于"不停地引述某些希腊文或拉丁文作家的著作"，"毫无判断地堆砌希腊文和拉丁文"。学究和拉丁文最后终于混为一谈，诚如莫里哀为了称呼某些学究［如特里索丹（Trissotin）］而造的词"拉丁文人士"所显示。不过，真正受嘲弄的并非拉丁文，而是变质的人文主义学科，牺牲以阅读古代著作为基础的真正全人智力与道德教育，沦为熟记与抄袭。

这正是蒙田特别在《论学究气》中（《随笔集》上卷第二十四章）的分析，在他看来，这种令人遗憾的现象，"原因"在于错误的观念，也就是认为人生而平等。然而，并不是人人都适合心智锻炼，"杂种和庸人……与哲学不相称"。同时，他继续说道，社会就是这样形成的："通常只有出身低微且以做学问为谋生手段的人，才会完全致力于学问。而这些人的灵魂素质最差（一方面因其本质，另一方面因他们在这种环境领受教育的过程中所吸收的典范），他们显然只能以矫揉造作的方式，带给我们知识的成果。"在重述这种"贵族式"评论的同时，我们或许注意到，学究不但普遍被描述为愚蠢加三级（如莫里哀笔下的特里索丹），而且犹如"土里土气又没教养的"家伙。他常被安排在次等职务上，并且缺乏中学或小学教师（附带一提，他的名称源于此）应有的风采。在这里，我们只引用法国诙谐小说作家索莱尔（Et Sorel）的著作《法朗西荣滑稽史》中的一段。书中提到故事主人公在"学校冒险"期间，受到一位教师、一个"卖弄学问的蠢蛋"严格管教。后者不但热衷于拉丁文词源学，还用"无数世上最学究式的冗长废话"把学生弄得疲惫不堪。索莱尔还以社会分析的字眼写道："教师就是那些几乎直接从耕地走上讲台的人……再说，他们只知道各种社交礼节和手段。"

然而，随着这种社交礼节应用在法文的机会愈来愈多，这些中学的迂夫子和伴随他们的拉丁文，俨然和上流社会人士、宫廷贵妇、贵族成对比。但拉丁文并未因此被逐出社交界，只要浏览《风雅信使》就够了。这份期刊主要以贵族、巴黎和外省的资产阶层为对象，也就是说，它的读者并非专业的拉丁语学家，甚至某些读者（例如女性）从未接受拉丁文训练。尽管如此，这份畅销期刊从不忘给拉丁文和古罗马文化留篇幅：刊登拉丁诗、用拉丁文写的纪念文章和铭文；把拉丁文神话应用在爱情故事和谜语上，阐述有关古代语言的语文学和古文物研究工作，等等。

针对这点，我们很适合引证法国在路易十四统治期间发生的双重演变：上流社会人士变得较有文学修养，而博学者"变得较有教养"。后者除了发表许多著作谈论"好学者"应有的表现，抨击学究和江湖骗子坏了学术界的名声外，还努力修正所有粗暴的言行举止，表现出极其正直的德行。他们似乎获得成效：许多在17世纪下半叶旅居巴黎的外国人，在学者身上看到他们体现了文学界奉为圭臬的典范，结合最高深的知识品质和高度谦恭有礼、文雅高尚的举止。一位前来深造的旅人孔蒂，说他在这里还领悟到"学者也可以是上流社会人士"。因此，学问和伴随它的拉丁文，脱去几分粗俗的形象，也不再像过去那么令上流社会人士嫌恶。

但上流社会人士并未因此成为学者，而是逐渐修正自己对知识和正规教育（当时主要建基于拉丁文）惯有的嫌恶态度。虽然贵族不若行政官员那么重视人文学科，他们仍认为有必要接受这方面的训练，最起码是为了担任某些职务或参与宫廷生活，应培养未来文艺事业赞助者的鉴赏力和判断力，也应训练观众有能力译解宫廷芭蕾舞剧中有关希腊罗马神话的参考资料，并阅读庆典中的拉丁文献词。但重点不在于培养年轻贵族成为专职文人。因此，有人鄙视需要长年学习的博学方式，有人支持以翻译（法文和拉丁文的使用率一样高）为基础的学习，有人让孩子研读最适合他身份的政治、历史或兵法的著作。起初，这种教育在家中进行，因为贵族家庭对学校极不信任，他们怕自己的孩子和下层阶级的孩子混在一起会染上恶习。但随着明显有精英主义特色的耶稣会中学创立，情况有所改变。贵族把儿子送进这些学校，按照为他们设想的职业（军队或教会）决定学习期限，并请人补充其他课业。因此，这些孩子多少都在这种专为上流社会人士设立的学校中受过拉丁文教育。给王侯的教育也透露出同样的想法。在17世纪初签订的许多条约中，从拉丁文的使用程度就可看出它的地位：它是欧洲各族彼此交流的语言。此外，它能帮助王侯"深入理解是非善恶"。最重要的是，它教导他古代人作战的方法（指出这点的是法王路易十三的医生埃罗亚德）。尽管如此，他还是得避免陷入钻牛角尖，而且要以"一般学问"为满足。因此，贵族甚至王侯的教育根本没有舍弃拉丁文，而是将它纳入其中，只是去除了所有可能培养出学究的要素。虽然18世纪下半叶，仍有贵族认为"贵人没有必要博学多闻"，但还是把自己的后代送去念中学。

既然被完全纳入社会精英教育，拉丁文转而成为一门"高贵的"学科。从此中学教育是否陷于细枝末节都无关紧要了。拉丁文成了博雅教育的标志，而用处日益减少（它对学生未来的职业生涯愈来愈没有助益），使这个象征性的角色愈发确定。这里再次呼应了卡斯蒂利奥内的观点，卖弄技艺实为不宜。所有我们听过有关古典教育不在于培养拉丁语学家的声明,都源于此。这也是为什么在法国(或许英国更甚),有人鄙视把学生转变为拉丁语专家的德国语文学方法。

此外,尽管社会精英必须学拉丁文,却没人指望他们懂这个语言。这点从艾略特的小说《弗洛斯河上的磨坊》中,两位主人公——少年塔利弗和比他杰出且早熟的同学菲力的对话完全显露出来。

"我不懂为什么要学拉丁文,"塔利弗说道,"根本毫无用处。"

"这是绅士教育的一部分,"菲力说道,"所有绅士都学同样的事。"

"什么!你相信克雷克先生,那群猎犬的主人懂拉丁文?"常想自己将来要像克雷克先生一样的塔利弗说道。

"他小时候当然学过,"菲力说道,"不过,我深信他早就忘了。"

由此看来,懂拉丁文不算什么,学过拉丁文才重要。诚如弗拉礼(Raoul Frary)在1885年所写的:"在真正的资产阶层中,你必须懂拉丁文,更确切地说,你必须曾在有传授拉丁文的学校中度过几年。"他还说(没有比这更清楚的了):一旦拿到业士学位,一旦通过富含拉丁文的中等教育考试,"就可以忘了所有这些已经过检验的高尚知识"。几年后,法国哲学家戈布洛(Edmond Goblot)的名著《障碍与阶级》(1925)中,也出现同样的观点。这本书指出拉丁文产生的区别,实际上使不懂拉丁文的人和学过但不懂这个语言的人形成对比。

因此，拉丁文抛弃了那在上流社会中，很可能为它带来毁灭的博学和卖弄学问的倾向。在这过程中，它的地位改变了，它不再是一些不怎么显著的职业必备的"纯粹有用"甚至实用的学问。对于把孩子送去学大量拉丁文的社会精英而言，它是"一门纯粹体面的学问"（不用说，这种学问毫无用处，也没有人会用它来成就任何事）。甚至在这点上，它"划分阶级"，它塑造来自优越家庭的英国绅士和法国资本家，也就是说，它不加掩饰地表示属于某一个阶级。在其中，人可以"浪费"金钱、时间和精力，去学一门就职业而言毫无用处的学问。通过这些评注［很多借自美国社会学家韦勃伦（Veblen）对富闲阶级中，古典学科的分析］，我们现在必须检视这个围绕着拉丁文运作的"阶级划分"，是如何演进，究竟有哪些形式。

二、特殊阶级人士

人文主义学校是一种精英现象，即使化为拉丁文教育也仍是如此。或许这只是因为这种教育很耗时，所以预先排除大多数孩子。他们（尤其乡村地区）基于明显的经济理由，在学校的时间往往不超过最基本的识字阶段。此外，有人指出那些提供最高等教育的学校（如有完整训练的法国中学），随着时间逐渐精英化，他们为有利于小学校，而免去阅读和写作的基本课程，致使小学和拉丁文教育之间的学习断层日益明显。大型中学的社会概况逐渐明确，摆脱下层阶级，在市郊吸收社会精选的阶层（在这点上，寄宿费用有一定的作用），开放很多名额给社会精英（学生人数过多，在18世纪就占了三分之二到五分之四）。至于同样住在都市的学生，修业期则取决于在社会上属于哪个阶级。就一群六年级新生而言，工匠儿子的人数在三年级只剩一半，而达官贵人的儿子则大都继续读到修辞班。换句话说，"中等"教育和伴随它的拉丁文高等课程，主要是一种精英现象，即使在19世纪的公立中学，拉丁文仍保有这个特性，"近代"教育的产生，甚至可能强化这个特性。我们后面再回过头来谈这一点。

在英国，"公学"（拉丁文最重要的堡垒）有一种至少取决于寄宿费用的"贵族"招生措施。在这类学校中占主导地位的拉丁文，偶尔会被用来强调学校的精英主义。事实上，其中有些学校基于创校宗旨，必须招收附近一带的孩子免费就学或只收一点点学费。为了回避社会上这种"令人不悦的"规定，有学校取消低年级。因此，孩子必须私下请家庭教师或上自费的先修班，习得足够的拉丁文知识后，才能进入这些特别的学校就读。

即使到了20世纪中叶，拉丁文仍然反映出社会差异。法国在1956年，单单自由业人士——建筑师、律师、医师等用脑力工作的人——的孩子，就占了古典组学生人数的12.6%，相较之下，他们在近代组只占4.1%；农工子弟中（人数将近学生人口的两倍），只有13.2%选古典组，而选近代组的人却有26.1%之多。在大学文科（"社会背景的影响最显见之处"），法国社会学家布尔迪厄（Pierre Bourdieu）与帕瑟隆（Jean-Claude Passeron）注意到，1961年至1962年间，"曾在中等学校学过拉丁文的大学生比例，从41%（农工子弟）到83%（高级干部和自由业人士的子弟）不等"。他们并强调指出："这点（指文学院的学生）更足以说明，社会背景和古典学科之间的关系。"同年在贝桑松学区进行的一项调查研究显示，拉丁语学生的比例因城市的重要性和人口组成而异。虽然就这个学区而言，学拉丁文的六年级学生平均值为50%到55%，甚至在雨果中学和巴斯德中学分别高达63%和72%，在蓬塔利耶的中学却下降至27%。另一方面，女学生和男学生的人数也始终不均等。例如在贝尔福，于公立男中选修拉丁文的学生达73%，公立女中却只有44%。而在女学生当中，也有来自社会背景的明显差异，分别是：工人的女儿占27%，职员的女儿占28%，而干部或自由业人士的女儿占46%。在贝桑松的公立女中（这里的拉丁文学生人数比例最高），这方面的差距依同样顺序分别是48%、53%、71%。

鉴于这几个数字（加上法国人口中各种社会—职业类别的比例，或许更具说服力），我们不得不指出，富尔以"文化继承人"形容接受古典教育的孩子，并不全然是错的。只是这些数字和部长引用的社会学调查研究一样，虽然说明了拉丁语学生在学校界的真实分量，却解释不了那使拉丁文成为一项遗产（对某些人而言）的继承逻辑。

起初，借用美国政治家富兰克林的解析，或许只是"对古代习俗和习惯的偏爱"（这里是指失去实际用处后，仍继续存在的古代习俗和习惯）。例如，曾有一段时间，知识被完全封锁在拉丁文书本里，唯有受过教育的人（即懂拉丁文的人）才能得到知识。那段时间结束后，仍有人继续教孩子拉丁文，只是这时候的拉丁文已失去用途，而是像一个符号（从此代表归属社会精英的符号）永远存留下去。为使自己的言论更具体、更有说服力，富兰克林以当时在社会上最显著的外在符号为例：帽子。他提到，鬈曲且撒了香粉的假发和女式小洋伞，使戴帽子（在17世纪很实用）从此变得不可行且徒劳无益。尽管如此，他继续说道："把帽子视为服饰之一的想法还是很普遍，甚至一位入时的男士，如果没有把帽子戴着或随身携带（指夹在腋下），别人会认为他衣冠不整。因此，在欧洲各国的宫廷和首都中，许多有教养的人士除了带夹腋帽子外，从未真正戴过帽子（他们的祖先也是）。即使我们完全看不出以这种方式带帽子的用处何在，即使这种习惯不仅伴随一些开销，也带来一些没完没了的不便。"同样的论述也适用于拉丁文，学起来很费力，对实际生活也毫无用处，但却是精英必不可少的。富兰克林形容希腊文和拉丁文是"近代知识的**夹腋帽子**"。传统和社会符号或许因此结合在一起。到了下个世纪，弗拉礼也用衣着方面的比喻，来说明附属于拉丁文的社会功能："其实，学拉丁文是为了成为上流社会人士，为了踏入高雅的上流社会。上流社会有它的要求。像是必须穿着黑色服装（即使炎炎夏日也一样），要携带一顶一年到头都不方便的帽子，必须懂拉丁文……"

拉丁文和归属社会统治阶级，终于形成唯一且相同的一件事，按照波兰小说家显克维奇（Sienkiewicz）借扎格洛巴（《三部曲》的主人公），发出的强而有力说法就是："我是上流人士，*loquor latine*（我讲拉丁文）。"在这里，作者只不过把波兰贵族阶级的现实面以外的事实表露出来，更何况，他们对拉丁文的强烈依恋是衡量得出来的。

在英国，十七八世纪虽有人指出"绅士不懂拉丁文，也可以很有教养"，相反的见解却比较占优势。针对这点，洛克的立场很明显，关于拉丁文他写道："我认为拉丁文是绅士绝不可少的。"一个世纪后，长期轻视古典学科的英国权贵阶级，终于接受了相反的观点：教育造就绅士。所谓教育，按照沃波尔（Walpole）的说法，就是"每一位绅士都得懂希腊文和拉丁文"。不含拉丁文的教育变得令人费解，诚如切斯特菲尔德伯爵给儿子的解释："古典知识对每个人来说都绝不可少，因为人人都同意思考、讲述这门学问。"当然，"每个人"并不表示所有人。古典学科是精英的特权和标记，直到20世纪60年代，仍有人提出并反复讲述这点。这里我们只需引述两段话：1866年，英国教育家洛（Robert Lowe）在《泰晤士报》

的一篇文章中,重申拉丁文学科是"绅士教育必不可少的一部分"。1938年,麦尼埃斯(Mac Niece)提起过去在马尔波罗"公学"所受的教育时,以"学一个无可争议是死语言……的特权",对照"受贵族教育的……绅士"和"接受近代教育的男孩子"。

  法国自大革命以后,再也没有人提起贵族,19世纪期间,包括在资产阶层中都有人提出要求,希望教育能更符合"近代"社会的需要。然而,同样的这个资产阶层(特别是最有钱的人士),却继续让孩子接受那能赋予他们"社会印记"[按照马修·阿诺德(Matthew Arnold)的说法]的古典教育。拉丁文和精英总是并存,在这里,当代人的话带给我们一些启示。作家迪律伊(Aióert Duruy)写过《拉丁文,这个贵族》;曾任教育部长的贝尔特洛(Marcelin Berthelot)抨击"这个流行的看法——没有读过人文学科的年轻人,不属于他那一代的精英";而在议会上,迪邦路说出著名的断言:"领导阶级永远是领导阶级……因为他们懂拉丁文。"

  因此,拉丁文代表归属居支配地位的团体。"你曾与真正的资产阶层子弟一起度过青少年时期吗?"弗拉礼写道,"你曾与大多数你自以为和他们平等的人一样,经历同样的训练、同样的考验吗?如果是,机会的大门永远向你敞开。"反之,缺乏这种"能力",就足以受人排挤。"听到荷马或维吉尔的语录,而不带着智者的神态微笑的人,是一个遭判决的人,"法国小说家左拉(Emile Zola)写道,"这个人不是我们自己人,他不曾花十年的时间上一所中学,他不懂希腊文,也不懂拉丁文,单凭这点就足以将他归入可怜虫之类……"左拉的话蕴含一个绝妙的社会学分析,我们可借助瓦莱里的一篇同样简明扼要的文章,使它更完整。关于1945年的法国教育,他在著作《笔记》中写道:"……我们只培养如何(按照惯例)区别阶级、如何进到一个狭隘的圈子并在其中耍手段——

就像通关密语一样，因为希腊文和拉丁文不过是**通关密语**。问题不在于懂不懂它们。"

"阶级""归类""我们自己人""圈子""通关密语"，我们可以清楚地看到，这么多概念在一种（而且往往是唯一的一种）习惯做法中运作，以证明一个人学过古典语言：用拉丁语录衬托自己的谈话。约翰逊认为，古典语录是"全世界有教养人士的用语"。这种"用语"在19世纪英国具有更大的效力，当时拉丁语发音（就像纯正的英语发音一样），等于公开声明发言者的社会地位。恰如其分地引用拉丁文，是一种识别记号，是表明属于有教养人士的明显标志。因此，举例来说，韩德勒（有段时间常出入拉丁文学校的纽伦堡裁缝师）才会在自传中引用古典语录，并神气十足地附上一句"像我们有教养的人都说……"相反地，引文中有错字是很要命的，而听不懂（诚如左拉所说）则肯定遭人排斥。这一切促成某些著作问世，像是《给上流人士的拉丁文备忘录》（1861年出版，且在1914年以前至少再版六次）。在法文散文充满拉丁语录之际，这本书对于不曾"吸收西塞罗语言的奥秘"或已忘掉的人而言，犹如"一本方便且严谨的翻译手册"，让他们能随时查阅而无须担心出错，尤其是，不会因此丢脸。上述这点说明了为什么在1846年，阿莫斯会建议未来打算从商的男孩子补修古典教育。它保证让他们拥有绅士的自在和体面，最重要的是，它使他们免于可能发生在他们身上的尴尬（指在社交界，因着一段语录，而被人看穿他们不懂拉丁文）。

随着拉丁文和社会精英混为一谈，一些同属这个精英阶级但身份受到威胁的团体，也公开表明对古典学科的喜爱，以维护自己的地位。在维多利亚时代的英国，身无分文的"士绅阶级"就是很好的例子。19世纪60年代，当整个大环境在思考"中等"教育时，大家开始问是否应按照孩子的社会地位教育他们。"上层阶级"（即权贵阶层、富有或贫穷的"士绅"、自由业人士和神职人员）的父母，对于教育改革以及学校多少重视自然科学和近代语言的做法并未表示反对，只要不动到他们的孩子就好。对他们而言，他们希望自己的孩子继续接受"古典教育"。这种守旧态度在穷困的"士绅阶级"成员中格外明显，原因是（没有比学校咨询委员会以下的说明更清楚的了）：

> 或许，在很多情况下，获得某种东西比学到古典文学和数学更令他们高兴。但他们却高度重视这些学科，也许更多是为了这些学科赋予他们在英国社会中的价值。除了期望教育能使自己的儿子维持崇高的社会地位外，他们毫无指望。他们可不想要拥有可以比较容易换取金钱的东西；如果在某种意义上，这会导致他们的孩子降低社会等级。

社会上对古代语言的强烈偏爱也出自同样的逻辑。在法国，直到近代，古代语言总促使精英自然而然把孩子送去念古典学科，并把转念没有拉丁文的组别理解为"地位下降"。在这里，"下降到近代"（形容古典学科成绩平庸的孩子转念近代组一事）这句话，强而有力地说明了放弃拉丁文象征着"失去地位"。

作为区别身份的工具本身，拉丁文自然而然被公开信奉它的人当作一面旗帜挥舞。在教师界，它是"权贵阶级"的象征。在19世纪下半叶，伊顿中学31位教师中就有26位教古典学科，这种人数优势和优越的社会与专业地位总是并存。不久后，在昂德尔中学（一所以自然科学教育逐渐闻名的英国学校），"古典教师"仍享有优势地位："他教古典学科，但他传授的远比古典学科还多，男学生都是从他获得启发和理想。"怪不得在20世纪70年代，拉丁文在英国中等教育中衰落，会让拉丁文教师感到自己的社会地位遭受质疑。根据在斯旺西市进行的一项调查，这些教师大都来自工人阶级和小资产阶层，他们的教师身份，意味着某种建基于拉丁文能力的社会地位提升。因此，拉丁文的地位从重要学科改为普通的选修科目，当然会导致他们有些沮丧。在法国，1968年的教改措施，不仅对拉丁文学科是打击，对该科教师也是。这点解释了为什么在一片反对声浪中，有人要求恢复拉丁文教师"首席教师"的地位。还有人提到："唯有他们能胜任法语教师。没有他们，现代语言教师毫无教学效率可言。"在瑞士，1954年于洛桑爆发的"拉丁文事件"，显示出拉丁文教师占有首要地位，而且极力想要维护此"尊严"。当时有人提议在中等学校设立一个不含拉丁文的两年基础课阶段。来自各方的异议涌现，其中包括有教师认为在这两年期间教书将有失地位。这是因为一项古老的传统（"很可能始于宗教改革"）发挥了作用：

> 当时在一流的中等学校，首席（教师）传授精选的高年级学生拉丁文和高尚的学科；次等教师负责程度中等的中年级学生；三等教师负责未经挑选的低年级学生，教他们基础知识和被视为较不高尚的学科。

在几个世纪期间，一些教师围绕着拉丁文——一个享有盛名且专给学生精英（或许有人认为是社会精英，也是学识上的精英）研读的学科，建造了他们专属的尊严。我们不难理解，为什么他们会反对这项改革——除了教学内容改变外，对他们而言，很可能还意味着"失去社会地位"。

三、被排斥的人

虽然拉丁文和拉丁文教育成了精英现象,但这也是因为有人拒绝让不属于统治阶层的人有机会接触,理由源自社会的一个保守看法:各人有按自己的社会地位所扮演的角色。因此,传授拉丁文给那些依出身背景来看根本用不上它,而且归根究底也没有这个权利的人是毫无意义的;如果不拒绝他们,就是质疑传统体制,所冒的风险也很大:毁灭一个宝贵的平衡,破坏已建立的秩序,或至少扰乱事情的和谐运作。

在18世纪的欧洲,各地对这些理由都有清楚的说明。各人应"按自己的社会地位接受教育,而且受教内容应和他必须在社会上担任的职务有关",诚如枢机主教贝尔尼(Bernis)在他的《回忆录》中所写的,拉丁文对农夫或工匠的儿子毫无用处,因为他注定要耕田或在工作坊中度过一生。而对商人的儿子来说,算术要比拉丁诗有用多了。学习古代语言对中下阶层的孩子毫无益处,而且很可能不仅为他们个人,也为整个社会带来损失。拉丁文可能带给这些孩子高于他们的社会地位、无法实现的志向。这是很大的风险,因为成年后,这些从此没有地位的人在幻灭和挫折的影响下,将心存偏激的看法,甚至陷于造反。这是当时盛传的见解。同样地,一致同意提供基础教育给人民的执政者、改革家和教育家,也都对长时间的教育(当时想必以拉丁文为基础)持保留态度。

西班牙改革家认为,拉丁文对大多数人民而言是危险的,因为它鼓励人对达不到的职业有不切实际的憧憬。最终,它可能导致整个民族普遍衰弱,甚至引起暴动。从眼前来看,它是造成国家经济困窘的原因,因为它使一些人离开原本应自然而然投入的农业和工艺。因此，1747年，斐迪南六世追认腓力四世的一项法令，正式限制拉丁文学校的数量。这是因为在前一个世纪，提议引进新税制的政治空想家就认为，拉丁文应对西班牙的衰微负责，它使年轻人为了教会和行政上的职业（就经济而言为无生产力的职业），离开农业、手工业和商业。整个社会平衡因此受到影响，民族的生存也面临威胁。纳瓦雷特（Navarette）（1621）认为，数量过多的拉丁文学校（4000所），确实应为国力衰退负部分责任：一个未受教育的士兵会奋不顾身投入混战，而一个略懂一点拉丁文的士兵，则会深思熟虑而错过胜利。因此，军人战败使我们明白，我们不可能更改各人注定在社会中扮演的角色而不遭恶果。

在普鲁士，政治经济学家主张教育必须合乎身份，也就是说，必须与人民在生产组织中的角色，以及天生注定的职业一致。对小农夫而言，学基础的阅读和写字就够了。超过这个范围就会刺激孩子往城市去，导致不切实的平民无产阶级扩大（这些人从此没有能力从事任何体力劳动，又缺乏资金加入公职和自由业）。为此，执政者采取一些措施因应这方面的问题。在奥地利，神圣罗马帝国皇帝查理六世和玛丽亚·德蕾莎女皇，先后想尽办法限制农工子弟进入"古典中学"和大学就读。1766年，女皇颁布一条敕令："拉丁文学校不应招收所有孩子，唯有才能特殊且父母有钱供应的孩子才能入学。"在西里西亚，腓特烈大帝时期的官员也如此推论。小农夫的教育必须符合农活在经济上的迫切需要，和（同样急迫的）对社会纪律的关心。在这种双重观点下，拉丁文课程遭禁。此外，有人提到，"只有（在孩子身上）激发成为神父的欲望，才会摧毁他们继承父业的天生倾向。"因此，在1763年，西里西亚地区的乡村学校禁止传授拉丁文。这项措施也受到一个信念驱使，拉丁文会使农夫狂妄自大、不顺服。主管西里西亚的大臣很清楚这点，好几个

"监察官"明确告诉他,"在他们辖区,大部分一无是处的人和最顽固的农夫肯定学过拉丁文"。布雷斯洛(Breslau)大主教的见解:"学过拉丁文的农夫……在各方面都最不顺服",更坚定这位大臣的看法。

同样的观点,在法国也很盛行。当然要教育人民,但应仅限于基础教育,比如阅读、写字和算术,再加上道德教育。关于这个信念,法国作家布勒托内(Bretonne)在他的著作《尼古拉先生》中,描述自己早年受教的篇章,就是很好的例子。当时他有两个同学"不应该学拉丁文:他们的父母接受有钱的扬森派人士赞助,后者让这两个孩子接受教育,但不希望他们脱离工匠的身份"。这就是为什么有人感叹"地位卑微的人"有促使孩子学拉丁文的"癖好"。在梅西耶的《巴黎浮世绘》中,他自认有义务谴责"不识字的小资产者"欲使儿子成为"拉丁语专家"的雄心壮志。因为多年的中学生活,使这个孩子变成"一个鄙视所有体力劳动的懒人"。后来,由于得不到办事员或神职人员的职位,他最终留在家里由父亲供养,而且终生如此。梅西耶继续说道:"这位拉丁语专家再也不知道如何使用双手,要他选择一个职业为时已晚,更何况,这位懂得四句西塞罗语录的学者,也会觉得这么做有失身份。"因此,有人郑重呼吁政府关闭导致"游手好闲者和懒汉泛滥"的中学(特别是有完整训练的中学)。有一个名实相符的"坏疽"在腐蚀小资产阶层,事实上这对全社会而言更是一场"灾祸"。本笃会修士古尔丹(Gourdin)的观点更深入。在一份标题明确的手稿中(《论体育与道德教育:关于儿童在社会秩序中所占有和应占有的地位》,1870),他写道:

惨痛的经验足以证明,单单为了成为神父而接受拉丁文教育的一般老百姓，如果因为缺乏才能或努力不够而未达目标，日后肯定变成国家的一个恼人且往往危险的重担。

意大利在这方面的想法也相差无几，摩德纳学区于1772年、1774年举办的竞试中（主题是给社会最低阶层的教育），参赛者一致同意应提供下层阶级的孩子符合他们社会地位的教育。基于这点，他们坚决反对农工子弟接受拉丁文教育，因为它根本无助于为职业做准备，反而只会使这些孩子沦为不幸的人，对自己、对社会都毫无益处。最具体的做法是，借财政措施抑制某些人可能怀有的抱负。在伦巴第（更确切地说，在其中的某些省），有人设立专门预备学生升入高等学校的小学。因此，学校会教一点拉丁文。这类学校几乎没有平民子弟就读，因为它们虽然理论上是免费的，拉丁文教师却可以要求每个学生按月支付20至25苏（相当于1至1.25法郎）。同样在皮埃蒙特，旧制度终止时，中学是免费的，但并非所有小学都免费，而且第七年级（settima）要付费。因此，拉丁文课断然发挥犹如筛子般的作用，把那些被视为不适合接触高等教育的孩子排除在外。

到了19世纪，情况几乎没变。下层阶级的孩子应接受教育，但必须与他们的社会地位和未来职务相称。因此，拉丁文对他们毫无用处，有关单位也竭力限制他们接触这个语言。皮埃蒙特第一次复兴时，纳皮翁（Galeani Napione）提议减少拉丁文教师的数量，并且不再由社区支付他们学费。他认为，这才是"最有效的权宜之计，能防止那些注定从事工艺和农业的学生，纯粹因家长的虚荣心而深入探究各学科"。

在法国，帝国时期教育制度的改组，建立了两大教育等级，与今后组成社会的两个阶级（资产阶层和人民）相对应，"隔离"的依据是拉丁文和缴纳特别税。1810年8月13日的训令明确指出:"凡被有拉丁文课程的学校录取的学生,皆须按章缴税。"诚如谢韦尔(André Chervel)对这项措施的评论:"拉丁文就这样被用来维护社会秩序。"这种情况持续很久。19世纪有关教育问题的争论就是明证。例如,在"七月王朝"时期(1830—1848),虽然大家几乎都赞成资产者的儿子小学毕业后不能马上中断学业,却对于中等教育是否统一的问题意见分歧。很多人强调现行制度(古典制)对中等与小资产阶层并非毫无损害,它传授无用的知识给这个阶层的人,或许更严重的是,它培养一些失去社会地位的人。当库森提议在中小学之间设立中间教育时,他很清楚这点。孩子应接受"适当的教育"。然而,中学对某些孩子而言却有"两个严重的损害"。"一般说来,"他写道,"不觉得自己注定从事高尚职业的年轻人大都荒废学业。"而这薄弱且后来完全用不上的学习成果,往往很快就被遗忘。另一方面,

> 通常也是这些年轻人在中学建立了一些友谊,养成一些兴趣,致使他们很难或甚至不可能回到父亲卑微的职业环境,由此产生一种焦躁不安的人,对现况、对别人和自己都感到不满,厌恶令他们感觉不到自己地位身份所在的社会秩序,随时准备以不多的学识、多少有一点的才能和狂妄的抱负,投入各式各样奴颜媚骨与造反的行为。

1833年,基佐(Guizot)在议会中为设立"较高等的初级教育"辩护时,也分享了同样的观点:

> 有为数众多的人民(这些人并不是很富裕,但也没有沦落

到极其拮据的地步），完全缺乏适合他们身份地位的学识和道德修养……我们应使这么一大群同胞能够达到某种程度的智力发展，而不是强迫他们非得求助于中等教育……它花费这么高，又如此危险。事实上，虽然（这种）教育……有效地使几个幸运的天才脱离原来的社会地位，但不知有多少平庸的人，从中养成一些与他们终究得重陷的低微身份毫不相容的兴趣呢。

部长对"失去社会地位"的这番谈话，犹如瓦莱斯两部小说《童年》和《业士》中的寓言。对主角雅各所属的小资产阶层家庭而言，拉丁文具有提升社会地位的功能。然而，少年雅各并未通过业士学位考试，于是他动身前往巴黎，在那里他体会到原来让自己付出这么多代价的学习，终究不可能使他脱离贫困。因此，《业士》一书才会有充满愤恨的献词："谨将本书献给饱读希腊文和拉丁文，却死于饥饿的人。"在19世纪结束前，同样有人向制订教改计划的里博委员会，强调拉丁文教育有制造失去社会地位者的危险。保守派代表［例如哲学家富耶（Alfred Fouillée）］指出，提供古典教育给出身低微的孩子将造成损害，完全没有帮助他们为日后注定从事的职业做好准备，反而使他们无法胜任这些职务。这点终将导致极深的"沮丧"。即使在民主背景下，20世纪50年代仍有人抨击同样的反效果。有人感叹传统学校冗长的修业期（因为是义务教育），可能为那些在当中没事做的"乡下孩子"带来严重损害。"这些可怜的受害者消极地忍受西塞罗、哲学、代数，要不就因感到完全无法胜任学校的要求而沮丧。是谁告诉我们，自卑情结有可能因此产生的？"

同样是人民阶层，16世纪在墨西哥的小印第安人，也基于同样保守的理由，而不得接受比简单的阅读、写字更深入的教育，他们也有摆脱下级地位的危险。虽然一开始，在新西班牙（相当于现在的墨西哥全境）的多明我会传教团反对创办中学和教原住民拉丁文，奥古斯丁修道会的修士却完全不赞同这种态度，他们在1537年于墨西哥城创办一所中学，开放给西班牙人和印第安人就读，并有教师以拉丁文授课。这么做的目的是要培训本土精英，如此或许能从中招募当地的神职人员。这所享有王室青睐的中学起初颇为成功，大家对这些小印第安人会说"和西塞罗一样优美简洁的拉丁文"都惊叹不已。但不久这所学校便陷入险境，尤其沦为许多反对者的牺牲品：1545年，"公证人"洛佩（Jerónimo López）出言不逊地指控印第安人再也不肯被当成奴隶对待，他把这种叛逆的态度归咎于拉丁文教育。

谈到拉丁文这个话题，女性所受的待遇，与平民阶级、印第安人没什么两样。对于女性，有时会引用道德方面的理由。18世纪初就有句谚语如此警告："女人讲拉丁语，准没好下场。"有人解释，这是因为古代语言含有大家不敢用现代语言说出口的淫词秽语。不懂拉丁文不但能使女性保有纯真，还能保护她们免于淫秽思想和该受责备的放荡行为。然而，这个论点几乎站不住脚。有人指出，到处都有"不道德的"拉丁语作家著作的译本和双语版本，而且现代语言也生产许多有同样危险的黄色书籍。再说，这套逻辑继续发展下去，几乎得禁止女人识字。有人则反过来突显以拉丁文学识出众的女性才德兼备，也有人强调古罗马贵妇怎样展现令人赞赏的智慧典范。

事实上，女性一直到很后期，才有机会接受拉丁文教育，主要是因为她们的社会地位和不得不在其中履行的职务。1734年，罗兰在名著《纯文学教学方法论》"补篇"中，对这点有完整的解释。他一开始就排除女孩子没有能力做学问（讲白一点，就是学拉丁文）的争论。以达西耶夫人（Mme Dacier）为首的一些例子，清楚地说明了"才智,无关性别"。问题不在这里,罗兰指出:"世界并非盲目受人统治……有一位上帝在掌管一切并赋予各人职务。"男人注定从事一些需要学希腊文和拉丁文("一切学识之钥")的职务,但女人不同。她们的"天职"不一样。"上帝并未预定她们教育人民、管理国家、打仗、审判、辩护案件、行医,她们的职责是关在家里,只担任一些较不费体力但一样有用的职务。"的确,有些女性在军职、国家管理或学问研究方面表现出众,但这只是通则之外的少数特例。"男女之间的职务分配,愈是建基于天性(因为在任何时代、任何国家都一样)",这项准则也愈绝对。结论必然是:"一般说来,女性不适合学拉丁文。"罗兰只允许两种例外,这些女性基于她们的"社会地位",不再属于家庭领域。她们分别是,必须用拉丁文咏唱或诵念日课经的"人间天使"修女,以及"住在这世界,但心思意念与它分离,完全放弃世上危险之声色娱乐的基督教处女和寡妇"。无论是前者或后者,学拉丁文(事实上,只懂一点点皮毛)是可允许的,甚至有人建议理当如此,因为这么做,有助于她们理解自己诵念的诗篇,并"以更多专注力和热情"行圣事。因此,基于上帝决定且经天性确认的职务分配,同时被"关"在家里和使用通俗话的女性,不得接受专属男性的拉丁文教育。再者,拉丁文及其相关学问,可能使女性产生前所未闻的抱负,而脱离自己的职责,为家庭、最终为整个社会带来严重损害。不过,首先丧失的恐怕是女人的天性,这正是英国散文家查波尼(Hester Chapone)夫人在著作《改善心志:给年轻小姐的信》(1773)中解释的:基于"卖弄学问的危险,以及想象的天赋可能被学者严肃、力求精确的态度取代",女人应避开拉丁文和其他"深奥的学问"。就连支持女子教育改革的英国杂志《淑女杂志》,也在同年直言不讳地说:"我们绝不希望社会上充满了穿着衬裙,用拉丁文和希腊文对着我们大说特说的女学者。"当然也有作者把这种情势转为对女性有利。由于"免除"冗长的希腊文和拉丁文修业期，女性有很多时间用各种方式精进母语，阅读诗和小说，并跟在母亲身边练习社交界的谈话技巧。在这点上，《为女性辩护》（1697）一书的作者总结，男孩子十七八岁才学到的事，女孩子九、十岁就学会了。

或许这种"安慰"有助于支持一个注定维持很久的情势。在整个旧制度期间，女孩子在学校中接受的教育，总围绕着"三件老掉牙的事：略带道德规范意味的宗教教育、'阅读、写字、计算'的基础知识和针线活"。当时女孩子接受真正的拉丁文教育是特例，而圣乌尔苏拉会修女常上的拉丁语作品阅读课，也算不上是前卫。情况改变得很缓慢。在整个19世纪，女子教育大都维持不传授拉丁文，课程内容也以帮助女孩子对未来的家庭职务做好准备为主。在重视女子"基础"教育且文盲比例很低的德国，绝大多数的女性人口是不可能接触高等知识的。面对提供两性同等教育的提议，有人大惊小怪地说，这等于挑战"天生差异的根据，而从这个不可剥夺的事实来看，男女本来就不平等"。在这种情况下，诚如学者阿尔比塞蒂（James C. Albisetti）明确提到的，对女孩子而言，根本没有所谓学不学拉丁文的问题。还有人指出，通过学拉丁文培养出来的逻辑能力，"并非真正女性特有"，"德文文法更能锻炼"女孩子的心智，法文能在女孩子身上，完成拉丁文在男孩子身上完成的某些训练。这种没有拉丁文的女子课程，在英国的男女合校尤其明显。1851年在汉普斯特的舰队街高中，男孩子每周用来学拉丁文的两小时又十五分钟，女孩子用在学习历史和英文文法上。

尽管如此，在19世纪期间，不论在精英学校，或在致力于提供补充教育而非为职业做准备的学校中，女子教育仍战战兢兢以选修方式逐渐引进拉丁文。但在拉丁文可以像传授给男孩子一样，普遍传授给女孩子之前，有许多反对声浪涌现。反对者并非质疑女孩子没有能力学拉丁文，而是和过去一样，提出与罗兰相同的论据，也就是社会的职务划分。

在法国，创于1880年的女子中等教育，对大多数表决通过"塞卡米耶法案"（塞卡米耶为女子公立中学的催生者）的人而言，目的绝不是为了"女性的充分发展，而是为了家庭的稳定和谐"。应当防止受过教育的男人和未受过教育的妻子之间产生"精神上的离婚"。所以，重点不在于提供年轻女孩教育，以便帮助她们为职业做准备，更不是培养她们成为学者。因此，当时设立的是"一个基本但特别比初级智识高等的教育"，拉丁文教育在这里是不合适的。后来，女子教育引进一些拉丁文基础知识，同样地，其目的不在于提升女性的智力，而是预备她们未来实现做母亲的传统职责。1882年，马里翁（Henri Marion）就是基于这个理由，向国民教育高等会议提议，在公立中学课程的最后两年，设立每周一小时非强制性的拉丁文课。"我认为，"他在报告中明确指出，"未来的母亲以后可能会很高兴地发现，自己能够督导儿子的基础学业。"这种论点并不是全新的，早在1838年就有一位拉丁文教师使用过，他曾构思一套"特别由女性"传授这个语言的方法。在证明女性拥有"完整教育"的益处甚至必要性之后，他强调懂拉丁文可能带给她们、她们的孩子和全社会的好处。依目前的形势，年轻男孩写家庭作业时，无法从母亲身上得到任何帮助，他反而必须到外面去寻找这种珍贵的支援，尽管这么做会有各种不利的后果。这位教师在让人隐约看见一个悲惨、可怕的情势后，继续说道："在现代，懂拉丁文对女性而言，不会只是奢华的装饰、虚浮的精神食粮。相反地，它是……使母亲的角色更完整的补给品。"虽然如此，因着发生在美国的事件所带来的启发，学校仍不得不谨慎引进拉丁文。1895年，普瓦提学区区长在尼奥尔中学颁奖典礼的演说中,重申公立中学的目标是帮助女性为未来的家庭职务做好该有的准备。之后,他要年轻女孩提防莫尔(Bryn Mawr)和韦尔斯利(Wellesley)塑造的美国典范,过多的学识(特别是拉丁文和希腊文),使女性永远脱离"家庭生活"和"对家务的普遍关切"。更糟的是,造成社会的基本角色倒置。关于这点,这位区长以厌恶的语气引述一件"芝麻小事"以资证明:这些女人"在一家人(外出)散步时,让丈夫用胳膊抱着孩子"。因此,本应使女性完全实现母亲职务的拉丁文,最后反而让她们失去本性、破坏社会的自然平衡。1897年,非强制性的拉丁文基础课程遭到废除,直到1924年,拉丁文才又加入女子公立中学,课程和男孩子的一样多,总算开花结果。

不到三十年后,布瓦扬塞提到拉丁文学科在"女子教育"中有"极大的扩展",这点在巴黎大学由"女学生多于男学生"呈现出来。他并以当时前所未闻的话说道:"在法国,女性通过学到拉丁文的象征形式,达到文化上的平等。"布瓦扬塞的同事弗拉瑟利埃(Fracelière)从高等教育的拉丁文课堂上女性听众占大多数(两三名女学生对一名男学生),得到截然不同的结论。他不从女性地位提升的角度来诠释这件事,而是将它视为该学科的地位下降,拉丁文只会导致教授一职得到很差的待遇。所以这门学科无法成为"一家之主"的出路,只够"让已婚妇女拿来当作贴补家用的零钱,或作为一位单身妇女的收入"。因此,在女性化的过程中,拉丁文失去了它的威望。最后,拉丁文虽仍是一种识别工具,却不再是区别身份的符号。在拉丁文的旗帜下,旧有的社会划分依然存在,但这个"高尚的职务"从此归属于那些不懂拉丁文的人,说得更确切些,即那些不会以它为业的人。

根据上述种种资料,我们可以推测"就社会阶级关系而言,拉丁文并不中立";我们也理解到,拉丁文可以发挥"障碍"的作用(引用戈布洛的名著《障碍与阶级》标题的一部分)。从教室中的座位分配,就能具体看出这点,例如18世纪初法国教士拉萨勒(La Salle)的安排:学写字的学生坐教室两侧的大桌子,只学识字而不写字的学生坐教室另一角落的普通长凳,至于摆在"最体面之处的书桌……则留给学拉丁文或打算学拉丁文的学生"。此外,有钱人和穷人也应分开坐,"达官贵人对于学校把他们的孩子和穷人家的孩子放在一起很不高兴,因为后者经常长满虱子,衣服脏脏的,且满口脏话"。想到出身低微的孩子,很少继续基础知识(甚至单单识字)以外的学习,我们可以毫不费力地想象那些坐在教室中"最体面之处"的小拉丁语学家,都是"出身高贵的"孩子。

同样地,拉丁文也用于划分专业领域的界限,防止混淆,并表明相近职业间的等级。在法国旧制度末期,医生为了和其他保健同业有所区别,特别在自己的章程中强调拉丁文。药剂师因为担心大家把他们和食品杂货商混为一谈,也特别提出自己具备拉丁文知识。例如1789年,昂热市的药剂师在陈情书中,要求医生应使用拉丁文写药方。在帝国时期高等教育改组期间,对医业的规定如下:有志当医生的人必须接受的五项考试中,有两项必须以拉丁文进行。反之,普通卫生官员的考试全以法文进行。拉丁文也突显工程师团体间的等级,巴黎综合工科学校的学生(前文提过,在19世纪期间愈来愈多人具备业士学位,也就是学过拉丁文),不但借拉丁文和出身较低微的工艺美术学校学生有所区别,也借此有别于他们的劲敌,即中央高等学校的学生(该校在第一次世界大战前夕,尚有61%的学生没有学过这个古代语言)。或许有人认为,拉丁文对这些职业毫无实际用处,即使对可能引用"原始资料"和词源学的医生而言,用处也不大。在这里,它的作用是社会地位的指标。这点从德国民营企业的工程师在1879年，抗议开放他们的公会给非古典中等学校毕业生的提案特别明显可见：他们担心一旦放弃以拉丁文为先决条件，他们的专业地位会下降。

排斥和区别强化了伴随拉丁文而来的声望，以及这个语言在那些无权接触的人身上发挥的迷惑力。在瓦莱斯的小说《童年》中，主角雅各的母亲禁止儿子和鞋匠家的孩子经常往来。然而，后者不但未被这个小资产阶层家庭的决心激怒，反而"为人家给他们家小孩这种荣幸深感惭愧，仿佛觉得自己是学拉丁文的雅各最喜欢的同伴"。"被排斥的人"最后终于将拉丁文在各阶级间产生的区别内化，把权威人士和精英的保守看法变成是自己的。从18世纪末英国工党政治家班福特（Samuel Bamford）在自传中的见证，可明显看到这点，这也是我读过最动人的故事。一位排名第一的杰出孩子，受邀转到高等班，也就是拉丁班。然而，他必须服从父亲（一位织布工）相反的意愿，"他不希望我读拉丁班，他要我留在原本所属的班级（阶级）"。当时，看着同学"换到拉丁文那边，而我却留在比他们差的班级，因而继续处于比这些我过去常考赢的人还不如的地位"，对作者而言是一种"痛苦的耻辱"。但比起父亲的决定为作者余生带来还要严重许多的后果，现在这点根本不算什么：如果他"跨过了古典学科的门槛"，大学和大学职位都有可能是他的。不过，他继续说道：

> 家父有更谦逊的看法，我相信是基于严肃且合理的理由。他认为只有将来打算当医生、法律界人士或牧师的人，才应学拉丁文。既然我绝不可能成为其中之一，用在学拉丁文的时间，恐怕只会白白浪费掉。

即使在20世纪60年代（当时社会对拉丁文的偏爱依然很强），仍有农工家庭抱持同样的想法，他们不让孩子（即使表现优异）念古典组，因为怕"在其他层面让他们失去社会地位"。

但通常以相反的反应居多，我们可以回想在旧制度时期，小资产阶层、农夫和工匠如何在虚荣心或渴望社会地位提升的驱使下，送孩子去学拉丁文。这是因为"教育不能没有拉丁文"这个信念，很早就在这些环境中根深柢固。洛克从商人和农夫特别喜欢把孩子送去拉丁文学校，却无意也没有能力使他们成为学者，注意到这点。

> 如果你问他们这么做的理由何在？他们会认为这个问题很怪，就好像你问他们为什么上教堂一样。习俗可以充当理由，而对于拿习俗当理由的人来说，它使这个做法神圣非常，以致他们几乎严格遵守。他们忠实执行，就好像如果他们的孩子没学过利里版《文法书》，他们所受的教育就不大正统。

通过这段出自1693年的文字，我们理解到，即使在20世纪中期，一个延续几百年的偏见仍在发挥力量。我们也可以根据这个比一般认知还要早的推定年代思考，在这点上，下层阶级的信念有没有可能比精英的信念晚形成，或至少并未在一个复杂的过程中（指前者的模仿欲望或许强化了后者区分阶级的意志），发挥很大的作用。

无论如何，拉丁文显然是超越原有社会地位、跻身上流社会的方法。对裴德（英国作家哈代的小说《无名的裴德》中的主人公）而言，拉丁文几乎是"魔法"工具，使他脱离乡下，迎他进入牛津学院的梦想世界（在孤独和极差的物质条件下学这个艰深的语言，更衬托出这个阶层）。这种借拉丁文提升社会地位的渴望，在美国表达得更具体。在19世纪90年代至20世纪初期，工人阶级的孩子"大量"涌入中等学校。他们努力选修拉丁文之类的科目，而且人数与日俱增。1889年至1890年，有35%的人选修拉丁文。到了1905年，比例攀升至50%。教育工作者愈努力使这些孩子的课程适合他们的"需要"，他们愈坚持选修传统科目。对他们来说，中等教育意指拉丁文，而不是金属加工或针线活。教育工作者很快就在这当中，发现潜在的危险和风险，这些孩子怀有虚幻的憧憬。因此，他们努力使这些孩子放弃古典学科，把他们推向"实用"、更适合"他们可能或已注定之命运"的学科，减少选修拉丁文的名额，只推荐给有财力在中学毕业后继续求学的人（尤其是金融家之子女）。最后，拉丁文成了社会地位提升的荣冠。这种过程也在20世纪60年代法国产生作用："我们不能否认，"《法国教育实用百科全书》中写道：

> 社会对拉丁文的强烈偏爱持续发挥作用：我们大可说，拉丁文学科是名实相符的"资产阶级的保障"。当一个家庭的社会等级终于提升，它会借由让孩子进入中学古典组来圣化这个成就；没有学过拉丁文的父亲，会骄傲地看着自己的儿子，家中第一人，学 *rosa* 的词尾变化。

1968年10月当教育部长富尔取消六年级的拉丁文课程时，有些人指控他是"布尔什维克同路人"，这不是没有道理的。前文提过，1920年俄罗斯在苏维埃政府统治下，将拉丁文从学校课程中删除。然而，这些诽谤部长的人，他们真正关切的并不是历史。他们借这个形容词所要抨击的是，一个无视传统观念的行为，也就是说，他破坏传统。然而，就像本章详述的内容所突显的，这项传统肯定比他们想的还要坚固。至少从17世纪以来，拉丁文始终被当作区别社会地位的方法：用来"划分阶级"，再造并强化当代的社会结构。它在精英手中绝非单纯的博学能力，而是象征一个名副其实的遗产，而且是用来证明他们社会地位的凭证。因此，我们可以衡量部长这项作为的规模和意义：取消六年级的拉丁文课程，根本不是单纯的教改措施，而是一个废除精英独享财富（无论就实际或象征意义而言）的革命行为。讽刺的是，这项措施本质上似乎与1968年"五月风暴"期间高喊的口号"改造社会"有关。

第九章
讲说与掩盖的权力

前两章或许能在冈萨雷斯于1582年写的拉丁文自传中找到结语。最初,冈萨雷斯是个野蛮人:他出生在加纳利群岛,那地方当时几乎和美洲没什么不同,也因此,和印第安人混为一谈的加纳利人,常被视为低等人类。此外,从他的身体外观看来,与其说他是人类,倒不如说他是兽类,他全身上下毛茸茸的,而这个极其罕见的特点更让他登上意大利博物学家阿尔德·罗万迪(Ulisse Aldrovandi)的著作《怪事奇谭》。于是,这个双重因素使冈萨雷斯成了天然珍品,可想而知,这也是为什么他10岁那年会被献给法王亨利二世〔这和他儿子后来被献给枢机主教法尔内塞(Farnèse),是一样的道理〕。尽管如此,这个野蛮人却在法国宫廷中接受开化。他穿起西方人的衣服:在阿尔德·罗万迪的著作所出示的画像中,他穿着16世纪的贵族服装,还佩带皱领。甚至,他接受教育。根据他的自白,他已经"放弃野蛮人的生活习惯,学习文理科和拉丁文"。因此,正如他的衣着表明他归属西方文化的新身份,他用来描写自己生平的拉丁文,也说明了另一种文化适应,即从野蛮人变成文明人。前文提过,拉丁文本身并不具有魔术功效,是社会把"培育人"

和"划分阶级"的能力赋予拉丁文和与它并存的教育。关于这点，这位昔日的野蛮人清楚得很，也因此他用拉丁文述说自己的新身份。就算他的文章很短，而且文笔不大有西塞罗的风格，也无所谓。

因此，冈萨雷斯通过拉丁文自传，骄傲地展现了他的能力，而借用社会学家的分析，他宣告自己拥有当代社会赋予价值的"富贵标志"。我们不太知道他如何从这个标志获利，但本章接下来要解析的历史情境将指出，过去建立在懂与不懂拉丁文的人之间，势必不对等的权力关系。前者拥有的"说的权力"与后者的沉默形成对立，甚至迫使后者非相信并服从不可，至多也只有表现出认清自己的身份地位。然而，正因为不懂拉丁文的人无法理解谈话内容，过去说这个古代语言的人，有可能同时也在隐瞒某些事。在这点上，我们首先看到的是一种权力（甚至权力本身）的表现，与控制、操纵、压迫的策略有关，目的是对别人产生若干影响。但其他例子将使我们衡量一个复杂许多的游戏规则。这是在社会规范禁止于某些情况、某些人面前公开谈论某些事情时，以拉丁文为中心而建立的规则。当该说的事还是得说，拉丁文是最后一招，可以用来巨细靡遗地表达礼教不容许人用日常用语述说甚至写下来的事实。通过这种委婉化的表达方式（源于自我检视，因而也是权力运用的一种做法），完全由社会某一阶级核定的拉丁文，不再与权势和强制有关，而是关乎保护：对懂拉丁文的人而言，它是完全符合社会礼节（即不会冒犯他人，甚至避开这等事）的说话方式。

一、控　制

因为大多数人都不懂，因为是少数人的特权，因为这群精英行使具有权柄的职权，拉丁文享有一种以权力表现出来的威信，这里面结合了这个语言几乎惯有的势力,以及在不懂的人眼中视为它特有的神秘意义。有一部很有名的文学作品可作为我们的起点,意大利小说家曼佐尼(Manzoni)的《约婚夫妻》。在这部作品中,对于像小说主人公兰佐(Renzo)这样的纺织工来说,拉丁文是所有象征权贵之士(米兰大法官、贵族、神父、博学者)的语言。它是"统治世界"的人,以及把"可怜人"说的话"钉"在纸上,以备不时之需的人专用的文化工具。此外,这些文书的主人还会运用"另一种歹念……当他们想把一个没念过书的穷小子弄糊涂,当他们察觉对方开始识破他们的诡计时,啪啦啪啦!这会儿他们又在谈话中硬塞几个拉丁词,好叫他思路中断、头脑一片混乱"。兰佐本身则被堂阿邦迪奥(Don Abbondio)神父说服,后者为了让他相信婚礼有一些阻碍,而利用拉丁文,操弄加了拉丁词尾的本国语言迷惑人的力量。从经验中学乖了的兰佐,终于察觉到除了"弥撒用的那种真诚、神圣不可侵犯的拉丁文"外,还有"一种存在于教会外,阴险、猛烈地攻击你的卑劣拉丁文"。因此,他猜 *siés baraòs trapolorum* 这几个"拉丁"词中,含有米兰大法官费雷尔(Ferrer)的威胁。在这句结合了西班牙文和意大利文的混杂话中(只有词尾 *-orum* 是拉丁文),唯一可理解的词是 *trapolorum*——意大利文 trappole 的拉丁化形式,意指"陷阱"。因此,即使是"穷人的朋友"费雷尔,就是"决定廉价出售面包"的那位,也拐弯抹角借一句"拉丁文"展现掌权者令人生畏的本性。不仅如此,这种用来诱骗可怜人的拉丁文,单借它的"神秘意义",就足以作为无可置疑的权力工具。在第八章,当兰佐和他的未婚妻鲁齐娅(Lucia)及她的妈妈阿涅珊(Agnese)到佩斯卡雷尼柯修道院寻求庇护时,管理圣器室的法齐奥(Fazio)修士被这两个女人出现在修院激怒,而向院长克里斯托弗洛(Cristoforo)

神父表示抗议。但后者以下面这段话了事：

> *Omnia munda mundis*（凡洁净者都会用纯真无邪的眼光看待世上一切事物）……他突然转身对法齐奥修士说出这话，完全忘了对方听不懂拉丁文。然而，这一时的疏忽正好产生效果。如果神父提出一些理由来讨论这件事，法齐奥修士一定想得出其他理由反驳他；届时只有老天知道这场辩论何时结束、如何收场。但当法齐奥修士听了这番充满神秘意义的话，以如此坚定的语调发出时，他似乎觉得那里面必定含有他所有疑惑的解答。于是他冷静下来，并说："毕竟，您对这件事知道得比我多。"

因此，套句曼佐尼的话，拉丁文"产生效果"。虽然克里斯托弗洛神父是不假思索而说出拉丁文（也许出自教士习惯说拉丁文的自然反应），其他人却是经过盘算，并慎重其事地使用这个古代语言。18世纪英国最著名的杂志《旁观者》，在每期开头都有题词，通常都是拉丁文。这种做法并非出自对古典语录的渊博兴趣或对古代文化的狂热，而是起因于主编爱迪生（Addison）的想法。他很清楚"陌生"语言对不懂的人具有影响力；拉丁语录所发挥的诱惑力，能成功激发读者注意："他们对拉丁文自然的爱（这个语言在我们社会最低阶层如此占优势），使我认为，因为有这一小段摘录出现在他们脑海中，我的思辨总会获得他们好评。"

这种结合了拉丁文的威信，让懂这个语言的人享有信誉，而这也使他们"高人一等"，诚如佛罗伦萨工匠泽利（Gelli）在著作《桶匠的奇想》中所指。因此，这些"专家"才会急着保护他们的专属特权，拒绝用当地方言表达己见。同时期以法文发表《著作集》(1575) 的法国外科医生帕雷 (Paré)，强烈抨击有些人"想把技术变得难以理解，并将它们制约在某种特殊语言的规则下"。18世纪初，盖谢思 (Gaichès) 神父在苏瓦松学区发表演说时，谴责"古代文物的崇拜者"谋求私利的态度：

> 由于受不了无知者才听得懂的通俗语言，使他们拿来自我炫耀的可敬而神秘的语言降低威信，他们和那些因传授这些语言而有强烈兴趣继续使用它们的人，联合起来抵制通俗语言。

具有拉丁文知识的人，不但努力维持一个能使他们表现出威望和权势的能力，还以这种知识作为支配别人的基础，或像兰佐所说的，用来"把可怜人弄糊涂"。不过，这种说法和不满并非始于19世纪。意大利多明我会修士康帕内拉 (Campanella) 遭起诉期间 (16世纪90年代)，一位原告的证人告发这位修士"想要烧毁所有拉丁文书籍，因为就是这些书把不了解事实的人搞糊涂"。那些因此"被搞糊涂"的人，顶多认清自己的身份："我认为，"著名的磨坊主曼诺西欧 (Menocchoi) 后来声明，"'讲拉丁语'这个行为本身就是出卖穷人，因为在对谈过程中，那些可怜人往往因为听不懂对方的话而受骗上当，如果他们想说几个字，他们就得请律师。"

权力系统

以上几段概略的摘录，有助于我们衡量在拉丁文创造的条件下，所建立的不平等关系。实际上，这一系列的做法与威望、权势、操纵有关，而且会诱出仰慕、顺服、屈从等反应。拉丁文就这样加入权力结构，强化它们，甚至组织它们。一些具体的例子可用来说明这个系统如何运作。

医学界在这方面提供了绝妙的文选,我们最好从莫里哀的作品开始谈起。莫里哀在他最有名的两部喜剧《没病找病》和《屈打成医》中,揭露医生在缺乏确实可靠的专业知识下,借衣着和"混杂难懂的话",在一般人身上行使权力。拉丁文,甚至具拉丁语特色的行话,造就了像斯加纳莱尔(Sganarelle)这样的"非出本意"的医生。这个人物其实是个樵夫,他从服侍了六年的一位"名医"那儿得到医学知识,而他的拉丁文则来自幼时学来的"基础知识"。尽管如此,当他在病人床边,身穿医师袍、头戴"一顶尖得不得了的帽子",并说出几个拉丁词时(其中有教会用的拉丁文和文法规则完全走样的片段文字),不但在场人士——病人的父亲(典型的富有且愚昧的资产者)和两个同样毫无学识的仆人——把他当作医生,还对他赞赏不已:"哎!为什么我没有读过书!""唷!多么精明能干的人!""是啊,真是优美高尚,我完全听不懂。"他们一个接一个喊道。虽然医业就像莫里哀所揭露的那样,陷入咬文嚼字之中(在《没病找病》最后一幕,用拉丁词和加了拉丁词尾的本国语混合进行的滑稽仪式,就是最好的证明),这些缺乏真正医学知识的拉丁词,还是如魔法般在病人身上产生作用。和莫里哀一样,一些英国剧作家也揭露,医生利用空洞、夸大的拉丁文来控制病人,而且是可换来现金的控制。例如,在布伦(William Bullein)的著作《瘟疫防治对话录》(1546)中,那个名叫梅迪库斯(Medicus,在拉丁文意指"大夫")的人,利用拉丁文(附带一提,他懂的拉丁文比母语多),欺骗富有的病人并剥削他们的金钱。

就算不看戏剧,同样利用拉丁文欺骗人的手法,有时在最擅长此道的人(也就是医生)笔下也见得到。拉丁文或许是确保他们在别人身上享有权力的方法,是使他们获取最大利益的诈骗工具。这就是瓦利内里(Antonio Vallisneri)的论证:"最敏锐、最聪明的医生。"他在1722年的一篇论文中写道：

> 知道自己的医术有限，他们深知自己对疾病真正且不容置疑的内在原因认识不足……这就是为什么他们使尽骗人的把戏来掩盖一切，将事实隐藏在希腊文、阿拉伯文、拉丁文和不纯正语词底下，无法容忍任何真诚的医生用通俗语言写作，生怕如果人人都懂医术，它会失去威信而他们也会失去收入。

然而，不管是不是欺骗，这种拉丁文还是发挥了作用。正因为懂的人不多，"假装会说拉丁语的人"所施行的医术才显得更有效，诚如蒙田这句话所突显的："我们不会轻易接受自己理解的医学或摘来的草药。"

事实上，拉丁文和医学长期在一种权力关系中密切合作。即使表现出支持本地语言的医生，也用拉丁文表明自己的身份。瓦利内里虽强烈反对拿拉丁文来骗人，却还是用拉丁文写诊断结果。在这些"正式的"文书中，这个被公认为医师威信的古代语言，使他的意见更具权威性。从英国医生巴肯（William Buchan）在著作《家庭医学》（1769）中，极审慎地使用拉丁文，也可看出同样的意图。这部非常畅销的著作（作者生前就有19个版本），属于原著和译本都以民众卫生教育为宗旨的作品。在提出保健原则和医疗建议的同时，一些医生希望协助民众自行保养身体，完全避开庸医的有害掌控。巴肯用英文写这部作品。不过，他在扉页放了两句西塞罗和塞尔塔斯的拉丁语录，这两句摘录不仅证明他的专业能力，也邀请读者对这部以通俗语言写成的作品给予完全的信任。因此，即使在想要使医学大众化的医生当中，拉丁文仍保有权威作用，而单借一段语录，医患关系的不对等就能再次得到肯定。

医学发展也强化了医患关系的不平等。医学在"进展过程中",逐渐使用愈来愈技术性的语言,且大量运用拉丁文。这种演变在布里斯托尔医院(1737年为穷人创办的医院)的诊疗记录中完全呈现出来。早先,医生写病历报告,是按照病人的叙述并引用对方的话。到了18世纪下半叶,医疗记录完全以医生的实际诊断为依据。医生不再以日常用语写病历报告,而是采用借来的术语,在布里斯托尔医院,词汇来源是爱丁堡医学教授卡伦建立的疾病分类学。同一时期,拉丁文取代了本地语言。虽然在18世纪70年代末期,有70%的诊断记录采用英文;到了该世纪末,比例却截然相反,有79%采用拉丁文。因此,病人对自己的病情再也插不上嘴,他被简化为临床病例,而且是用一种他加倍无法理解的语言(由于专有词汇和语言选择)描述而成。在拉丁文影响下,医生和病人之间愈来愈疏离,这种现象从任何一方都看得出来。1804年,英国医生贝多兹(Beddoes)指出,穷人宁可找邻居讨论病情,也不愿请教医院的医生,"因为后者都用他们自己的语言和病人交谈"。到最后,双方差距似乎变得太大,以致医患关系起不了作用。病人可能会急着找其他比较可理解的权威人士,也就是医生最想防止他们接触的人:热心助人但无知的邻居,甚至江湖郎中。

江湖郎中虽比真正的医生更容易接近,却也深谙拉丁文赋予的权力。为了让自己看起来有医生的威望,证明自己有治疗和治愈病人的合法地位,并博取别人的信任,他们大量使用这个古代语言。首先,他们为独门偏方命名,例如,单就近代在英国销售的一些劣药来说,就有 *Elixir magnum stomachum*(大胃糖浆)、*Pilulae in omnes morbos*(万灵丹)、*Pilulae radiis solis extractae*(萝卜精华丸)、*Gremelli pulmonates*(救肺散)、*Panchimagogum febrifugum*(速效退烧药),这还不包括很多司空见惯的药名,如 *Elixir vitae*

（生命糖浆）、*Aurum potabile*（黄金饮）或*Aqua coelestis*（来自天上的水）。他们也乐于在谈话中插入拉丁词，并用拉丁语录突显自己的传单。例如1786年有位不列塔尼庸医，在传单上印着：*Nolite confidere verbis, sed factis*（事实不在于言语，在于行动）！虽然江湖郎中的谈话，往往充满拉丁文或拉丁化的行话，眼科医生泰勒却提供一个比较罕见的做法，他按拉丁文句法造英文句子，例如"眼睛关于奇迹谈会我（关于奇迹，我会谈眼睛）"，借此向听众保证他说的是"不折不扣的西塞罗式拉丁文，异常困难且过去从未有人用我们的语言尝试过"。在这股拉丁语风之中，一些江湖郎中终于争论起彼此的"拉丁语特色"，互控对方犯了词法和句法上的错误。这是毁损对手威信的方式，因为这个威信特别建立在拉丁文之上（用来表明能力，并在别人身上产生预期效果）。"为了更使人敬服，"朗汉斯在著作《自我治疗与自愈的艺术》（法文版，1786）中写道，"他们（江湖郎中）只要不时地随口说出几个不正确的拉丁词，就能使乡下人相信，和他们说话的这人很有学问且精通医术。"这正是17世纪80年代，在罗马纳沃纳广场上行医的江湖郎中成功运用的"手段"：

> 我见过他们（一位法国观光客写道），抱了好几册希腊文和拉丁文书籍来到广场，借此证明他们对这群无知的下等人宣读的许多段落其来有据，虽然这些文字连他们自己也不懂而且毫无意义，却还是给听众留下深刻印象，以致众人纷纷离开正牌医生，在这些广场大夫眼中，正牌医生不过是江湖骗子、耍把戏的人和庸医。

因为具备某种知识（甚至仅止于认识古代语言），而拥有的这股权势，也在法律界（法官和被告之间，公证人、律师和委托人之间）发挥作用。如果工匠泽利所言属实，16世纪佛罗伦萨的公证人和律师都是二流的拉丁语专家。但他们还是使用这个古代语言订契约，可见这语言是他们操纵无知人民的工具，而且经济术语用得愈多，操纵的行为也愈真实。"人间的法律之所以无人翻译，"泽利埋怨地说：

> 同样与许多想把最平凡的事物卖给我们的博士和律师不诚实有关。为了更能达到目的，他们想出一个可怕的奸计，就是规定不能采用通俗语言订契约，只能使用连他们自己理解都有困难，而其他人根本不懂的那种优美的拉丁文。

这位佛罗伦萨工匠的抗议，终于在下个世纪得到响应：1673年，德卢佳（De Luca）以极具说服力的标题《平民博士》，发表法律概论。这位作者在成为罗马天主教会枢机主教前，是全意大利最有名的律师。他在这九册四开大的著作中搜集了有关民法、教会法、封建制度法和市政法等法学，他不是用拉丁文，而是用意大利文出版。犹如要证明自己这个举动的正当性，他在第一册开头以十来页详述知识的问题，探讨用通俗语言论述法律题材是否适当。他先陈述维持使用拉丁文的原因，继而阐明采用通俗语言的理由，最后作出对大多数人都能理解的语言有利的结论。在论据中，他揭露拉丁文沦为敌对"愚蠢者"（即无知者）的可怕权力工具；这个古代语言几乎任凭他们被律师和司法机关的专横摆布。拉丁文本身原本就"充满了模棱两可"，这使得用它撰写的文件，也成了诉讼的资料来源。于是，拥有拉丁文这个特权的法律界人士，便利用这点求取个人利益。转换成通俗语言势在必行。如此"才能大大避免"，德卢佳写道:"这些理当被称为街上喧哗者的律师的恶习和诡计。他们压迫前来求助的无知人民,为图利自己而给对方错误的建议,致使对方投入并支持不正当的诉讼、相信极其荒谬的事。"同样地,这么做也将终止法院中盛行的欺诈做法,也就是法官"借拖延诉讼案,一手掌控有争论的案件和诉讼人的意志与自由"。

泽利在谴责拉丁文骗术同时,也把矛头指向教会中的口语。由本书第二章可得知,在16世纪,凡渴望改革的人,都曾抗议教会采用大多数信徒无法理解的拉丁文,并抨击该语言沦为神职人员掌控基督教徒的工具。这里我们不再复述天特会议在礼仪方面的决议,只重申当时的决议在采纳拉丁文同时,也认同社会的一个阶级观(一方是持有知识的人,另一方是被动接受教导的人)。不过,我们要强调,拉丁文在一般人认为只使用本地语言的新教世界中,同样引来差距。事实上,牧师因所受的高等古典教育(尤其是拉丁文),而成了有别于大多数信徒的人,就像天主教会的神父一样,说不定情况更严重:分别研究符腾堡和莱茵河沿岸地区的托莱(Bruce Tolley)和福格勒(Bernard Vogler),都强调有学问的神职人员和无知的居民之间的划分,是宗教改革后不久在拉丁文影响下形成的。同样的结论("神职人员和不识字的群众之间的区分"),也适用于18世纪以信义宗为主的德国。如果可以,我们也很想知道在堂区信徒眼中,这个可能因此美化牧师的威望究竟如何发挥作用。有一则轶事或许能说明在新教世界中,拉丁文偶尔也有权力策略的性质。在18世纪初,英国乡下的一个小村庄,有两位传教士想尽办法要为自己吸引更多会众。其中一位很有学问且精通教会圣师著作全集,他在"不识字的听众"面前,反复引述拉丁语录。"这些人似乎因此深受感化,于是大量涌向这位博学者。"他的对手看着自己的会众减少,也得知了原因,便决定"给堂区全体居民一点拉丁文"。

然而，由于对教会圣师的著作和学术作品一无所知，他引用利里版《文法书》，在讲道中穿插 *Quae genus, As in praesenti* 和其他语法规则，同时附上个人的解释。

在学术界，拉丁文长期勾勒出懂它和不懂它的人之间的界线。这个普遍的标记最早的实例出现在植物学，林奈发动改革后不久，在专家和业余爱好者之间形成的划分。前文提过，这项改革在专业的博物学家看来，象征着当时面临瓦解的一项学科极大的突破。但随着拉丁文命名法，这项改革也促使业余爱好者（尤其女性）放弃对植物的研究，至少让他们更难从事这项工作。事实上，这里面还存在着"死语言的障碍"。不仅如此，诚如肯特在19世纪20年代所说："女性普遍没有学过拉丁文，仍有能力使她们因为害怕而放弃在这方面做任何尝试，这点导致她们过度高估困难。"

概括地说，在关系不平等的环境中，只要恰如其分地运用，拉丁文就可作为强制他人的手段。前述布伦的喜剧中，拉丁文不仅是医生控制病人的权力工具，也是丈夫掌控妻子的手段。因此，西维斯（Civis）用拉丁文谈他不希望妻子乌索儿懂的事，也拒绝译成英文。有时候，拉丁文也是制服一切反抗并夺取别人赞同的一种策略。加拿大幽默作家李科克（Stephen Leacock）的小说《汤林松先生的慈善事业》，即大量依据这种手段。布莫（Boomer）博士——普鲁托利亚大学校长（此校可能暗指李科克传授政治学的麦吉尔大学），和一位教授用拉丁文说服发了横财的农夫汤林松行善。每当这位未来的赞助人面露犹豫，他们就猛灌他拉丁语录，"对他灌输拉丁文，迫使他达到确实顺从的程度"。在这点上，他们运用的是平常对待实业家的策略，从经验中他们得知：

没有什么比坚决而平静地假定对方懂拉丁文，更能取悦这些人……布莫博士就是这样借大声打招呼——*Terque quaterque beatus*（真是三生有幸），或站着伸出手表示——*Oh et presidium et dulce decus meum*（哦！你是我的支柱，我甜美的荣耀），来迎接商界友人。这招屡试不爽。

拉丁铭文绝对论

诚如前文分析的几个典型例子所显示，拉丁文在个体间的权力关系中，发挥了工具的作用。同样"划分等级"的功用也出现在政治界，这点从法王路易十四统治期间发生的"铭文论战"明显可见，当时的争议是，国家古迹上面的铭文应使用哪一种语言：拉丁文还是法文？有关这个主题的研究，都只着重在语言学和文学的层面，然而，很多由两方支持者提出的论据，只有放在更大的背景中，才有实质的意义和充分的说服力。因此，"铭文论战"不只是法国文学史的一刻，也是政治和社会上两种不同观念，甚至两种世界观之间，更深入对抗的时刻。一开始，我们要接续彼得鲁奇（Armando Petrucci）重申：国家古迹上面的铭文并非单纯的"字母游戏"（纯粹为装饰之用），而是强调一些信息的"堂皇文字"（用来表彰权力游戏）。为达到这个效果，语言选择和历史编纂特别强调的作品的雕刻面、字体、内容编排同样重要。因此，在这场著名的"论战"中，语言就是争论的重点，而且是一个关乎政治的重点。

最初的小争论始于1669年，但如果1670年在圣安托万城门竖立凯旋门一事，没有迫使大家对纪念路易十四成就的铭文，究竟应采用拉丁文还是法文的问题作出具体答复，这个问题恐怕仍停留在理论的阶段。在十多年间，两方支持者不断争辩，把问题带到法兰西学院，努力争取权贵之士、科尔贝（Colbert，当时的首席财政大臣）及法王的赞同。最后是路易十四断然支持法文，才终止敌对。论战期间，两边阵营都引用各种著作，提出很多论证来支持自己的立场。双方皆从构成一个语言崇高的特点（确切、稳定、普世性）出发，借用大量的论据作为推论基础。不过，这些论证都随各人对君王和这个主题的想法，而有不同的诠释。

拉丁文支持者的立场主要来自他们的捍卫者，也就是耶稣会士吕卡（Pour Lucas）在1676年11月25日于克莱蒙中学发表的拉丁文演说。在叙述争议事件的原委后，吕卡随即表明支持拉丁文，并据此为它辩护。首先，他驳斥对手提出的"爱国"论点。按照该论点，使用拉丁文，一个外语，是不大爱国的坏国民才有的行径。然而，拉丁文对法国而言并不陌生，它"住在"法国已经很久了，更何况，就现状来看，重点不在于语言，而是情操。因此，热爱祖国并不表示一定要写法文，而是要选用适合所定目标的语言。而眼前的目标就是，确保刻在纪念碑上的王的荣耀永存且举世皆知。吕卡认为无论从延续数百年来的稳定性，或从普及各地来看，唯有拉丁文能保障这点。

此外，拉丁文和这个即将置入铭文的纪念碑非常相称。正如纪念国王功勋的凯旋门采用被视为不会毁损的材料建造，以求保存愈久愈好，甚至永垂不朽，"在石块上，犹如灵魂在身体上"的铭文，也应使用能提供同样持久保证的语言写成。法文无法满足这些高度要求，正如过去用通俗语言刻在个人墓碑上的铭文，今日显得难以理解且滑稽可笑所显示。反之，持久不变的拉丁文，能永远以最高度的庄严和明确来颂扬君主的荣耀。此外，它也在各地宣扬荣耀。事实上，拉丁文并非一个"私有的国内语言，而是各个不同民族共有且熟悉的语言"。因此，它能确保君王的名声不会停留在国境，而是传遍全世界。反之，用法文写铭文，将把王的荣耀限制在褊狭的国界内，使享有盛名的君主，变成局限于住宅窄墙内的"无名的一家之主"。

永垂不朽、举世皆知，这正是君主名声的本质，用本地语言表达，恐怕会削弱、贬低它的价值。这么一来，贱民（*vilis popellus*）、无知的人民，如"店主"（*tabernarii*）、"挑夫"（*bajulii*）和"妇女"（*mulierculae*），都能一目了然。从君主散发出来的荣光，就像太阳发出的光。因此，首先应传递给博学者，给那些"比别人懂得多"的人，然后再由他们确实向人民、乃至万国万民解释。所以，铭文应采用拉丁文，再由"学者"提供解释（必须是通俗语言，而且包含世上所有的通俗语言）。这种媒介不但能确保准确理解信息，也有助于提升庶民（*plebs*）眼中君主的荣耀（吕卡认为，庶民习惯对没有直接认识或不是自行理解之事更喜爱、仰慕）。

这位耶稣会士还把天特会议后，在天主教会中盛行的做法拿来对照。他重申，不加区别地让所有人都看懂《圣经》是不对的，应该只有受过教育的人、神父、负责向大多数人解经的人才可以轻易理解。正因如此，他认为支持铭文采用法文的人，和其他将当地方言引进礼仪而造成有害结果的"革新者"没什么两样。对吕卡来说，间接认识极其重要的事，是对权柄表示最大尊重和群体紧密团结的证明。

关于这点，这位耶稣会士重述对拉丁文有利的传统论证。他提到它的头衔：罗马帝国的语言、天主教会的语言、知识的语言，并重申这个语言公认的特性：简明扼要、简洁、表达力强。最后，虽然提到法文已逐渐普及化，他仍以拉丁文优越且无与伦比的普世性总结，因为本质上，这是一个没有祖国，但对任何地方都不陌生的语言。因此，它特别适用于广传君王的名声。

虽然吕卡神父在结语中，十分强调使拉丁文特别适合作为铭文语言的文学和语言学特质，这却不是他选择拉丁文的主因。事实上，驱使他作此选择的原因在于，铭文是要用在君王普世永恒的荣耀上，而他的推论基础是社会上一个权威且强烈主张划分等级的观念。君主对臣民而言，犹如地上的神。在此现实的看法中，人民是否理解铭文的问题并不存在。再者，正因为神秘，这篇文字才有意义，它激起仰慕之情，而这种反应更随着学者精英提供的解说而增强。

我们将不在法文支持者的论据上停留太久。这些人士除了提出法语具有丰富、简洁、精确、稳定等特质外，还强调铭文应具备一目了然的条件。正因如此，只有少数人理解的古代语言当然不能列入考虑，而拉丁文支持者则应被谴责为坏国民。于是，为铭文采用本国语的辩护词成了一个关乎民族的理由，在这当中，语言和君王两者的利益合为一体且彼此强化：法文就是王的语言。从此，使用法文（在当时的文献中，法语日益被称为"民族语言"）有了政治含义，更何况即将置入铭文的凯旋门是国家纪念碑，"全法国的……代表作"。因此，阅读人人可理解的铭文，将使臣民在王的功勋面前心生对君主的"崇敬"，并进一步使他们以王为中心（借纪念碑表示）融合成一个大民族。这点和耶稣会士吕卡在演说中提出的绝对论南辕北辙，吕卡谈的是一个从上头来的个人权威，强行加在被迫消极、盲目且默默服从的臣民身上。法文（路易十四最后断然支持的语言）带来另一种君主政体观，君王的权威因臣民参与建造一个"现代国家"而增强。

虽然这场"铭文论战"最后是法文支持者获胜，但这个结果实在不算什么，因为当时争论的凯旋门并未完工。接下来几年中，无论在巴黎或在外省，纪念性建筑物和雕像上面的铭文还是采用拉丁文，在这里，习惯、范例和技巧都发挥了作用。尽管如此，本地语言支持者曾提出的论证并未消失。我们看到这些论据在下一个世纪多次重现。不过,重点比较不在于法语、法语固有的特质、对君王和法国的荣耀有什么贡献,而在于臣民与"公民"教育。18世纪70—80年代,当同样的问题再度引发争论时,梅西耶提议"在城市中散播"一些用法文写的"精选"铭文(指能够"形成一种道德课程,并把能在生活中应用的简短格言刻在人民的心里")。同样用于人民身上的"教育课程"概念,也出现在罗郎(Président Rolland)的著作《论铭文应采用拉丁文还是法文》(1784)。这些借铭文提供教育的提议和耶稣会士吕卡的观点(铭文代表等级和权威的工具)相差甚远。

　　法国大革命让人又想起这个问题。在国民公会统治期间,国民教育委员会曾负责作一份报告,主题是可用作国家古迹铭文语言的方言。当时撰写这份报告的人是格雷瓜尔教士。他一开始先回顾17世纪对铭文语言的争论,并指出这个悬而未决的问题,现在必须"在自由的支配下"解决。有两种危险应避免:一是"不公平的轻视,有人想借此污辱一些过去曾经强调自由,而且有助于理学和工程学之路通顺无阻的语言"(在这里,法国大革命欠希腊罗马文化一分情是众所周知的)。其次是"荒谬的偏见,即老是颂扬外国人和古代人,而牺牲国人和现代人,坚持只佩服两千年前或八千公里外的东西"。接着格雷瓜尔指出拉丁文的局限:它无法表达近代的现实事物,它是绝大多数人无法理解的语言(99%的国民不懂拉丁文)。此外,考虑到历史的发展,它显然不利于知识和理性的进步。这一切反而让本地语言占了便宜,更何况国家古迹可以被定义为"一件大事的浓缩剧本"。本质上,它必须完全明白易懂,而且是人人都看得懂才行。热心为法语辩护的格雷瓜尔,在这份报告中详述一切对法语有利的论点。因此,"革命第二年雪月二十二日"(1794

年1月11日)的法令第一条明示:"举凡国家古迹上面的铭文,从今以后皆须采用法语。"

然而,拉丁文仍不罢休。在法兰西第一帝国统治下,一些拉丁铭文在拿破仑加冕礼期间被置入巴黎市政府大厦。受到古风的影响,有人将这些铭文刊登在一本标题为《古罗马大事记》的汇编。这是第一部为有利于运用古典参考文献的政体,而采用罗马模式为拉丁文辩解的作品。当时,有人回忆道,这些"大事记"的宗旨是"借持久不变的铭文,把一个民族主要功绩的简短陈述传给后代"。因此,它们诉说的对象不是现今人民,而是一个更崇高的未来记忆。更何况"铭文往往超越一般人所能理解,原因或许是文体的规则和我们常用暗示补充事实"。在这种情况下,语言的问题不再是采用立即、普遍都能理解的话语。事实上,重要的是采用一个因具备简明、简洁、简易、精确等特质,而适合做碑铭体的语言。拉丁文不但符合这些标准,也具有神奇的典范力量和悠久传统的功效。因此,皇帝的宴会厅才会选择用25段拉丁铭文作为装饰。

然而,在王朝复辟时期,于巴黎新桥上竖立亨利四世雕像的问题(更确切地说,是指在底座置入拉丁铭文的问题)再度引发争议。反对者重申有利于法文的经典论据,"它极其优美"、精确、简洁。他们还提出有关语言和民族同为一体的论证,但他们特别谴责使用拉丁文是何其荒唐的事。在巴黎,"不到500人有能力读拉丁铭文"。更糟的是,这段用拉丁文写的铭文,与复辟的波旁家族极力推动以亨利四世为中心的慈父君主制理念不符。

> 向巴黎人展示他们看不懂,并且似乎不是为他们而写的铭文,简直像在嘲弄他们。哦!慈爱的亨利,您是那么喜欢与您视同儿女的臣民谈话,对于有人为了纪念您,而向如此乐见

您的雕像矗立在他们当中的法国人呈现这种语言，您作何感想呢？

一个慈父般的君主政体，一位同时是一家之主的君王，需要的是用通俗语言写的铭文；这正是耶稣会士吕卡在另一时期，为排除这个观点而提出的比喻。

二、保　护

到这里为止，拉丁文始终被视为控制别人的一种权力表达。在极力主张划分阶级的关系中，它强化了懂它的人的威望，也在不懂的人身上博得信任和尊敬。因此，它的作用犹如一个权威、甚至强制和操纵的工具，因为难以理解，所以更体现出某种绝对且令人畏惧的权势。这些评论似乎不令人讶异，因为它们指的是近代历史编纂就势力、排挤和禁止而言，特别强调的一种权力观。但如果只停留在这点上，只考虑权力不友善、残酷、强暴的一面，我们将忽略它其实也是强者对弱者的保护，是有权行使权力，以成就他人福祉的人的义务。这层作用，拉丁文也发挥了。支配者在握有拉丁文这个特权同时，也有目的地使用它，不是为了使人服从或强迫人，而是为了预防和保护。

首先，当然是保护不懂拉丁文的人。医学界提供了典型的例子，使用古代语言能掩盖一些令人不舒服甚至吓人的事实。因此，为避免病人敏感，医生喜欢拉丁文的隐晦不明，更胜于本地语言的唐突透明。于是，法国人用 *lues* 取代 syphilis（梅毒），提到 foie（肝脏）时，以 *hepar* 取代。而在说英语的国家，则讲 *cor* 而不讲 heart（心脏）。正如拉丁文可以保护人，它也能用来提防别人。因此，有人用拉丁文写私人日记，好叫人不敢冒昧偷窥。枢机主教纽曼（Newman）用这个古代语言写他的一本"日记"，就是为了让"佣人和侍从没办法读"。最后，拉丁文也是一种自我保护，它可以让使用者在关键时刻，与令人不悦的事保持一定的距离。1661年2月27日，纽康（Newcome）牧师在日记中，以拉丁文记下自己和一位傲慢无礼的女佣争吵的事。之后，当愤怒平息下来，他用英文把同样的事再详述一遍，只是这次用的词汇比第一次节制多了。更不必说，同样的理由也说明了，德国医院的医生用 *gegangen ad exitum*（步向终局）记录病人死亡。这种双重"间接"的说法（隐喻加上转换另一种语言），不失为一种方式，让人在闭口不谈死亡的情况下讲述这件事，回避一个每天都会发生的事实，并和它保持安全距离。

在这种委婉化的作用中，拉丁文得到一个在性领域特有的用途：用来表示礼节不允许人说出口或写下来的事（即使上下文完全不涉及诲淫、猥亵或甚至淫荡）。虽然使用这种"禁事语言"，是一种审查的做法（因而也是一种权力运用），目的却是为了避免其他人难为情（或许首先避免的是使用者本身的尴尬）。

医学提供了绝佳的作品选，这些是在本地语言化的过程逐渐呈现意义时（也就是17世纪下半叶），真正开创的例子。尽管如此，我们还是注意到先前也有一些例子。例如1578年，蒙波利埃医学教授儒贝尔（Laurent Joubert）献一本书给纳瓦尔女王玛格丽特，标题是《医学和养生法常见的错误》。虽然标题是这么写，内容主要却是探讨产科学。这点使它遭到很多医生的强烈谴责。他们责备这位同行把一本含有"所谓下流题材"的书，献给一位"最贞节、高贵的女王侯"。他们指出"这一切用拉丁文比用法文合适"。其中一个理由是，"这些话用外语听起来，不像用通俗语言那么糟,而且会对这些话甚感羞耻的妇女和少女,过去也没有这方面的知识"。佛罗伦萨人科泰利尼出版《人体解剖学入门》(*Instituzioni dell'anatomia del corpo umano*,1651)时,也遭到同样指责。有人指控他淫秽,因为他用意大利文论述解剖学,而且没有用拉丁文描述人体(至少人体的某些部位),因而使女性的端庄陷于危险境地。

在英国,基于社会因素,所谓"大众化"的医学作品在清教徒革命期间开始出现,这些作品虽以原著为主,但更多是拉丁文著作的译本。它们的作者和译者放弃拉丁文,改用被视为"粗俗的"英文词汇描述性器官和生殖过程,对此他们不得不为自己提出辩解。他们声明自己正大光明,没有散布淫词秽语的不良企图。他们也努力向读者(尤其女性)再三保证,读这类著作不会对他们的"正经"构成任何威胁。

18世纪期间,医学著作中不但有类似的意图声明,而且都诉诸古代语言。1736年,身兼御医和皇家中学教师的阿斯特律克(Jean Astruc),以拉丁文发表一部论及性病的著作。他并非不知道如此一来,这本书对不懂古代语言的外科医生几乎没有助益,但更崇高的理由占了上风,不外乎强调"得体",对于用法文探讨某些疾病、描述身体的某些部位感到"可耻"。为了支持自己的立场,阿斯特律克引述医学权威塞尔斯(Celse)的话。后者在不得不论述阴部感染的疾病时,曾写道:"陈述这类主题的适当词汇,用希腊文较能令人接受,也较普遍得到习俗的认可……用拉丁文描述这种疾病反而显得下流,而且冒犯了正经人士。"因此,拉丁文(可说是现代人的希腊文)在使用上有了正当性。瑞士医生蒂索(Tissot)的一部有关手淫的著名论文,提供了同样具有说服力的例子。这部作品之所以特别畅销(最初以《手淫引发的疾病研究》为题发行拉丁文版,1785),和它提出的新概念有关,以病理学的解释(视手淫为疾病），取代神学的解释（视手淫为犯罪）。新版本、再版和译本不计其数。第一部译本是蒂索本人于1760年发表的法译本，标题是《手淫或手淫引发的疾病探讨》。在序言中，蒂索强调指出"用活语言写这个专题的困难"。他还明确谈到"这项工作之所以比我先前用拉丁文写作更费力，是因为描述一些情景（所用的字眼和措辞被礼俗判为下流），使我甚感困窘……"但基于"实用性"的考量，蒂索克服了迟疑，将原著完全译成法文并加入修订和增补的部分。例如在第229页，他加入一位少女的"临床"病例，这个女孩即使跪在年迈且令人反感的告解神父脚前，都"很容易排出分泌物"。1764年，一个以洛桑为发行地的所谓"第三版"发行了，事实上，这是巴黎的版本。有些复本中，第225页至229页以"硬纸板"装订，其中有关上述少女的段落改用拉丁文叙述。原来，书报审查处强制印刷业者修改已排好版的文稿，要他们重写这个备受责难的段落。为准确回复版面，原本只有一页的文稿被加长到四页（加进一些有关这位不幸少女和她致命疾病的新细节，并提供其他类似的例子）。这么一来，书报审查处很可能造成反效果，因为这些用拉丁文陈述且印在不同纸张上的段落，肯定马上吸引读者的目光。不过，最后这部分的确以拉丁文出版，而大家也确实看不懂。在后来的版本中，这个有争议的段落有时遭删除（如1770年的版本），有时以拉丁文维持原状（像是1809年的《著作全集》）。

　　促使医生改用拉丁文的原因，同样在大学提倡教改期间，被提出来为保留古代语言辩护。西班牙在启蒙运动时代，改革家虽表态支持大学使用卡斯提尔语，却仍视医学、解剖学和外科学为例外。这些科目仍维持使用拉丁文，诚如萨冕多（Sarmiento）神父明确表示的，"基于羞耻感的缘故"。

　　拉丁文在医学界的这种用法持续很久，尤其在19世纪下半叶，探讨性病理学的医生和精神科医师的著作中。1857年，法国医生塔迪厄（Ambroise Tardieu，后来成为巴黎医学院院长）通过专门出版医学著作的出版商巴耶尔，发表了一部题为《妨害风化罪的医学法律研究》的作品。这部作品探讨妨害风化罪、强奸、鸡奸和男性间的肛交。在序言中，作者为使用法文辩解，并以专业上的职责为由。

> 这个主题本质上需要一些用来激发所有正经与羞愧感的细节，但我认为不应在这一切面前退缩。任何身体或精神上的痛苦，任何创伤，无论有多腐败，都不应吓倒献身于人类科学的人，而医生神圣的职务，在要求他必须什么都看、什么都知道的同时，也允许他什么都说。除一点外，我甚至认为不应借拉丁语来掩饰……

事实上，在提到"鸡奸患者的某些类型"时，塔迪厄改用拉丁文陈述，他的解释是："如果有人不允许我用简短而委婉的拉丁文掩盖这一切，我很可能在这些淫邪的细节面前退缩。"医生神圣的职务在这里碰到了极限。几年后，这段借助拉丁文的简短文字（实际上足足占了半页），原封不动出现在维也纳精神科医师克拉夫特-埃宾（Krafft-Ebing）的著作《性心理变态》中（1886），这是第一部有系统地描述当时所谓的性倒错或性疾患的作品。克拉夫特-埃宾不仅引述塔迪厄的话，也在"反常的性情感"那章，将叙述语言由德文改为拉丁文，根据他的自白，这么做是"基于明显的理由"。

借上述例子，我们可以理解为什么这些医生在论述解剖学、产科学或性疾患时，会再三强调自己心存正念。这是因为他们知道别人会如何解读这些著作：拿来当作性教育手册、甚至刺激性欲的工具。1639年，黑尔姆施塔特大学医学教授梅邦（Meibom）以拉丁文出版一部作品，标题是 *De flagrorum in re venerea usu*（《性事中的鞭打行为》）。书中，他以严格的医学用语检视并解释性无能的男女，如何在未被鞭打的情况下有性关系。1670年，梅邦的儿子反对再版，并公开表示他生怕该书会引起某些人放荡，但最后他乐观其成，因为一想到这个版本将以"只有博学者熟悉的语言"发行，他的顾虑就减轻了。1718年的英文版（明显具有淫秽特色），证实梅邦之子的顾忌不是没有道理。

对于提供解剖学或性方面的事实陈述，医生为自己辩解的另一个理由是，论道德神学的著作中也有同样的主题。这类主题的确以拉丁文的形式存在于这些作品中，而且长久如此。过去，大家或许注意到有一部介于医学和神学的著作：《神圣的胚胎学摘要或神父、医生及他人的职责专著：关于母腹中胎儿的永远得救》。这部作品从医学和神学的角度，提出死产和死去的母亲一起埋葬、在分娩中死亡的孩子等"是否有灵魂"的问题。1762年于巴黎出版的这部作品，是从意大利高级教士的拉丁文原著删节翻译成法文。译者迪奴瓦（Dinouart）教士承认自己在翻译过程中的尴尬，以及当时采取的权宜措施，删掉一些，部分保留拉丁文。

> 几个棘手的段落，我根本没译，我认为维持原作者的语言更恰当。我甚至想完全用拉丁文发表这个删节版，这样我就可以随心所欲赋予它更大的篇幅，并详尽阐述更多有趣的问题……因此，我不得不把原著中所有涉及解剖学和外科学的实用内容删去一大部分，并让很多相关问题和细节维持原状。法文不容我像原作者一样，能完全阐述这所有不同的题材；就是这个原因让我都保留了好几处原文。

迪奴瓦的为难，从他在"赋予生命之时机的不同见解"那章，论述德国生物学家沃尔夫的理论（"精子既非人类，也不是人类本源"）时，所提出的自白得到证明。他放弃翻译原文（在该处特别冗长详尽），并明确指出："我们避开这么做，因为这段讨论含有一些唯独拉丁文才能陈述得体的内容。"

专为神职人员而写的道德神学著作，长久以来都用拉丁文。考虑到天主教会对这个语言的使用，这点实在不令人意外。从我们的观点来看，比较有趣的是，当19世纪本地语言化运动战战兢兢地展开时，偶尔还有本地语言著作的作者，写到一半改用拉丁文。在这方面，法国兰斯大主教古塞（Mgr Gousset，后来任枢机主教）的著作《给堂区神父和告解神父的道德神学》，是极富说服力的例子。虽然这部畅销作品（1844年至1877年间，总计发行17版）以法文写成，其中仍有很长的段落改用拉丁文陈述。包括卷一，任何关于违反十诫中第六诫的内容；卷二，论及婚姻圣事、"使合法婚姻无效的障碍"（讲白一点，也就是"性无能"）、有关夫妻的义务和行房的阐述。从这个观点来看，在20世纪20年代，情况几乎没变。只要浏览《天主教神学词典》就够了。在词条"配偶的义务"中，编纂者一开始就明确指出："这个主题很棘手。"接着，当他终于要论述"从永续人种的观点，思考夫妻的义务"时（特别是"从配偶的行为所发生的情况论其合法性"），他改用拉丁文陈述并解释："大家应该都了解为什么这里用拉丁文。"在词条"淫荡"中（计18列），编纂者完全以拉丁文论述这方面（*juxta*和*contra naturam*，即"相近和违反本性"）的罪。词条"性无能"，则提供我们一个额外的趣味。长10列的详尽描述，不但全部写成拉丁文，而且打破印刷惯例以活版印刷呈现（内文采用罗马字，而非惯用的斜体字，就好像要极力避免他人注意到这部分）。由梵二大公会议促成的礼仪改革,在某些人看来,随着当地方言引进,一些道德方面的问题也因此产生。《圣经》中《雅歌》(从此以通俗语言直接出版)的一些诗句,似乎可能使信徒失去对宗教应有的崇敬。这点也导致弥撒经本删节。因此,在四旬斋第三个星期六的弥撒中,有人基于道德因素,删去贞节妇人苏撒纳的故事(故事中,苏撒纳为受人颂赞的纯洁人物以及和福音书中那位行淫的妇人,也就是蒙赦免的罪人,形成对比)。就算从此读起来不协调也无所谓,毕竟用通俗语言大声宣读《达尼尔书》13章8节起的段落,显得有失礼节。一位拥护传统的人士评论道:"老实说,如果用拉丁文,某些问题根本不存在。"

拿拉丁文来掩盖某些事实的做法,并不限于医学和神学等负有责任的传统领域。事实上,它存在于各种各样的学科著作和记载中。在18世纪,英国有人用拉丁文写私人日志,以记录不大能公开承认的医疗和疾病的细节。历史故事偶尔也会改用拉丁文记述。因此,索利尼亚克(Solignac)在著作《波兰通史》中,为了"不冒犯读者的高尚正直",而改用拉丁文叙述10世纪专给私通者和通奸者的性刑罚。历史学家吉本写《罗马帝国衰亡史》时,遇到需要描述性方面的事实(如拜占庭皇后狄奥多拉的"不道德行为"),他改用拉丁文。面对有人抨击他的作品下流,他不得不为自己辩解,还特别以下述论点反驳对方:"我的英文作品很纯洁,所有淫秽的段落都隐蔽在一个学术语言中。"文学也有类似的例子,甚至出现在不被视为一本正经的作家著作中。法国作家布朗托姆(Brantôme)在著作《荡妇》中,提到意大利作家阿雷蒂诺(Arétin)描绘的性爱姿势时,放弃使用法文。他先重述以理性和基督教教义为准则的决疑论者的说明,再以拉丁文表达接下来的部分。布勒托内是自己主动在著作《尼古拉先生》中,用古代语言记述最初的性冲动。"要描述这个,"他写道,"我会采用学术语言……"他的做法是,在正文中直接由法文转换到拉丁文,或将无法在正文中"说明"的部分,移到拉丁文注释。

以上粗略的研究,不能没有考虑学校界就下结论。从16—20世纪期间,大量使用拉丁文的学校界,同样赋予这个语言培育人和道德教育的作用。这点导致学校拒绝采用很可能刺激少年,甚至引发他们产生所谓有害思想的著作。尽管如此,仍有一些确实有危险的作品,基于各种因素,叫人无法完全忽略。虽然所谓的"古典"精选版本是主要的解决办法,偶尔还是有人用拉丁文改写一些著作。这种改写旧作的做法,在19世纪中叶依然盛行。1887年泰伦斯(Térence)作品的英文版("经审慎删改以供学校使用的"版本),正是如此。在一篇标题为《佛密欧》的剧作中,专门拉皮条的多力欧同时被描述成 *leno*(淫媒)和 *mercator*(商人),至于他看管年轻女人的理由则没有任何交代。因此,某几行必须改写,最起码要换掉 *leno* 这个词,结果为了顾及拉丁文韵律学和格律学的规则,造成一连串的修改。同样在学校界,拉丁文也用来翻译希腊文学中被视为猥亵、淫秽或有失礼节的段落。例如,阿尔托(Artaud)在1841年以法文翻译《阿卡奈人》(*Acharniens*)(希腊最杰出的喜剧作家阿里斯托芬的剧作)时,不得不在第1220行插入:"至于我,我想要上床睡觉;我受不了了,我需要放松一下。"后面的注解是:"这些粗俗的词语……无法译成法文。"接着,他用毫无忌讳的拉丁文译出:*Tentigine rumpor, et in tenebris futuere gestio*。

在20世纪中叶,古典作品的发行仍非常保守,就连不是给学童看的出版物也如此。例如,1963年勒布(Loeb)丛书出版的《希腊名诗选》,收录了《讽刺短诗》和希腊诗人史塔东(Straton)的《缪斯男孩》中好几首诗,但不是译成英文,而是译成拉丁文,有的整篇译，有的只译一两行。适用于古希腊罗马著作的做法，有时也适用于从其他传统作品模仿来的著作。1953年因瑟尔出版的德文版《一千零一夜》(*Erzählungen aus den Tausendundein Nächten*) 中，有一段写成拉丁文，前面附上的解释是："以下9行极为淫秽，无法译成德文。"甚至不久前，在1976年发行的维吾尔—德语双语刊物中与性病或恋动物癖的行为有关的段落，仍译为拉丁文。

从这几个例子可得知，在十分可敬的情况下如此使用拉丁文，是一种广泛而持久的现象。现在是我们问明原因的时候了。单就法国的例子而言，接下来要引证的解释，是在17世纪期间（说得更确切些，在该世纪下半叶）提出来的。在那之后，当代人士几乎不再对这种做法提出辩解，就好像它已完全深植人心，不再需要任何正当理由。

在前面引述的许多著作中，作者使用拉丁文是为了"正经"人士着想，讲白一点，即不能失去"端庄"的女性。用她们不懂的语言描写一些事情，或许就能避免冒犯她们。在这里，我们有必要回想一下，女性接触拉丁文是直到很后期才有的现象。在17世纪，懂拉丁文的女性是少之又少，况且，大家举的例子都大同小异。而懂这个语言的女人，也会把这个事实"当作一种罪过"加以隐瞒，因为她们很清楚，这种知识会让她们在道德上遭受质疑。事实上，拉丁文过去被视为使女人堕落的根源。布朗托姆指出，让女性学拉丁文，阅读如奥维德的《变形记》这类作品是有危险的。当然，法国、意大利或西班牙作家的作品，也会有"色情故事"和"淫词秽语"，但那些都是个人私下的读物，与研读拉丁文大相径庭。后者通常由家庭教师指导，而且一定是男性。当时这必然也是特殊课程，在"密室和小房间里，闲着没事的时候"进行。除了这种一对一教学具有潜在危险外，作品本身也有危险。当出现不拘礼节的段落时，家庭教师不是跳过这一页（当下反而引起最后总是得胜的好奇心），就是立即提出评注（这种意译实际上比直译为害更大）。布朗托姆还提到因此由拉丁文造成的致命影响，和正等着"女大学生"的堕落。一个世纪后，一位始终隐姓埋名的作家也表达同样的观点，但他是为女性有得到知识的理由和权利辩护。这位作家一开始就对"知识会带给女性道德上的危险"这种说法表示反对，他还说："人家常说学语言是一种恶兆，尤其是学拉丁文。俗话说：'女人讲拉丁语，准没好下场。'"他先以几位贞风亮节但博学多闻的贵妇为依据，对这种"真理"加以驳斥。接着又质疑支持该论点的理由："或许有人说，我们在这些学术语言中，发现无人敢用活语言写出来的淫词秽语，而这会让女孩子学到我们想要隐瞒她们的事情。"

然而，拉丁文也出现在被当作"学者的语言"（也就是男性文化精英的语言）引用的例子中。在这里，我们的问题是，如果信息都一样，当领受者是懂拉丁文的男性时，究竟是哪方面没有冒犯人的特性？当时的教学法提供了答案。虽然拉丁文肯定会让女性堕落，但对男性而言，学这个语言却反而对他们有益。拉丁文被视为男性的一种补品，能训练他们的判断力，不仅防止他们犯错，也提防他们落入第一印象（这里指的是超越字面意义的印象）。这种看法在17世纪末得到采纳，法国哲学家培尔（Pierre Bayle）在为自己的著作《历史与评论词典》辩护时，也曾在文中探讨"懂拉丁文的男性，比其他男性更能抵抗淫秽之事的有害影响"这个论点。

虽然使用拉丁文是为了保护正经人士，但当时的语言学发展也导致拉丁文专事某项职务，特别是陈述"禁事"。17世纪50年代展开的法语辩护，在这里发挥了主要作用。以下从法国文学评论家布瓦洛（Boileau）的著作《诗艺》（1674）摘录的句子，可作为我们谈论的中心主题：

> 拉丁文藐视言词应有的分寸；
> 但是法文读者希望得到尊重；
> 稍含淫秽意味的自由都会侮辱他，
> 除非言词婉转减轻了负面的印象。

和布瓦洛一样，17世纪下半叶主要的法语辩护者，如法国语法学家沃热拉（Vaugelas）、法国剧作家布尔索（Boursault）、法国作家圣索兰（Saint-Sorlin）、耶稣会神父布乌尔（Bouhours）等，都要求法语应有纯正、得体和不令人感到羞耻的特权。因此，相对于法文建造文学语言的崇高地位，拉丁文自然而然被推到放荡甚至淫秽的一边。

当拉丁文终于和所有不"得体"之事画上等号，语言学方面的省思针对这点提供了解释与证实。波尔罗亚尔社团的逻辑学家因此对词义下了一些评注，其中包括他们视为基础的以下这点："……一个词除了被视为该词本义的主要概念外，还会产生好几个不同的概念（我们可称之为次要概念），尽管后者已在我们脑海中留下印象，我们却没有注意到它们。"其次，他们提出"不得体"的字眼和措词的问题，以便知道它们是否表达了"不得体"之事。在这点上，一些原本没有这种含义的字眼和措辞之所以变成那样，同样完全取决于人赋予它们的次要概念。1685年，当培尔不得不对耶稣会士曼堡（Maimbourg）的著作《加尔文教义史》作出回应时，也重申同样的论据。关于某些作者大胆说出侮辱的话，培尔表示"想要激动，用拉丁文比用通俗语言较不易受责备"。和法文比较起来，用拉丁文说侮辱的话较不会冒犯人。他以对照的方式继续说道：

我们的语言已变得如此高尚，就连用法文发表解剖学演说的医生，面对全场的男士听众，也会改用拉丁文表达很多事。这些医生从学者的语言借来的词汇，与他们不敢使用的法文词汇意思相同，只是前者冒犯人的程度还是小于后者。

接着，他重申上述波尔-罗亚尔（Port-Royal）的论文"逻辑或思考的艺术"，并从中引出结论：

> ……我们应有理由相信，用法文和用拉丁文讲同一件事的两人，后者比前者正经，因为他虽唤起自己避免用法文表示的事物概念，却未唤起这些法文话被赋予的放肆无礼和缺乏尊重的概念。

因此，虽然"民族对高尚正经的重视已用于本世纪"，且阻止我们使用某些法语词汇，我们还是可以用拉丁文述说同样的事，而"不会显示出我们藐视这个新礼节。我们并未赋予这个语言新的概念：社交礼节并未使这些措词变得比昔日更不堪入耳、更粗俗"。只要使用拉丁文，作者就不会冒犯读者或使对方产生不良企图，而读者也不会把作者想成放肆无耻的家伙，反而会认为他是完全合乎当代社会标准的人。为此，众人心照不宣的一个中立规约被拿来使用。

上述许多著作说明了以"合乎礼节"之名使用拉丁文的理由。当布勒托内在《尼古拉先生》中，改用拉丁文描述最初的性冲动时，他明确指出自己用了"一个将迫使男性恰如其分为女性翻译的学术语言"。这里的礼节与某种先后被称为羞耻、羞怯或难为情的感觉有关，是一种复杂的感觉，然而其中的一面，即本文最关注的一点，反映了面对性欲之类的事情时所感到的困窘。法国哲学家福柯（Michel Foucault）指出，与支配近代西方社会的"压抑的假设"相反的是，在性方面，曾有真正的"推论爆炸"、强烈的"推论沸腾"甚至"普及化的推论狂热"，而这一切都在完全合法、被容许、公认的情况下发生。教会（尽管有决疑论和耳语告解）、法律，还有医学、教育学甚至经济学，都曾有过性方面的论述，并且汇聚成一套名实相符的 *scientia sexualis*（性学）。这位哲学家还写道："前三个世纪最引人注目的，与其说是一致对掩盖性事表示关注或普遍假装害羞，倒不如说是各式各样谈论该主题的方式……"关于这点，同样按照福柯的见解，重点在于区分语言和论述。虽然这种现象的确是所谓的"推论爆炸"，却仍与"陈述和陈述方式的管理""有关语言的限制性结构"共存。再回到我们谈的拉丁文。当关系到说出来、全部都说和已经说出很多时，当某些字眼被禁、某些措辞遭删除时，拉丁文提供了最后一招：别忘了"性学"的伟大创作者也使用拉丁文。当达到某种极限时（塔迪厄写道："我很可能在这些淫邪的细节面前退缩。"），拉丁文让人能继续谈论下去，并使性方面的论述，对当代社会而言在道德上可接受，在技术上也有实用性。此外，拉丁文通过它的"学术语言"内涵，自然而然地把信息置于本身具有学术价值的文章脉络中，同时排除语言中所有富于表达和用来产生某种效果的功能，更确切地说，就是用完全属于纯理语言（用来讲述或描述另一语言的语言或一套符号）的功能超越它们。因此，拉丁文变成只是一套代码，一个传达一些专业资讯的工具。

因此，拉丁文使论述符合当代主要的社会和道德规范。它让人能说（更确切地说是"写"）应该说出来（我们不可能总是留下空白或借暗示表达），但现行准则禁止我们用日常用语陈述的事。因此，它保护了当代社会基于特殊理由，而视为应避免接触到某些现实事物的少数族群：女性和中学生（后者如教科书版本所示）。而对于使用拉丁文的人来说，它完全中立、毫无毒素。至少，他们是这么希望，也相信是如此。

三、诱　惑

事实上，危险是存在的：拉丁文还是有可能脱离被指定的角色，而它被简化的功能也可能遭到破坏。前文提过，青少年习惯直接跳到有拉丁文的段落，因为他们急于知道成人想要隐瞒他们的事。不仅如此，通过这种公认的用法，拉丁文终于照其事实表示"禁事"，与它合而为一。这正是福楼拜在著作《公认概念词典》中提到的。在词条"拉丁文"中，他写道："当心拉丁语录：其中多少都藏有猥亵之事。"媒介从此变成信息。只要属于纯理语言的用法持续存在，一个"富有诗意"的用法就会成为拉丁文的风格，在文学作品中暗含就准则而言的偏离，并断然产生某种意义。于是，掩盖变成述说，甚至成了诱惑。关于这点，我们只举三个例子。

第一个例子是十七八世纪期间，欧洲最畅销的色情文学作品《贵妇学院》。据说原著是一位女性以西班牙文写成，再由当代最伟大的一位语文学家译成拉丁文，但实际上是法国格勒诺布尔的一位律师萧里耶（Nicolas Chorier），直接用拉丁文写成。这部作品于1658年至1660年间出版后，便出现许多拉丁文版和各种当地方言译本。1881年，当热潮似乎已过，巴黎出版商利瑟推出号称"混合法文和拉丁文"的版本，共计四卷。此版本交替使用法文和拉丁文，后者主要用在放肆猥亵的段落，长短不一，从句子的一部分到一整段都有。在这里，拉丁文的面纱再也遮掩不住任何东西。书中采用的拉丁文文法很简单，要理解并不难。再者，前后有法文加以阐明。最后，书末的"拉丁文难词汇编"消除了其余意思含糊之处。因此，拉丁文反倒成了放荡的附加因素，这点更因书中极下流的话题，使懂得用拉丁文且用得恰如其分的女性角色在讨论中而增强。

第二个例子取自19世纪末法国作家佩拉当（Péladan）的作品，此人甚至把拉丁文描绘成"禁事语言"。佩拉当属于一个号称"颓废派"的作家团体，他曾在好几部作品中，把拉丁文当作语言衰落和道德堕落的象征。在《至极的罪恶》（1884）中，有一人物在"每周二的决疑论"时间中，对着一群主要由教士和美女组成的听众，阅读出一部道德神学的著作（更确切地说，是书中论及淫荡的章节）节录的文选。遇到不该用当地方言说出的字句时，他改用拉丁文，一种特定的拉丁文。

> 他读印在页边空白处的拉丁文，王侯夫人为引发别人好奇而笑了起来。
> "您懂拉丁文，真是幸运。"
> "我想学这个语言，它是禁事的语言。"

因此，拉丁文同时成了禁事语言，和双重（语言和道德上）违抗的工具（女性借此争取自己应得的权益）。

在第三个例子中，作者蓄意呈现并使用拉丁文，犹如它本身能产生某种色情效果。这里指的是波德莱尔的一首诗：《致弗朗索瓦的颂诗》，诗中他颂扬一位大概很有学问的情妇。在这首诗下面，波德莱尔作了一个注释，解释为什么他使用的拉丁文属于颓废期，而非古典时期。这位诗人将颓废期与爱情"耽于肉欲的极端"（相对于它的另一个极端，即"神秘性"）结合在一起。他还说："在我看来，这个神奇语言中的句法错误和不纯正语词似乎迫使粗心大意带有一种忘我和嘲弄规则的热情。"这首诗的拉丁文并非用来掩饰淫秽的暗示（在这里影响不大），而是通过语言错误的形象化比喻，来表达与当代社会的道德准则决裂的一种爱情形式。

　　道德规范的改变和随之而来的"页边"模糊不清，大大地缩减了前文引证的拉丁文的使用范围。"经认可的"论述几乎不再采用拉丁文。在文学方面，现在很少有作家改用拉丁文，有也只是很简短地为了一个标题或一个词，而且往往选自"正式的"性爱词典。正如道德解放，对拉丁文愈来愈不认识也已产生结果。1976年，英国导演贾曼（Derek Jarman）在拍摄拉丁文影片"塞巴斯蒂安的诱惑"期间（片中的拉丁文和作品的中心主题"颓废"密切相关），因面临某些演员记不住冗长的台词，而被迫节略剧本。因此，结局是"和拉丁文书籍上床"（套用法国作家龚古尔兄弟粗鲁的说法），以及西方文化和这个古典语言维持了几百年的丰富交流告终。今天，拉丁文不再述说，也不再掩盖。

第十章
万国的怀古幽情

阿根廷作家博尔赫斯（Jorge Luis Borges）在短篇小说《会议》中，叙述20世纪初，有15个人为了"创设一个代表万族万民的世界会议"，而在布宜诺斯艾利斯聚会的故事。一开始，他们就面临"与会者应使用哪一种语言"的问题。为此，两位发起人被送到海外搜集资料。其中一位（即叙事者）去到伦敦，在大英博物馆"寻找一个适合用在世界会议的语言"。在考虑世界语〔波兰医生柴门霍夫（Lazarz Luclwik Zamenhof）于1887年创始的世界语、约在1879年由施莱耶（Schleyer）创始的沃拉普克语、英国牧师威尔金斯（John Wilkins）的"分析式语言"〕以外的选择时，他不得不权衡"赞成或反对恢复使用拉丁文——几百年来令人怀念的语言——的论据"。在现实生活中，屡次有人想用拉丁文解决全人类的沟通问题，补救"近代语言混杂"的情况。事实上，有人提议恢复使用拉丁文，也有人借它创立国际辅助语言。在这些努力和计划背后，存在着一股信念，就是相信一些与拉丁文联结的价值，而这些价值的共同点在于这个语言具有公认的普世性。

一、普世性的条件

　　拉丁文有它的历史地位。在几个世纪期间,它作为政治、宗教、知识等三大权势的语言(分别用在极大的领域:罗马帝国、教会、文学界),而取得普世性的头衔。因此,它有充分理由被称为"最有教养的民族的共同译者"。此外,有项传统很少被忽略,就是赋予这个古代语言一个"永存的特权"(有别于近代本地语言长期变化无常)。尽管如此,这些恐怕还不足以使拉丁文成为世界语言,有人甚至拿这几点来反对它。在17世纪,英国有狂热的清教徒抨击拉丁文是罗马、天主教会、《圣经·启示录》中"兽"的语言。同一时期,学术界在考虑拥有一个既明白易懂、恒常、精确、简洁,又能配合新知发展与传递的世界语言时,也对大家在理智上不觉满意的拉丁文持保留的态度。夸美纽斯认为,除了学起来很困难之外,拉丁文本身就有好几个缺点:"格"千变万化、词尾变化、动词变位和语法没有一定的规则,缺乏复合词,常见模棱两可。类似评论也出现在威尔金斯的著作《实质与哲学语言》(1668),以及17—18世纪初哲学语言创造者口中。无论设计出什么系统,这些创作者都有意为人与人之间(尤其文人)的书面语和口语交流,建立一个合理、完全合乎逻辑的语言。然而,拉丁文并不具备这种特性。这点充分说明了为什么很多人批判它,从更广泛的角度说,有学者强烈怀疑它能否胜任国际语言的角色。例如,在德国哲学家莱布尼茨看来,拉丁文(而且是经过改良和调整的拉丁文)不过是活语言和他渴望建立的哲学语言之间的临时媒介。

　　尽管如此,拉丁文仍握有真正的王牌,首先是起源的普遍性。它是罗马帝国的语言,近代之初,就有人特别强调这点,尤其在意大利，政治分裂、内外交战让某些人回顾过去，在缅怀昔日的强盛中寻找安慰。现今，语言是唯一留下来统治世界的。中世纪人文学者瓦拉（Pour Valla, 1407—1457）认为，罗马及其遗产真正伟大之处不在于政治，而在于文化。"我们已经失去罗马，"他在著作《典雅》的序言中写道，

> 我们已失去统治地位和政治权势（虽然不是出于我们的错，而是时代的错），但凭着语言这股更卓越的权势，我们仍统治这世界的一大部分。意大利属于我们，法国属于我们，西班牙属于我们，德国、潘诺尼亚、达尔马提亚、伊利里亚和其他许多民族都属于我们。事实上，罗马的语言在哪里盛行，哪里就是罗马帝国。

伴随这个古老语言的统治而来的，是与全世界相提并论的信念。这是整个16世纪期间，反对通俗语言的人用来为拉丁文辩护的论点。1556年，意大利历史学家西戈尼乌斯在威尼斯大学，以《继续学拉丁文》为题发表的演说当中，重述瓦拉的论调。他表示："事实上，除了过去曾支配全世界的这个语言可敬的文化资产外，意大利旧时的自由、古代的光彩、昔日的尊贵都不复存在。"因此，他劝在场的年轻听众培养拉丁语能力，如此当伟大罗马的权势扩展到全世界时，他们才不至于将这荣耀拱手让给外国人，而自己也能置身于延续伟大罗马的理念中。

这种附属于拉丁文的普世价值，说明了为什么它似乎是把一个特殊团体并到另一更大团体的工具。波兰在组织第一共和政体期间，将拉丁文（波兰和拜占庭世界之间的"界线"标记）视为因此合并的各斯拉夫民族和非斯拉夫民族合一的要素。同时，拉丁文也

象征与西方国家、与当时普及全世界的一种文化形式的联结。直到20世纪50年代,仍有人抱持这种信念,当时华沙有句历时上百年的谚语仍很流行:"欧洲的尽头,就是拉丁文的尽头。"在沙皇统治下的俄罗斯也有同样的情形。前文提过,过去俄罗斯并没有任何拉丁文传统,因此引进这个语言,纯粹是一种进口现象。拉丁文在19世纪中等学校课程中的地位,被解释为"丧失民族特征"的现象,使学童漠视祖国的具体问题。只要知道当时拉丁文是被当作工具使用,就会了解这是一个不容置疑的看法。然而,从彼得大帝到托尔斯泰伯爵,都有意推动俄罗斯进入文学界,他们希望借由吸收古典理想,使国家归入更广大的文明世界。

拉丁文固有的普遍性,最后被解释为真正的中立。它是所有人的语言,因此不为任何一个民族独享。它不会在使用者当中制造任何阶级,也不会触及任何敏感问题。怪不得拉丁文奠定的这种根本的平等主义,为它赢得许多赞同(最早是在外交方面)。1653年,瑞典大臣欧森斯提纳(Axel Oxenstierna)向英国大使怀特洛克(Buistrode Whitelocke)说明自己使用古代语言的理由(以下是当时的谈话情形与内容):

> 他讲得一口清楚、流利且表达力十足的拉丁文,虽然他懂法文,却不肯说这个语言。他说他想不通为什么必须让外国人使用法语,借此推崇这个民族更胜于其他民族。他认为拉丁文更丰富多彩,更有价值也更适合,因为罗马人曾统治世界的一大部分,而且拉丁文从未专属于任何民族。

19世纪初,当法语盛行于外交界时,英国出现一些抗议声,认为使用法语无非"承认低人一等",也有人声明赞成恢复使用拉丁文:"如果外交文件和谈判桌上重新使用这个语言……就能除去一个占优势的工具。这么一来,欧洲各族将在'密室'中,以更平等的用语会谈。"到了20世纪,国际联盟收到一些要求采用国际辅助语言的请愿书;"一些美国团体"提出拉丁文中立地位的优势,并建议恢复使用这个语言。

比其他语言更早存在,是大家承认拉丁文具普世性的主因。接下来,我们的重点不在于众多西欧语言起源于拉丁文,而是它在近代方言的语言学省思中,所发挥的规范作用。直到18世纪中叶为止,有一套古典范型论占主导地位。在任何使语言范畴更趋合理的尝试中,拉丁文始终是参考语言,其他语言则依其本身与拉丁文相符的情况而定。拉丁文的叙述方式被提升为一般文法,并在其他语言制定文法的过程中发挥权威作用。因此,按照法国哲学家古斯朵夫(Georges Gusdorf)的见解:

> 最早的法文文法是根据两条趋于一致的路线组成。第一条出现在拉丁文教学法内。为使学童更理解上课内容,教师完全或部分译出须讲解的文章、范例、例词;拉丁文的结构、语法分析,几乎呈现出酷似法文的东西。第二条路线针对拉丁文本身,力图在拉丁文和法文的文化中寻找共通点,以确立新方言的价值。

更惊人的是,这个被公认为拉丁文文法特有的规范作用,也适用于非罗曼语族语言,如英语。1623年,英国作家约翰逊(Ben Johnson)以拉丁文的模式,编写出一部英文文法书。1624年,休斯(John Hewes)出版了一部英文文法书,从标题(《完美英语概论:以拉丁文的用法和类比为依据》)便可概略看出作者竭力通过使英文符合拉丁文,来赋予英文条理。这种试图把英文简化为某些规则（如利里版拉丁文文法书中的规则）的做法并不独特。事实上，对于想用音调和谐的词尾再造英文、以语法明确的"性别：阳性、阴性和中性"改良英文，甚至希望再见到拉丁文动词变格的改革家而言，拉丁文是他们的典范。虽然这些想法大都停留在空想阶段，"拉丁文引导我们的语言"这种观念，却成了英文文法教育的基础。一些教科书的作者认为英文缺乏拉丁文中"格"的形式系统，而将它引进英文。此举引来美国语法学家默里（Lindley Murray）的抗议，他在著作《英文文法》（1795）中（这本教科书在至少一个世纪期间，对英、美两国影响极深），批评其他语法学家制造太多区别，并抨击"英文的'格'和拉丁文的一样多"这种想法。不过，他自己也用和英文对应的词（包括单复数），列举了拉丁文的六个"格"："主格：a Lord, Lords；所有格：Lord's, of a Lord, of Lords；与格：to Lord, to Lords；宾格：A Lord, Lords；呼格：o Lord, o Lords；夺格：by a Lord, by Lords。"拉丁文的这种权威作用（指促使语法学家在缺乏词尾变化的语言中，研究并找出这套系统）持续很久。20世纪初，丹麦语言学家耶斯佩森（Otto Jespersen）以拉丁文"束衣"，谴责这种借语法分析束缚近代方言的做法。因此，他严厉斥责伯明翰大学的一位古典文学教授，在自编的英文文法书中，列出五个名词的"格"："主格：rat；呼格：o rat；宾格：rat；所有格：rat's；与格：rat，复数形依序为：rats、o rats、rats、rats'和rats。"

　　拉丁文不仅长期被视为文法规范，也是可以吸收词汇的大宝库。前文提过，科学词汇大量使用拉丁文，但其实文学语言和日常用语也一样。这里我们只谈一个例子。在18世纪，法国所有惯用新词的人，都是"深信不疑，甚至狂热的拉丁文爱用者"。布勒托内提醒同胞："大体而言，法文源自拉丁文，因此我们可从它吸收任何词汇。所有取自拉丁文（无论直接引用或通过类比）的词都明白易懂，尤其是法文。"梅西耶曾声明反对"大众化"的拉丁文，但他在著作《新词》中，为了一些有所保留，甚至自创的词，还是引用了这个古代语言：agreux（*agrosus*，肥沃的）、ascendre（*ascendere*，上升）、attédier（*ad taedium*，厌烦）、calcable（*calcare*，用马刺刺马）、cathédrant（*ex cathedra*，权威人士讲的话），等等。

从更广泛的角度来说，即使是赞成大幅削减拉丁文在教育中所占分量的人（如狄德罗），都认为拉丁文是一个不可或缺的"标准"。1741年至1742年，狄德罗翻译了斯坦扬（Temple Stanyan）的英文著作《希腊史》。这项确保他得到优渥报酬和文学地位提升的工作，使他有机会应用自己的英文知识（似乎主要从一本英文—拉丁文词典自修学来的）。无论如何，他曾在与书名同名的词条"百科全书"中说：

> 没有什么比想象一个懂拉丁文的法国人，不用英文—拉丁文词典，而用英法词典学英文来得更糟。英法词典究竟是按照不变且共同的标准，还是按照这两种语言主要的惯用法编纂或修订而成，我们不得而知，但我们可能得字字仰赖导读者或译者的忠实和阐述。然而，使用希腊文或拉丁文词典时，我们通过应用而感到有所启发、满足、放心。我们用足以和外族（指我们正学他们方言的那个民族）直接交流的唯一方法（如果有的话），搜集自己的词汇。更何况，我是根据亲身经历说的。我很满意这个方法，我认为它一定能让人在短时间内，学到非常接近确切有力的概念。

在我们看来，即使照这个方法完成的译文"难免犯语言上的错误"（诚如"学报"的分析所指），也不打紧。在这里，重点是对近代语言来说，拉丁文是大家公认的"不变且共同的标准"。1767年，当狄德罗构思俄语百科全书的计划时（由"其他人"将他主编的法文原著译成俄文），他又想起这种把拉丁文当作可靠媒介的做法。"完成原著后，"他说道，"我将亲自到圣彼得堡和我的译者群（指科学研究院的成员）商议。有拉丁文作为我们共同的媒介，我们将使译文尽可能忠于原著。"

这种公认为拉丁文特有的规范作用，更因为有永恒性作为前提，而让人不得不信服。这正是法国文学评论家布伦蒂埃（Ferdinand Brunetière）的看法。关于语言的特性，他写道："有唱歌的语言，也有素描或绘画的语言。拉丁文是雕刻的语言，它刻下的内容不可磨灭。我们可以说，不是放诸四海皆准或永恒的事，都不是拉丁文。"除了历史上有参考价值的评价外，使用拉丁文作为铭文语言，也使它成了大理石或青铜的语言：一个和刻上它的雕刻面一样不朽的语言。前文提过，近代支持铭文采用拉丁文的人，曾用这个论点支持他们的立场。意大利在法西斯时代仍采用拉丁铭文，当时对古罗马文化风俗的赞扬，促使碑铭学的传统复兴。在古迹和教堂的石块或大理石上面，刻下皇帝和教皇"统治、权力和永存不朽之愿望"的拉丁铭文，被指定重新成为"法西斯政体建筑物的基本要素"。

这种指定拉丁文为铭文语言的做法，不但在西方世界通行很久，也给了这个古代语言一种内在的力量。1894年，曾于意大利不同政体下担任教育部长的巴瑟力（Guido Baccelli），在参议院发表演说时，借拉丁文和罗马人的德行，赞扬"这个伟大民族所说的话带有塑造（scultoria，'雕刻'）力"。可想而知，这也是某些作者选择赋予著作（尤其是短篇作品，特别是诗）拉丁文标题的原因

（这里我们特别想到雨果）。这种简明扼要的能力、*brevitas*（简洁）和永不改变的特性，或许使这个古代语言成为讲重点且让人永志不忘的方法。对所谓"颓废派"作家而言，只有深刻的信念能解释这点。例如，法国作家里什潘（Jean Richepin）笔下的罗马人认为，一个名副其实的作家，必须使用"精选的拉丁文，有如同钻石般明晰耐久的词汇，铿锵有力且内容充实的句子，并且承受得住它们本身犹如铜碑般的分量"，也要向往"像铜碑一样坚固且铿锵有力的拉丁文……我将把这颗独一无二的宝石，嵌入如青铜般不朽的散文中"（摘自《罗马衰落的故事》）。法国诗人埃雷迪亚（Hérédia）的著作《碑铭学的十四行诗》，就是建基于这个愿望（模拟这种简明扼要的形式，因而赋予文学作品永存性和普世性）。在这一系列的诗当中（这些诗以罗马字大写字母写成的拉丁题词为标题，借每一行诗详述这句题词），诚如大卫所强调，"页面成了诗人以手雕刻的还愿大理石"，而且具有这块石头所赋予的耐久性和坚固性。

因此，拉丁文不但因它的历史条件，而成为世界语言（在这里，我们不应忘记它在天主教会中的作用），也因世人使用它的方式，成了负有述说一般概念之使命的语言。

二、拉丁文：约定俗成的世界语言

在近代欧洲，本地语言兴盛前，拉丁文似乎是唯一的语言媒介。前文提过，很多起初用通俗语言写的著作，后来为确保合理的发行、开启更广大的市场，而译成拉丁文。这是因为本地语言增加，很早就对学者造成困扰。1640年，法国学者梅森（Marin Mersenne）在一封信中感叹说："无论神或所有学科都没有特别看重某种语言，事实上，每一种语言都能解释任何事物。不幸的是，

我们必须精通所有语言,才能分享那些用我们不懂的语言写作的人辛勤耕耘的结果。"这位小兄弟会的修士希望有人创立:

> 某种高等学院,由15到20位来自各族的文人雅士组成,而且每一个国家都这么做,这样他们就会留意有哪些著作配得上基督教欧洲的共同语言(即拉丁文),并将它们译成该语言,好叫人人都能分享。

一个世纪后,达朗贝尔在《百科全书》的"引言"中,也以同样的事实为出发点,表达类似的期望。他赞成完全以通俗语言写作的做法广泛流传,但也指出各国都用自己的语言写作所造成的"不便"。"因此,"他说道:

> 在18世纪结束前,一个想要彻底了解前人研究成果的哲学家,将被迫死记硬背七八种不同语言。把生命中最宝贵的时光全耗在语言后,他可能什么都还没开始学就死了。用拉丁文写作(我们已指出风格上的滑稽可笑),或许只对哲学作品很有帮助,因为这类作品最大的优点就是条理分明又简洁,而且只需要一个约定俗成的世界语言。所以,我们大可期待恢复使用拉丁文,但别指望这事会成功。

关于这点,他错了。

事实上,知识界很多人为拉丁文复兴辩护,有的甚至为此拟订计划。这些辩护和尝试在19世纪末至20世纪初达到巅峰。当时,近代语言混杂的情形,很可能对知识造成致命影响。虽然在1800年,欧洲用来出版学术书籍的语言有十来种,一百年后,却有20种以上不同的语言。这个问题在新的知性社交场合中（即19世纪中期开始出现，且迅速倍增的国际会议），显得更尖锐。学者对外文认识不足，加上会中使用的语言增加（从19世纪80年代初期的两三个，到1914年的六七个），在在阻碍了真实的讨论，使会议变成只是阅读报告，况且有些人还听不懂。当时面对学科分支，有人将国际会议视为进行必要学术整合的首要场合，所以语言上的障碍格外令人忧心。因此，找一个语言作为国际间思想交流的工具，成了当务之急。从此，重点不再是创立一种哲学语言（像威尔金斯和莱布尼茨的时代一样），而是有一个约定俗成，且适合一般学术交流（尤其是它的新形态）的工具可供使用。在所有纳入考虑的解决办法中，有人提议采用某一民族语言，不管它是欧洲大多数人的语言，或是基于历史、政治、语言学、文化等因素，最有权作为国际辅助语言。然而，在世纪的转折点，民族主义的紧张局势特别强烈的情况下，一方面法语和英语的竞争，另一方面来自德语的竞争，导致无论采用哪一个民族语言，都会有难以清除的障碍。

这点充分说明了为什么有些人鼓吹恢复使用拉丁文。在这里，人造语言（例如沃拉普克语）的成功与后来的衰落，发挥了有利于拉丁文的影响。国际语言确实有存在的可能性，而对拉丁文支持者来说，这个语言的传统、文学和简洁明了，使它比其他语言更有权胜任这个角色。在这些积极的辩护人中，意大利教育部长巴瑟力是最早期的代表人物，他多次提议以拉丁文为国际会议的语言。此外，他自己也以医学教授的身份，在1867年举办的巴黎国际医学会议中用拉丁语发表言论。不过，最受瞩目且令人敬服的尝试，是英国人亨德森（George Henderson）建议创立一个近代拉丁文国际协会。这项提议获得杰出学者的赞同。例如在法国有埃热（Egger）、科利尼翁（Collignon）、阿韦（Havet）、雷纳克

(Salomon Reinach)、普鲁（Maurice Prou）、马塞（Alcide Macé），还有经济学家勒鲁瓦博留（Leroy-Beaulieu）。这位法兰西学院的教授在1888年声明："我不是以文人的身份，而是以经济学者的身份写作。我相信拉丁文是给未来文明世界备用的一种力量，因为，仔细想想，我喜欢拉丁文胜于沃拉普克语。"然而，纯正古典拉丁文和中世纪拉丁文（指因应现实和近代需要而改变的拉丁文）双方的支持者，彼此很快就出现歧见。1901年，在提出计划大约十年后，亨德森放弃了，他确信即使是学术界，都不可能采用拉丁文作为国际语言。尽管如此，其他人却不就此罢手，像是德国的笛尔斯（Alexander Diels）教授（他也是柏林科学研究院的成员）。这位著名的语文学家，基于任何有教养的德国人都必须认识拉丁文，以及拉丁文是"中立的沟通工具"等双重理由，自愿成为推广拉丁文教育的促进者。因此，他借自己的权威，支持1900年于柏林创办的大众拉丁文课程（这种课程专为想要迅速学会一点够用的知识，以便阅读、理解几行拉丁文的成人而设置）。1912年，他依然确信拉丁文有机会成为国际语言，只要必要时，把它变简单一点即可。同一时期，拉丁文也力图在国际会议中争一席之地。因此，在第二、三届历史科学国际会议中（巴黎，1900；罗马，1903），有些人表达了诸如此类的愿望。在第一届古希腊拉丁语协会会议上（罗马，1903），有人争论以拉丁文为"国际通用语"的问题，也有人提议在罗马创办一所"国际拉丁文学院"。前述对拉丁文有利的论据，在会中全被拿来引用，也有人特别指出拉丁文符合"在今日民族语言竞争中，做一个保持中立的方言"这项条件。1919年在布鲁塞尔举行的国际研讨会上，当与会者讨论国际辅助语言的问题时，拉丁文的中立地位再度成为对它最有利的辩护词。面对人造语言的缺陷和英语难免招来"妒忌"，有人为具备独特优势的拉丁文辩护，它不但有无与伦比的文史条件，也不会引起任何民族偏见。几年后，意大利也有人用同样的论据，指定拉丁文为"国际交流语言"，但却是出自强烈的民族主义观点。在法西斯政体统治下，有好几个决策机关提议，要同等对待拉丁文与近代五大语言，作为国际会议的语言使用。此外，1933年4月26日，罗马城会计师文化界寄了一封信给首相，表示完全赞同第三届罗马研究全国大会中的提案，也就是使用拉丁文来促进国际间的学术交流。在以浮夸的文笔重申拉丁文的普遍性与永恒性之后，作者特别指出这个"学术语言"，如何对"法西斯精神传遍世界"有莫大助益。

虽然拉丁文支持者认为，这个语言具备一些条件，使它格外有资格成为国际辅助语言（知识界特别有这个需要），但针对它很难学、句法结构不规则、模棱两可和缺乏新词的批评仍少不了。另外，也有人指出关于语言选择，不论做任何取舍都可能带来不利的后果。采用语言纯正癖人士严守古风的拉丁文，将阻碍完全表达出当前的现实事物（尤其是学术领域的事），除非用过分细腻的迂回说法，但这可能变得晦涩难懂。选择近代简化的拉丁文，则可能制造出一种新的拉丁文，不但和古典语毫无共通处，而且归根究底，和以拉丁文为依据创立的人造语言几乎没什么两样。这么一来，最后可能出现两种国际辅助语言，而不是一种：固定的古典拉丁文和变化无常的新拉丁文，除非后者像伪币一样取代前者。无论如何，肯定达不到预设的目标（指人与人之间的沟通）。

尽管有这些批评，实际成就也不多（除了多少有点如昙花一现的少数期刊、学术刊物，例如"人类"里不多的文章、会议中的几篇演说外），20世纪50年代仍有人再次提议恢复拉丁文作为思想交流的语言。朝这个方向努力的"现代拉丁文"协会，形容这个古代语言是"近代语言混杂"唯一的解决之道。1952年，卡佩勒（Capelle）校长（这项运动的关键人物）在一篇文章中提到，"沟通技巧的威力，和人类对理解讲外语的同类欠缺灵敏度"两者间的"对比"。他特别指出人造语言（如世界语）成效不大，以及欲取而代之的近代语言所面临的困难；"事实上，这就意味着万族中有一族终于统治其他民族，并把自己的律法强加于世界"。因此，他鼓吹恢复使用拉丁文，不是因为它的文学长处，而是基于实际理由。这么做不但能解决学术界的混乱，也会特别加强学术交流并普遍强化人类的团结。该文以对拉丁文的信念宣言总结：拉丁文是"最适用于交流事物与思想的绝妙工具，也因此，它是人类进步、友爱与和平最强有力的要素"。在赢得以大学教授为首［其中包括语法学家巴耶（Jean Bayet）］的许多教师支持后，卡佩勒校长发起第一届现代拉丁文国际会议（亚维尼翁，1956）。大多数与会者（至少就提出学术报告的人而言）是拉丁文或文科教授。至于卡佩勒（他本身受过科学训练）特别锁定的对象——"学者和技术专家"，则寥寥无几。在这次会议中，大家对于"创造使拉丁文活化的永续方法"、使它成为"实用"或"实际可行"的语言，达成四点共识：简化文法、统一发音（复古式发音）、近代教学法、造新词的原则。在大会结束前，有人邀请与会者"开始与从事科学工作的同事联系，以促进他们对拉丁文作为国际学术语言的进展感兴趣"。此外，也有人建议："首先，在涉及国际利益的学术丛书中（像是古代文献的评注版、古典语的用语汇编等），应使用拉丁文而非民族语言。其次，在学术期刊中，涉及国际利益的文章应以拉丁文写成，或附上拉丁文摘要。"

以"拉丁文：联系的方法"为题的第二届会议（里昂，1959），同样把焦点放在实际应用。卡佩勒校长对于力求达到的这个目标明示:"拉丁文不只是用来为文化的风雅增添特色而已。"他还用一种肯定得罪在场人士的语气说道:"这点用其他语言或学科大概也办得到。"他极力强调"在人与人之间口语和书面语的思想传递上","现代拉丁文"可能发挥的"积极作用"。大会并重申第一届会议中提出的愿望和建议。此外,有人请求联合国教科文组织和其他国际组织,催促国际期刊和会议为拉丁文留一席之地(至少摘要的部分),也有人表示希望联合国教科文组织以拉丁文发表学术著作的简介。最后,大家同意创办一份拉丁文期刊(《拉丁文生活》),以作为所有"现代拉丁文"支持者之间的联系。和第一届大会一样,这次会议还是聚集了绝大多数的拉丁文或文科教授。不过,在大会会刊上表达关切的人当中,我们注意到,油暨含油物质研究中心主任盖因(M. Gain)的证词,他表示完全支持"现代拉丁文",并重申有利于使用这个语言的条件(包括它的"中立性"),最后并强调这是"使我们彼此了解,特别是了解学术角色与日俱增的亚洲人"唯一的解决之道。

其他的现代拉丁文会议,分别于1963年、1969年和1976年,在斯特拉斯堡、亚维尼翁和波城举行。此时,最初的冲劲已大大减弱。六年级拉丁文课程的废除,改变了已知条件。此外,实际成就寥寥可数,虽是国际间关注的事,却几乎不离拉丁文或文科教师的圈子,也因此这些会议(至少大会会刊)大都属于同业聚会的范畴。曾经怀抱的梦想(将"现代拉丁文"视为"近代语言混杂"的补救办法),终于黯然消失了。关于争取拉丁文作为国际辅助语言的计划,我们恐怕只能在针对欧洲共同体各组织发出的呼吁中(指请求他们在以近代语言公布的会刊上,也留一点空间给拉丁文),看到最后黯淡的痕迹。到目前为止,诸如此类的请求依然毫无下文。

三、人造国际语言的基础

虽然拉丁文未能被当作"约定俗成的世界语言"（套用达朗贝尔的话）恢复使用，在1880年至1941年间，它仍是许多人造国际语言计划的参考（更确切地说，是它们的根源）。这些语言（计有116个）大都是所谓的后天语言，也就是建基于现有语言的语法结构和语义的词根上，有时单单或部分以拉丁文为依据。虽然这些计划在1880年至1914年间特别多，发明人造语的运动却从未间断。单就专以拉丁文为基础建立的后天语言来说，在第一次世界大战结束到1948年间，就有15个以上，包括简易拉丁文（Latin simplifié，瑞士的纳沙泰尔，1925）、活拉丁文（Latino viventi，都灵，1925）、Latinesco（大不列颠的伯肯黑德，1925）、新拉丁文（Neo-latinus，布宜诺斯艾利斯，1939）、Latini（美国的奥尔巴尼，1941）、世界拉丁文（Universal Latein，维也纳，1947）、欧洲拉丁文（Europa latine，阿姆斯特丹，1948）等。

这些语言的发明者大量借用拉丁文，并对此提出解释。1887年，德国语言学家冯·格林（von Grimm）发现，拉丁文是最适合用来引导原始词根形成的语言，因为它具备三重优势：它是死语言，它和所有印欧语族关系密切，而且至少为各族学者所熟知。此观点获得其他人赞同。德国人劳达（Eugen O. Lauda），人造语Kosmos（柏林，1888）的创始人，也以同样的理由说明自己为何大量借用拉丁文来创造词汇。他还说："学过拉丁文的有识之士，会比别人早懂世界语言。"沃克（A. Volk）和富克斯（R. Fuchs）以拉丁文词汇为依据，创立人造语Weltsprache（柏林，1905），"不只因为所有有识之士都认识这个语言，也因为它是罗曼语族语言的基础"。

因此，这些借拉丁文产生的后天语系不是没有相似点。它们皆源自国际词汇学基础知识的原则，差别就在于如何运用这个原则。有的以拉丁文为基础，再加入从非罗曼语的近代语言借来的新词；有的以这个国际原则为起点，赋予拉丁文基础知识主导地位。怪不得这些人造语言的发明者在命名时，都很喜欢强调拉丁文或普世性的要素，但归根究底还是同一回事。以下是其中几个例子：Nov Latin（都灵，1890）、Universalia（斯图加特，1893）、Latino sine flessione（1903）、Lingua internacional（华沙，1905）、Novilatin（莱比锡，1907）。另一种结果是，有些名称往往太相近，以致使用者得留意，免得混淆Latisnesce（伦敦，1901）和上述的Latinesco，Latino sine flexione（1903）和Latin sin flexion（1929），Novilatiin（莱比锡，1895）和Novilatin（莱比锡，1907），Neo-latin（匈牙利，1920）、Neo-latina（荷兰，1920）、Neolatine（博洛涅，1922）、Neolatino（瑞典，1927）和Neo-latinus（布宜诺斯艾利斯，1939）。

除了各自采用不同的解决办法外，这所有的语言都遵循同一个原则：简化。此外，很多都以批评前一个人造语计划为出发点，力求改善前者，使它更容易学习和使用。为了证明这个抱负，有人引用人造语Neo-latinus的几个词说明如下：*Linguan neolatina est fachilissima, nam constat verbis latinis et modernis et insuper ábeat solum duas declinasionas, unam pro verbis másculis et álteram pro verbis femineis*（Neo-latinus非常简单，因为它包含拉丁文和近代词汇，而且只有两组词尾变化，一组给阳性词，另一组给阴性词）。然而，不管创始人再怎么努力，这些自许在词法和句法上，比充满规则、例外和模棱两可的自然语言更简单的人造语，始终停留在计划阶段：就我们所知，从来没有人讲过这种"非常简单"的Neo-latinus。有人嘲笑某些人造语言很怪，甚至笑称"发明者"有语言狂热，但仍有人对他们热衷于寻找一个能促进思想交流的理想语言印象深刻，甚至感动。事实上，这些多少有点奇怪的句法结构，呈现出一个想象出来的语言。其中，在希望与幻想之间，拉丁文以它普世性的一面，成为对未来的一项保证：世人将再次完全彼此了解，而巴别塔的诅咒终将解除。

现在很适合回过头来谈博尔赫斯的小说。前面提到叙事者在大英博物馆研究语言，然而，他对世界语言的探究却显得徒劳无益。事实上，该世界会议的主席宣称，这个会议"从世界存在的第一刻就已开始，而且会一直持续到将来我们都归于尘土。它是无所不在的"。换句话说，这个世界会议（也就是全人类），现在和将来始终讲多种语言。这则"寓言"如此乐观的诠释，让人抱着一股希望，就是即使有各种各样的语言，人与人之间还是可以有真正的沟通。这点酷似意大利小说家埃科（Umberto Eco）在有关寻找一个完美语言的研究总结中所强调的："因负有使用多种语言的使命，而在一个大洲共生的可能性。"他写道：

> 今后欧洲文化的问题，肯定不在于完全使用多种语言的胜利……而在于人类共同体能否领会不同语言的精神、韵味和气氛。一个有通晓多种语言者的欧洲，并非指有人能流利讲很多种语言，而是在最佳情况下，人与人见面时能各讲各的语言，也能听懂对方所说的话，就算不能很流利讲对方的语言，甚至有理解上的困难，还是能领会各人用祖先和传统的语言表达的"特性"（即文化世界）。

如此，当世界语言的问题不复存在，拉丁文就再也没有用处，甚至没有人会再怀念它了。

结　论

　　富尔在1968年取消六年级拉丁文课程时，教育国务部长对这项措施给予以下评论："我们正在进行的，是名副其实的揭穿骗局。"这让人不由得回想起格拉夫顿和雅尔迪内在有关人文主义学校的研究中，对于古典教学法的理想持续到20世纪，所作的总结：有一个"博雅教育的骗局"。依照这个观点，我们应以乐观其成的态度，将拉丁文在中学课程中遭删除，进而在西方世界中消失，视为有益于身心解放、真正地摆脱束缚。在此，我们以怜悯的心情，想到历代儿童在拉丁文重担下（重到他们柔弱的肩膀不胜负荷）劳累呻吟，而老师却从损益的角度，看待学生平庸的成绩："我们无须为古典教育负债表上明显的巨大亏损忧虑，"巴黎大学教授格里马尔（Pierre Grimal）于1959年写道："这种亏损无关紧要，因为归根究底，唯一的种子已经萌芽。"拉丁文"必修"课的废除，象征着许多无益的痛苦和往往无结果的努力告终，但我们不能因此就说它也结束了一场骗局。

　　事实上，在本研究的结尾，谈"骗局"只能说是夸大其词。在教学界，从来就没有人蓄意欺骗人、愚弄人、歪曲事实。相反地，只有真诚的信仰（除学校界外，也广泛得到赞同），相信拉丁文的能力，并因着这些能力，相信各地都公认为这个语言特有的一些价值。因此，也许是幻想，但绝不是骗局，更不像威尔斯所暗示的，是一场空（他把人文学科教师比喻为永远拿钥匙开一个空房间的人）。事实上，从本研究开始到现在，我们所发现的绝非一片空白，而是多过本书所能容纳。前面的章节明确指出，拉丁文在当代社会中的诸多用途，即教育并训练学童，向上主祷告，传递知识，将人"划分阶级"，表达说不出口的事与全世界交流。拉丁文不但有多重用途，而且以它为主题的谈话既多又各有不同，甚至彼此对立。这种惊人的可塑性，使它适合一切事物，能述说任何事，使一切变得合情合理。当然，用法和论述不会总是有完全的效能，但大体上已足以使人信服。因此，它们彼此增强，在协同作用中生根，更因以人类生活中的主要团体（各地学校和天主教会）为依据而长远存在。

借这些评论，我们可以明确地说，称英文为"21世纪的拉丁文"是言过其实。虽然英文现今在国际交流中扮演重要角色，而我们也没有理由认为这个角色今后不会加重，但对使用者而言，基本上它纯粹是传递思想的工具，是有效的辅助语言。按照这种特别实用的功能来看，英文并未带给使用者（当然，以它为第一语言的人例外）文化的参考语料库。英文和它的"前辈"拉丁文最大的差异在于，英文缺乏全欧洲共有的象征性资产，这资产不仅由著作（世俗和宗教作品皆有）组成，也由共享的价值、信仰和经验累积而成。

这点使我们不得不问拉丁文消失的原因（值得注意的是，约在20世纪60年代，西方世界到处都出现这种趋势）。首先应排除纯粹语言方面的理由。当时，本地语言早在几世纪前就已决定这个古代语言的命运，除了教会界外，拉丁文的使用（无论书面语或口语）早已大幅缩减。无可否认地，教会、学校等监护机构采取的措施，也是严厉甚至致命的打击。但别忘了当时拉丁文已经没落,而且这些残酷的措施虽然很决断,却是随着情况演变而发生的。事实上,我们或许可以说,拉丁文死于枯竭,但并非语言本身的枯竭(它至少从18世纪起便成了死语言)。关于这点,历史学家和研究现代拉丁文学的专家都认同,即使双方的解释有很大的分歧。前者认为:"拉丁文的没落,并非起因于反对古典遗产的人,而是起因于它本身的倡导者,也就是人文学者。这些人对古典规范的坚持,导致拉丁文最后成了死语言。"拉丁文(指中世纪拉丁文)的生命力,或许是无可救药地被人文学者的复兴运动摧毁。而"在个人工作室重建"的现代拉丁文,从此可能只过着一种人为的、矫揉造作的生活。拉丁文的消失可以说也是它重生的一部分。研究现代拉丁文的专家持相反看法,他们特别提出十五六世纪的作品和文学类著作,拉丁文的没落和灭亡,与人文学者毫不相关。相反地,这些人赋予它新生命,至少延长了它的寿命,直到中小学和大学减少它的分量而带来致命的结果。这和我们要谈的无关。拉丁文在20世纪60年代死于枯竭,并非语言本身枯竭。拉丁文消亡,是因为它对现代世界再也不具任何意义。所有它曾体现的意义(人类的某种观念、一种区别的形式、权力系统、普世性的目的,和潜藏的社会概念、社会秩序与规范等),都不再时兴或者被赋予了其他意义,而它所属的霸权文化模式,从此也成了竞争者的战利品。

在这种情况下,拉丁文显然不再扮演过去专属它的角色,它也不能再扮演这个角色。不过,在本研究结束前,思考它的未来是很合理的。从目前的情况来看,有几种可能性。首先,被当作"一个破旧不堪且过时的器具"丢掉,这是法国诗人博斯奎(Alain Bosquet)在1968年"五月风暴"后不久的激进说法。他并以惊人的口号欢迎富尔的措施:"打倒拉丁文!"在"原子时代",他写道:"我们有别的需求,当应该跟上时代的时刻来到时,拉丁文就再也没有立足之地了。作为过去(混合荣耀与痛苦的过去)的象征,它不再被活人的社会所采纳,自然而然地,它成了'逝者纪念碑'上的一部分。"博斯奎还说:"我们应在路过时,向逝者的纪念碑点头致意,但勿将此事当作一心追求的目标。"不带讽刺的意味,或许是最多人采取的立场。如今被弃置在骨董店的拉丁文,几乎不再引人热爱,取而代之的是一种带着敬意的冷漠,甚至在"过去使用它"的人心中勾起"作战伙伴"的回忆。相对地,也有恢复同一性的做法,如圣彼得堡的情形。1989年,有人在沙皇的这个旧首都创立一所人文主义中学,该校提供以拉丁文为主的学习课程共分两部分:书面拉丁文和口语拉丁文。这所学校(在很多方面的确很特殊)不但属于一项教育计划,而且和一个愿望有关,那就是,借拉丁文和古典文化,将俄罗斯和西方世界联结,可说是重拾彼得大帝和托尔斯泰伯爵的措施。在学校外,拉丁文对于仍在使用它的人而言,是词汇和声音的宝库。无论是英国导演格林纳威(Peter Greenaway)用一篇拉丁文作为图画布景,法国导演戈达尔(Jean-Luc Godard)在"自画像"中,安排演员单调地朗诵拉丁诗,还是法国水务总公司改名为*Vivendi*(维凡迪),这种向一个从此陌生的(我们不敢讲"外来的")世界借词的做法,显示出一个愿望,就是借词汇、声音的奇特本身来制造意义。因此,拉丁文的功能就像用书法完美呈现的中文表意文字(18世纪流行于贵族住宅的壁饰),真正的内容不大重要(何况往往没什么内容),这点让观赏者能随意加进自己的意思。因此,水务总公司的执行长说明选择*Vivendi*这个拉丁文名称的理由(事实上,该名称本身不过是一个动词形式,更确切地说,即动词变格中的所有格):"这是一个热情、充满生命力和动态的名称,很像我们从事的工作……"

既然我们不能完全满意拉丁文沦为装饰的素材，而放弃以拉丁文学科作为恢复同一性的方式，在我们看来同样反应过度，或许我们应提出与教学传统的主张背道而驰的第四种可能性：视拉丁文为语言，把学拉丁文当作专业。拉丁文已死，而且彻底死亡。这点反而让事情变得比较简单。我们可以避开18世纪的人所面对的困窘：对一个"既没活着，也没死去"的语言的教学法犹豫不决。不过，学这个语言（死语言）的方式，也不应再仿佛在尸体上进行解剖工作一样（指过去一直沿用至20世纪60年代的拉丁文教学法），更不能像今日在选修的环境下只学到皮毛。针对这点，我们完全赞同意大利大学的教科书提供的说明："要挽救拉丁文，并不是让很多人学这个语言但却学得很糟，而是让少数人学得专精。换句话说，我们应把学拉丁文一事，留给具有人文主义文学修养的专业人士。"而这些未来的专家必不可少的长期培训，将优先"以具备纯拉丁语特色，且与中世纪和人文主义时代有所区别的文选为基础"。提供能够粗略阅读的方法，应是这种拉丁文教学法的首要目标。因此，不是为了能够阅读古典作品而已（套句狄德罗的话，这些作品已经"译了又译，不下上百次"），也为了能够接触我们文化的原始资料（指教父的著作和法典），以及那些在中世纪和近代，见证先祖思想与生活的大量手稿和印刷文件。我们只能期望拉丁文变成一项名实相符的专业知识。这是它的机会，也是我们的期望，如果我们希望记忆和欧洲二词在文化范畴中具有真正的意义。

新知文库

01 《证据：历史上最具争议的法医学案例》[美] 科林·埃文斯 著　毕小青 译
02 《香料传奇：一部由诱惑衍生的历史》[澳] 杰克·特纳 著　周子平 译
03 《查理曼大帝的桌布：一部开胃的宴会史》[英] 尼科拉·弗莱彻 著　李响 译
04 《改变西方世界的26个字母》[英] 约翰·曼 著　江正文 译
05 《破解古埃及：一场激烈的智力竞争》[英] 莱斯利·亚京斯 著　黄中宪 译
06 《狗智慧：它们在想什么》[加] 斯坦利·科伦 著　江天帆、马云霏 译
07 《狗故事：人类历史上狗的爪印》[加] 斯坦利·科伦 著　江天帆 译
08 《血液的故事》[美] 比尔·海斯 著　郎可华 译
09 《君主制的历史》[美] 布伦达·拉尔夫·刘易斯 著　荣予、方力维 译
10 《人类基因的历史地图》[美] 史蒂夫·奥尔森 著　霍达文 译
11 《隐疾：名人与人格障碍》[德] 博尔温·班德洛 著　麦湛雄 译
12 《逼近的瘟疫》[美] 劳里·加勒特 著　杨岐鸣、杨宁 译
13 《颜色的故事》[英] 维多利亚·芬利 著　姚芸竹 译
14 《我不是杀人犯》[法] 弗雷德里克·肖索依 著　孟晖 译
15 《说谎：揭穿商业、政治与婚姻中的骗局》[美] 保罗·埃克曼 著　邓伯宸 译　徐国强 校
16 《蛛丝马迹：犯罪现场专家讲述的故事》[美] 康妮·弗莱彻 著　毕小青 译
17 《战争的果实：军事冲突如何加速科技创新》[美] 迈克尔·怀特 著　卢欣渝 译
18 《口述：最早发现北美洲的中国移民》[加] 保罗·夏亚松 著　暴永宁 译
19 《私密的神话：梦之解析》[英] 安东尼·史蒂文斯 著　薛绚 译
20 《生物武器：从国家赞助的研制计划到当代生物恐怖活动》[美] 珍妮·吉耶曼 著　周子平 译
21 《疯狂实验史》[瑞士] 雷托·U.施奈德 著　许阳 译
22 《智商测试：一段闪光的历史，一个失色的点子》[美] 斯蒂芬·默多克 著　卢欣渝 译
23 《第三帝国的艺术博物馆：希特勒与"林茨特别任务"》[德] 哈恩斯—克里斯蒂安·罗尔 著　孙书柱、刘英兰 译
24 《茶：嗜好、开拓与帝国》[英] 罗伊·莫克塞姆 著　毕小青 译
25 《路西法效应：好人是如何变成恶魔的》[美] 菲利普·津巴多 著　孙佩妏、陈雅馨 译
26 《阿司匹林传奇》[英] 迪尔米德·杰弗里斯 著　暴永宁 译
27 《美味欺诈：食品造假与打假的历史》[英] 比·威尔逊 著　周继岚 译
28 《英国人的言行潜规则》[英] 凯特·福克斯 著　姚芸竹 译
29 《战争的文化》[美] 马丁·范克勒韦尔德 著　李阳 译
30 《大背叛：科学中的欺诈》[美] 霍勒斯·弗里兰·贾德森 著　张铁梅、徐国强 译

31	《多重宇宙：一个世界太少了？》[德] 托比阿斯·胡阿特、马克斯·劳讷 著　车云 译
32	《现代医学的偶然发现》[美] 默顿·迈耶斯 著　周子平 译
33	《咖啡机中的间谍：个人隐私的终结》[英] 奥哈拉、沙德博尔特 著　毕小青 译
34	《洞穴奇案》[美] 彼得·萨伯 著　陈福勇、张世泰 译
35	《权力的餐桌：从古希腊宴会到爱丽舍宫》[法] 让—马克·阿尔贝 著　刘可有、刘惠杰 译
36	《致命元素：毒药的历史》[英] 约翰·埃姆斯利 著　毕小青 译
37	《神祇、陵墓与学者：考古学传奇》[德] C.W.策拉姆 著　张芸、孟薇 译
38	《谋杀手段：用刑侦科学破解致命罪案》[德] 马克·贝内克 著　李响 译
39	《为什么不杀光？种族大屠杀的反思》[法] 丹尼尔·希罗、克拉克·麦考利 著　薛绚 译
40	《伊索尔德的魔汤：春药的文化史》[德] 克劳迪娅·米勒—埃贝林、克里斯蒂安·拉奇 著　王泰智、沈惠珠 译
41	《错引耶稣：〈圣经〉传抄、更改的内幕》[美] 巴特·埃尔曼 著　黄恩邻 译
42	《百变小红帽：一则童话中的性、道德及演变》[美] 凯瑟琳·奥兰丝汀 著　杨淑智 译
43	《穆斯林发现欧洲：天下大国的视野转换》[美] 伯纳德·刘易斯 著　李中文 译
44	《烟火撩人：香烟的历史》[法] 迪迪埃·努里松 著　陈睿、李欣 译
45	《菜单中的秘密：爱丽舍宫的飨宴》[日] 西川惠 著　尤可欣 译
46	《气候创造历史》[瑞士] 许靖华 著　甘锡安 译
47	《特权：哈佛与统治阶层的教育》[美] 罗斯·格雷戈里·多塞特 著　珍栎 译
48	《死亡晚餐派对：真实医学探案故事集》[美] 乔纳森·埃德罗 著　江孟蓉 译
49	《重返人类演化现场》[美] 奇普·沃尔特 著　蔡承志 译
50	《破窗效应：失序世界的关键影响力》[美] 乔治·凯林、凯瑟琳·科尔斯 著　陈智文 译
51	《违童之愿：冷战时期美国儿童医学实验秘史》[美] 艾伦·M.霍恩布鲁姆、朱迪斯·L.纽曼、格雷戈里·J.多贝尔 著　丁立松 译
52	《活着有多久：关于死亡的科学和哲学》[加] 理查德·贝利沃、丹尼斯·金格拉斯 著　白紫阳 译
53	《疯狂实验史Ⅱ》[瑞士] 雷托·U.施奈德 著　郭鑫、姚敏多 译
54	《猿形毕露：从猩猩看人类的权力、暴力、爱与性》[美] 弗朗斯·德瓦尔 著　陈信宏 译
55	《正常的另一面：美貌、信任与养育的生物学》[美] 乔丹·斯莫勒 著　郑嬿 译
56	《奇妙的尘埃》[美] 汉娜·霍姆斯 著　陈芝仪 译
57	《卡路里与束身衣：跨越两千年的节食史》[英] 路易丝·福克斯克罗夫特 著　王以勤 译
58	《哈希的故事：世界上最具暴利的毒品业内幕》[英] 温斯利·克拉克森 著　珍栎 译
59	《黑色盛宴：嗜血动物的奇异生活》[美] 比尔·舒特 著　帕特里曼·J.温 绘图　赵越 译
60	《城市的故事》[美] 约翰·里德 著　郝笑丛 译

61	《树荫的温柔：亘古人类激情之源》[法] 阿兰·科尔班 著　苜蓿 译
62	《水果猎人：关于自然、冒险、商业与痴迷的故事》[加] 亚当·李斯·格尔纳 著　于是 译
63	《囚徒、情人与间谍》[美] 克里斯蒂·马克拉奇斯 著　张哲、师小涵 译
64	《欧洲王室另类史》[美] 迈克尔·法夸尔 著　康怡 译
65	《致命药瘾：让人沉迷的食品和药物》[美] 辛西娅·库恩等 著　林慧珍、关莹 译
66	《拉丁文帝国》[法] 弗朗索瓦·瓦克 著　陈绮文 译

新知文库近期预告（顺序容或微调）

- 《欲望之石：权力、谎言与爱情交织的钻石梦》[美] 汤姆·佐尔纳 著　麦慧芬 译
- 《女人的起源》[英] 伊莲·摩根 著　刘筠 译
- 《无人读过的书：哥白尼〈天体运行论〉追寻记》[美] 欧文·金格里奇 著　王今、徐国强 译
- 《大气：万物的起源》[美] 加布里埃勒·沃克 著　蔡承志 译
- 《碳时代：文明与毁灭》[美] 埃里克·罗斯顿 著　吴妍仪 译
- 《通往世界的尽头：跨西伯利亚大铁路的故事》[英] 克里斯蒂安·沃尔玛 著　李阳 译
- 《纸影寻踪：旷世发明的传奇之旅》[英] 亚历山大·门罗 著　史先涛 译
- 《黑丝路：从里海到伦敦的石油溯源之旅》[英] 詹姆斯·马里奥特、米卡·米尼奥—帕卢埃洛 著　黄煜文 译
- 《人类时代：被我们塑造和改变的世界》[美] 迪亚妮·阿克曼 著　伍秋玉、澄影、王丹 译
- 《一念之差：关于风险的故事和数字》[英] 迈克尔·布拉斯兰德、戴维·施皮格哈尔特 著　威治 译
- 《生命的关键决定：从医生决定到患者赋权》[美] 彼得·于贝尔 著　张琼懿 译
- 《笑的科学：解开笑与幽默感背后的大脑谜团》[美] 斯科特·威姆斯 著　刘书维 译
- 《小心坏科学：医药广告没有告诉你的事》[英] 本·戈尔达克 著　刘建周 译
- 《南极洲：一片神秘大陆的真实写照》[美] 加布里埃勒·沃克 著　蒋功艳 译
- 《上穷碧落：热气球的故事》[英] 理查德·霍姆斯 著　暴永宁 译
- 《牛顿与伪币制造者：科学巨人不为人知的侦探工作》[美] 托马斯·利文森 著　周子平 译
- 《共病时代：动物疾病与人类健康的惊人联系》[美] 芭芭拉·纳特森—霍洛威茨、凯瑟琳·鲍尔斯 著　陈筱婉 译　吴声海 审订
- 《蒙娜丽莎传奇：新发现破解终极谜团》[美] 让—皮埃尔·伊斯鲍茨、克里斯托弗·希斯·布朗 著　陈薇薇 译
- 《谁是德古拉？：布莱姆·斯托克的血色踪迹》[美] 吉姆·斯坦梅尔 著　刘芳 译
- 《竞技与欺诈：运动药物背后的科学》[美] 克里斯·库珀 著　孙翔、李阳 译